Weinlexikon

Weinlexikon

Hans Ambrosi

FALKEN

An den Leser

Wieso Leser, mögen Sie sich fragen – spricht man bei einem Lexikon nicht eher von „Benutzer"? Gewiß, dieses Buch ist zunächst einmal ein Nachschlagewerk. Wie viele Fragen gibt es rund um den Wein! Was ist ein *Böckser,* was ein *Luftton*? Ist *Firne* gut oder schlecht? Was bedeutet *AC, DOC, VDP, DWI*? Irrtümer und Mißverständnisse gilt es zurechtzurücken: Kommt ein *Lemberger* aus Lemberg? Müßte nicht ein *Tafelwein* (also Wein zum „Tafeln") etwas Besseres sein als ein *Qualitätswein*? Was wird bei der *Süßreserve* reserviert, was beim *Reserva-Wein*? *Lage, Riede* und *Cru* sind fast dasselbe – und doch ist *Grand Cru* etwas ganz anderes als *Großlage*. Ob Weinbauländer oder Rebsorten, Qualitätsbezeichnungen oder Herkunftsgebiete, Weinbereitung oder regionale Spezialitäten – hier findet der Weinfreund präzise Antwort auf all die Fragen, die sich vorm Weinregal, beim Winzer oder auf der Reise durch die Anbaugebiete stellen.
Das ist die eine Seite dieses Buches – die andere ließe sich

überschreiben mit: „Wußten Sie schon …?“ Daß in Kanada, in England und in den Niederlanden Wein angebaut wird? Daß bei „Weinolympiaden“ (offiziell Prämierungen genannt) Spitzenweine weltweit um Goldmedaillen ringen? Daß die winzige Reblaus vor hundert Jahren fast den gesamten europäischen Weinbau zugrunde gerichtet hätte? So gesehen, ist dieses Lexikon auch ein Lesebuch, das zudem mit zahlreichen Farbfotos, Karten und Zeichnungen Lust macht aufs Blättern und Stöbern. Dabei werden Ihnen auch die reich bebilderten Kästen auffallen, in denen besonders interessante und umfassende Themen dargestellt sind. Durch Verweispfeile wurden die einzelnen Stichwörter vielfältig miteinander verknüpft, um das Weiterlesen zu erleichtern. Zahlreiche touristische Tips und Kontaktadressen helfen bei der Umsetzung des neu erworbenen Weinwissens in die Tat. Wertvolle Hinweise zur Benutzung dieses Lexikons finden Sie auf Seite 382.

Zur Aktualität der Informationen: Die gesetzlichen Regelungen über Herkunftsgebiete und Qualitätsbezeichnungen sind in ständiger Bewegung. Ein Buch wie dieses kann daher im Detail immer nur eine Momentaufnahme vermitteln. Dies gilt vor allem für Osteuropa und die „exotischen“ Weinbauländer, wo sich selbst die Weinbaufläche von Jahr zu Jahr drastisch verändern kann. Dieses Problem sollte aber auch nicht überbewertet werden: Bordeaux bleibt Bordeaux, und Baden bleibt Baden, auch wenn sich gelegentlich ein Cru oder eine Lagenabgrenzung verändert.

Aus meinen langjährigen Erfahrungen als Weingutsdirektor und Weinbuchautor habe ich in diesem Lexikon einen Extrakt des Weinwissens zusammengestellt und dabei besonderen Wert darauf gelegt, die wesentlichen Grundzüge knapp, leichtverständlich und frei von akademischem Ballast zu vermitteln. Möge Ihnen dieses Buch ein zuverlässiger Berater und Wegweiser in der Welt des Weines sein – für anregendes Selbststudium und vergnügliche Lesestunden.

Dr. Hans Ambrosi

A

ABBEEREN (AUCH ENTRAPPEN)

Abtrennen der Beeren von den Stielen (auch → Kämme oder Rappen genannt) vor dem → Mahlen und Pressen. Unverholzte, also unreife, grüne Stiele geben bei starkem Preßdruck oder bei angärender → Maische unerwünschte Bitterstoffe an den → Most ab.

ABGANG

Der Nachgeschmack, den der Wein nach dem Schlucken hinterläßt. Gehaltvolle, an Inhaltsstoffen reiche Weine sind nachhaltiger im Geschmack. Hat ein Wein keinen Abgang, d. h., hinterläßt er am Zungengrund keinen bleibenden Eindruck, dann spricht man von einem → „kurzen" Wein. Bei der Bewertung eines Weines ist der Abgang von großer Bedeutung.

ABGEBAUT

Alternder Wein, der seine Frische verloren hat, → matt und → schal wirkt. Bei gut gelagerten, hochwertigen Rotweinen tritt dieses Entwicklungsstadium erst nach Jahren bis Jahrzehnten ein, ebenfalls bei qualitativ hochstehenden Weißweinen wie → Auslesen, → Beeren- und → Trockenbeerenauslesen. → Tafel- und → Landweine sowie → frühreife Rebsorten bauen rascher ab und sollten daher jung getrunken werden.

ABGERUNDET

Bezeichnung für einen ausgeglichenen Wein ohne störende Ecken und Kanten. Ein abgerundeter Wein ist nicht unbedingt ein Spitzenwein, er zählt meist zur guten Mittelklasse.

ABSTICH

Umfüllen eines Weines von einem Behälter in einen anderen unter gleichzeitiger Abtrennung des → Trubes.
Unter dem ersten Abstich versteht man das Abziehen des Weines von dem bei der → Gärung entstandenen ver-

Abstich vom Holzfaß

derblichen Hefegeläger, das sich auf dem Boden abgesetzt hat. Geschieht das nicht rechtzeitig (Dezember bis Februar), so können durch den Zerfall des Hefetrubes übelriechende Hefeböckser oder gar Bakterienkrankheiten auftreten. Der zweite und der dritte Abstich werden meist in Verbindung mit weiterem → Klären, → Schönen, Lüften oder → Filtrieren durchgeführt.

ABSTOPPEN
Unterbrechen der → Gärung durch Hinzufügen von Alkohol bei der → Likörwein-Herstellung, um den Zuckergehalt im → Most zu bewahren. Auch durch Erhöhung des → CO_2-Druckes werden → Hefen abgetötet.

AC
→ Appellation contrôlée

ÄGYPTEN
Der Weinbau Ägyptens ist über 3 000 Jahre alt, wie sich aus Grabfunden nachweisen läßt. Die Inschrift auf einem Weinkrug aus dem Grab des Tutanchamun lautet: „Jahr 5. Wein vom Gut des Tutanchamun von dem westlichen Fluß. Vorsteher der Weinbauer C. H. A." Auch zur Römerzeit lieferte Ägypten erhebliche Mengen Wein. Die Rebfläche umfaßt heute 58 000 ha. Da den Moslems der Weingenuß untersagt ist, liegt der Schwerpunkt bei der Tafeltraubenproduktion. Christen gewinnen etwas Wein aus der weißen Rebsorte Muscat d'Alexandrie (jährliche Weinproduktion 24 000 hl). Die Jahresniederschläge liegen unter 50 mm, Rebbau ist daher nur mit Bewässerung möglich.

AFFENTALER
Rotwein aus → Spätburgunder-Trauben, der bei Bühl zu Füßen des Schwarzwaldes wächst; samtig und aromatisch. Äußeres Kennzeichen ist der Affe auf der schlanken Flasche.

AHR
Kleinstes deutsches Weinanbaugebiet, am Unter- und Mittellauf der Ahr (etwa 25 km), einem linken Nebenfluß des Rheins, der südlich von Bonn mündet. Im tief eingeschnittenen Flußtal herrschen während des Sommers günstige Weinbautemperaturen. Gefahr von Früh- und Spätfrösten. Geologisch Teil des Rheinischen Schiefergebirges mit tiefgründigen, lößreichen Böden im unteren Ahrtal und steinhaltigen, wärmespeichernden und teilweise vulkanischen Böden in den Steillagen des mittleren Ahrtales.

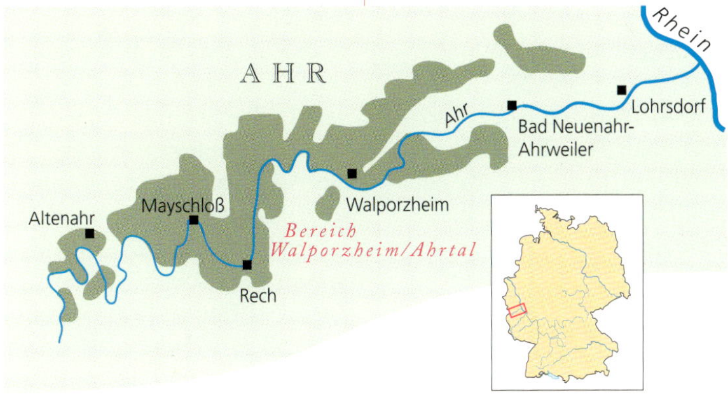

Rebfläche ca. 520 ha, davon 413 ha Rotwein und 105 ha Weißwein. Bekanntestes deutsches Rotweingebiet. Drei Viertel der Rebfläche werden im Nebenerwerb bewirtschaftet; fünf Winzergenossenschaften.
Rebsorten: Blauer Spät- und Frühburgunder (285 ha; → Burgunder), ergibt rubinrote Weine von warmer, samtiger Art mit delikatem → Bukett. Blauer → Portugieser (98 ha), ansprechende Rotweine und Weißherbste. → Riesling (48 ha) und → Müller-Thurgau (42 ha) für angenehm frische Weißweine. Der Ahr-Rotwein gilt als besondere Spezialität. Spitzenweine bis → Beeren- und → Trockenbeerenauslesen sind möglich.
Historisches: Vermutlich haben die Römer den ersten Weinbau an die Ahr gebracht. In Bad Neuenahr grub man eine „Villa" aus der Zeit um 260 v. Chr. aus. Urkundlich erwähnt wird der Weinbau an der Ahr erstmals 770, rote Rebsorten werden erstmals im Jahr 1680 genannt; sie verbreiteten sich dann aber so schnell, daß es ein Jahrhundert später kaum noch weiße Trauben an der Ahr gab.
Für Touristen ist das Anbaugebiet durch die *Ahrtalstraße* erschlossen, die Bundesstraße 267 zwischen Sinzig und

Felslandschaft an der Ahr

Altenahr, etwa 25 km lang. Der 30 km lange Rotweinwanderweg führt von Altenahr bis Lohrsdorf. Zu jedem der 11 Winzerorte gibt es einen Verbindungsweg zum Ab- und Aufstieg. Eine rote Traube dient als Wegzeichen. Informationen:

Touristik-Service
Rhein-Ahr-Eifel
Markt 11
53474 Bad
Neuenahr/Ahrweiler
Tel. 0 26 41 / 9 77 30
Fax 0 26 41 / 97 73 73

ALBALONGA
Weiße Rebsorte; → Neuzüchtung der Bayerischen Landesanstalt für Wein-, Obst- und Gartenbau, Veitshöchheim, von 1951. Kreuzung aus Rieslaner (Silvaner x Riesling) x Silvaner. Der Wein ist fruchtig und elegant, für die Gewinnung hochreifer → Auslesen geeignet. Anbau vor allem in → Rheinhessen.

ALBANIEN
Wenig bekanntes Weinbauland in Südosteuropa, 5 000 ha Rebfläche; 90 000 hl Wein. Im wesentlichen werden die gleichen Weintypen erzeugt wie im angrenzenden Mazedonien und in Montenegro. In niederen Lagen wachsen gehaltvolle Rot- und → Likörweine neben Tafeltrauben und Rosinen, in den höhergelegenen Anbauzonen leichtere Rot- und Weißweine, in den höchsten Lagen (bis 1 000 m) auch weiße Tafelweine. Die Hauptrebsorten sind Debin, Katek, Serin, → Aligoté, Barbera und Mavrud.

ALEATICO
Italienische Rotweinrebe, besonders in Latium, der → Toskana und in Apulien von Bedeutung. Die natursüßen, aromatischen → Likörweine aus dieser Traube zeigen einen deutlichen Muskatton.

ALGERIEN
80 000 ha Rebfläche, 500 000 hl Wein, davon 90 000 hl Export; 1,5 Mio. dz Tafeltraubenproduktion. Einen großen Anteil des Exports stellt der Wein. Der Pro-Kopf-Verbrauch im Lande selbst ist wegen der vorwiegend moslemischen Bevölkerung gering (1,5 l). Der Weinbau begann erst, nachdem die Franzosen das Land besetzt hatten (1830). Französische Winzer siedelten sich in der Folgezeit an und brachten zunächst die südfranzösischen Rebsorten mit (→ Alicante, → Pinot, → Carignan und Aramon).

Das Klima mit seinen niederschlagsreichen Wintern und regenarmen Sommern ist für den Weinbau sehr günstig. Die Trauben reifen früh, und die Weine zeichnen sich durch hohen Alkoholgehalt und intensive Farbe aus. An der Küste wachsen sie in der Ebene. Im Inneren des Landes, in den Hügelzonen, gibt es bedeutende Domänen, die kräftige, fruchtige Weine erzeugen. Sogar in der Gebirgszone (1 000–1 500 m) wachsen auf dunklen, vulkanischen Böden Reben, die meist alkoholreiche Weine liefern. Das Pendant zur französischen → Appellation contrôlée heißt heute in Algerien Vins à Appellation d'Origine garantie (V. A. O. G.).
Nach Portugal und Spanien ist Algerien der drittgrößte Korkproduzent der Welt.

Alicante
→ Garnacha Tinta

Alicante Bouschet
Auf fruchtbaren Böden sehr ertragreiche Rotweinrebe, eine erfolgreiche → Neuzüchtung des südfranzösischen Botanikers Henri Bouschet, die sich seit 1886 rasch über viele weinbautreibende Länder verbreitet hat; heute weltweit ca. 150 000 ha. Kreuzung aus der Färberrebe Petit Bouschet mit der spanischen Rebsorte → Garnacha Tinta. Hauptanbaugebiete Frankreich und Spanien (je ca. 16 000 ha), des weiteren in Nordafrika, Kalifornien, Argentinien, Südafrika verbreitet. Die Weine sind von mäßiger Qualität, aber sehr farbintensiv und werden deshalb in Frankreich als → Deckrotwein verwendet.

Aligoté
Weiße Traube mit rötlichem Schimmer, die rasch reifende, säurereiche, oft herbe Weine liefert. Hauptanbaugebiet in Frankreich ist → Burgund mit 1 300 ha; hier wird der Aligoté aber zunehmend durch die Modesorte → Chardonnay verdrängt. Anbau auch in Bulgarien (2 500 ha), Kalifornien, Chile.

Alkohol
Bei der → Gärung spaltet die → Hefe den im → Most enthaltenen → Zucker in Äthylalkohol (C_2H_5OH) und Kohlendioxyd (CO_2). Der Alkoholgehalt wird entweder in Volumenprozent (Vol.-%), in Grad (°) oder in Gramm pro Liter (g/l) angegeben; 8 g/l entsprechen 1 Vol.-% oder 1°. Zu niedriger Alkoholgehalt (unter 8 Vol.-%) kann Weine → flach und ausdruckslos

erscheinen lassen. Zu hohen Alkoholgehalt empfindet man als aufdringlich, er läßt die Weine klotzig und → brandig erscheinen. Ein mittlerer Alkoholgehalt unterstreicht die Frucht und Eleganz eines Weines optimal.
Den geringsten Alkoholgehalt haben Weine aus nördlichen Anbaugebieten (Deutschland, Österreich, Schweiz). Deutscher → Tafelwein muß dem Gesetz nach über 8,5 Vol.-%, → Qualitätswein über 9,0 Vol.-% Alkohol aufweisen. → Durchgegorene Weine haben einen höheren Alkoholgehalt als Weine mit etwas → Restsüße, bei denen der Zucker nur teilweise zu Alkohol vergoren ist. Daher enthalten die hochwertigen → Auslesen, da sie in der Regel süß sind, meist weniger Alkohol (unter 10 Vol.-%) als durchgegorene Qualitätsweine (bis 12 Vol.-%). → Schwere Rotweine aus warmen Weinbauländern können bis 14 Vol.-% Alkohol aufweisen. Bei über 16 Vol.-% Alkohol stirbt die Hefe ab, der natürliche Alkoholgehalt kann deshalb niemals über diesem Wert liegen. Südländische → Likörweine wie Sherry, Port, Samos und Madeira werden durch Zusatz von reinem Alkohol auf 16–22 Vol.-% → aufgespritet.

ALPHONSE LAVALLÉE
Weltweit geschätzte Tafeltraube mit tiefblauen, großen, wachsüberzogenen Beeren; wird von Frankreich auch nach Deutschland exportiert. Vermutlich um 1860 von einem Rebenveredler bei Orléans gezüchtet und nach dem damaligen Präsidenten der Obstbaugesellschaft, Alphonse Lavallée, benannt. Die Kreuzungseltern sind unbekannt. Anbau vor allem in Südfrankreich, Chile, Kalifornien; weltweit ca. 20 000 ha. Die Qualität des Weines ist nur mittelmäßig.

ALSACE
→ Elsaß

ALTERN
Weine sind jung, reif oder alt – vergleichbar den Lebensphasen des Menschen. Anfangs lassen sie häufig noch jugendliche Unarten erkennen, reif sind sie auf der Höhe ihrer Qualitäten, im Alter zeigen sie oft besonders ausgeprägte und eigenwillige Charakterzüge, schließlich aber auch erste Schwächen und bauen dann ab bis hin zum „Tod“, zur Ungenießbarkeit. Kreszenzen höherer Qualität (→ Spätlesen, → Auslesen, → Beerenauslesen) können länger lagern als leichte, körperarme → Tafelweine.

Hochwertige Weine verbessern sich mit zunehmendem Alter

Von Interesse ist vor allem, wann ein Wein am besten schmeckt. Hier einige Faustregeln:
Mostige Weine (2–5 Monate alt): für → Schorle oder → Bowle;
jung und frisch (½-1 Jahr alt): gute → Kneipweine, → Tafelweine;
reif und → ausgebaut (2–20 Jahre, je nach Qualitätsstufe): für Weinkenner, am Abend, zum besonderen Essen;
alt, → firn (10–50 Jahre): zu feierlichen Anlässen, als → Speisenbegleiter zu Wildgerichten.

Alto Adige
Ital. Südtirol, → Trentino-Südtirol.

Americano
In der Schweiz Bezeichnung für traubentragende → Amerikanerreben, die nach der → Reblaus-Invasion im Tessin angebaut wurden. Wegen ihres aufdringlichen → Fuchsgeschmackes dienen sie heute nur noch zur Traubenssaftproduktion.

Amerikanerreben
Rebarten des amerikanischen Kontinents, wie Vitis riparia, rupestris, berlandieri, labrusca u. a. Gleichfalls Bezeichnung für alle Kreuzungen amerikanischer Arten untereinander sowie mit europäischen Sorten (dann → Hybriden genannt). Finden Verwendung als → Unterlage von → Pfropfreben.

AMTLICHE PRÜFUNG
Ein wichtiger Aspekt des deutschen Weingesetzes ist die „geprüfte Qualität im Glase“. Alle → Qualitäts- und → Prädikatsweine unterliegen einer amtlichen Begutachtung durch die zuständige Prüfungsbehörde.
Eine → amtliche Prüfungsnummer erhalten nur Weine, die einen dreistufigen Test bestanden haben: Bei der *Leseprüfung* wird im Herbst am Weinstock das → Mostgewicht gemessen; bei der *Analysenprüfung* werden im Labor die Inhaltsstoffe des fertigen Weines bestimmt, z. B. der Gehalt an → Alkohol, → Extrakt, → Restzucker und → Schwefliger Säure; bei der *Sinnenprüfung* schließlich wird der Wein durch amtlich bestellte Prüfer verkostet und anhand eines Fünf-Punkte-Systems nach den Kriterien → Geruch, → Geschmack und Harmonie bewertet. Nur wenn der Wein die erforderliche Mindestpunktzahl von 1,5 erreicht, darf er auf dem Etikett die → Güteklasse führen und erhält die amtliche Prüfungsnummer.

Weinanalyse im Labor

AMTLICHE PRÜFUNGSNUMMER (A.P. NR.)
Jeder deutsche → Qualitäts- und → Prädikatswein muß als Beleg für die bestandene → amtliche Prüfung eine Prüfungsnummer tragen.
Die mehrstellige Zahl (z. B. 6 33 050 020 96) setzt sich aus folgenden Angaben zusammen:

Betriebsnummer

Prüfstelle	6
Ort des Erzeugers	33
Erzeugerbetrieb	050
geprüfte Partie	020
Jahr der Prüfung	96

Auch in → Österreich gibt es eine amtliche Prüfungsnummer für Qualitäts- und Prädikatsweine.

ANALYSENPRÜFUNG
→ amtliche Prüfung

ANBAUGEBIETE
Gesetzlich fest umrissene Herkunftsgebiete von Weinen; Ursprungsbezeichnungen werden dadurch gegen Mißbrauch geschützt und ihre Verwendung kontrollierbar. Die älteste

Umgrenzung eines Anbaugebietes wurde 1756 für → Portwein geschaffen.
13 deutsche und 15 österreichische Anbaugebiete bilden aufgrund ihrer klimatischen Bedingungen und der Bodenverhältnisse Einheiten, in denen Weine gleicher Art wachsen. Um den gebietstypischen Geschmack hervorzuheben, muß jeder Wein den Namen des Anbaugebietes als → Herkunftsbezeichnung führen.
Das deutsche Weingesetz unterscheidet zwischen → bestimmten Anbaugebieten für → Qualitätsweine mit und ohne Prädikat, Weinbaugebieten für → Tafelwein und Gebieten für → Landwein. Die Tafelweingebiete tragen die Namen der sie durchziehenden Flüsse. Wenn deutsche Tafelweine keine Gebietsangabe tragen, handelt es sich um → Verschnitte.

ANREGEND
Lebendiger, süffiger Wein, meist mit feiner, belebender Säure, der leicht und spielerisch über die Zunge gleitet und nicht beschwert, sondern zum Weitertrinken anregt.

ANREICHERN, AUFBESSERN (ÖSTERR.), *CHAPTALISATION* (FRZ., ENGL.)
Zugabe von Rohrzucker zum → Most, um einen höheren Alkoholgehalt des Weines zu erreichen, der dadurch geschmacklich → eleganter und ausdrucksvoller wird. Der Rohrzucker wird ebenso wie der natürliche Zucker der Traube bei der → Gärung in Alkohol umgesetzt.
In den deutschsprachigen Weinbauländern dürfen nur → Tafelweine und → Qualitätsweine ohne Prädikat angereichert werden, wenn ihr → Most zu wenig natürlichen Zucker enthält, nicht jedoch → Prädikatsweine. In → Frankreich dagegen dürfen nur die Qualitätsweine (→ AC-Weine), nicht aber die *Vins ordinaires* (→ Landweine, → Tafelweine) angereichert werden.

ANSCHNITT
→ Rebschnitt

AOC
Appellation d'Origine contrôlée, → Appellation contrôlée (AC).

APERITIF
Appetitanregendes alkoholisches Getränk. Wegen des angenehm wärmenden Gefühls im Magen trinkt man ihn in

der Regel in kleinen Mengen vor dem Essen. Weinhaltige Aperitifs sind z. B. Picon, Martini, → Cinzano, → Wermut, → Sherry, → Portwein, → Madeira. Aperitifs sind meistens → aufgespritete Weine. Sie sind dadurch geschmacklich ausdrucksvoll, außerdem uneingeschränkt haltbar und können auch offen aufbewahrt werden. Aperitifs serviert man in speziellen Gläsern, nicht in normalen Weingläsern.

A.P.Nr.
→ amtliche Prüfungsnummer

Appellation contrôlée (AC)
Auch *Appellation d'Origine contrôlée (AOC).* Alle französischen → Qualitätsweine müssen diese Bezeichnung tragen, die soviel bedeutet wie: Der Wein ist gesetzlich registriert, aus einer bestimmten Traubenart mit einem bestimmten Reifegrad gewonnen und stammt aus einem bestimmten umgrenzten Gebiet, nach dem er benannt ist. Zur Zeit gibt es 392 AC-Gebiete, mit steigender Tendenz. Rund 50 % der französischen Weine tragen eine AC-Benennung.
Die geringsten AC-Weine sind diejenigen, bei denen nur das Herkunftsgebiet angegeben wird. Es folgen solche, bei denen die Untergebiete, einzelne → Lagen oder → Châteaus genannt werden oder die unter die → Cru-Bewertung fallen. Nach EU-Gesetz gehören AC-Weine grundsätzlich zu den → Qualitätsweinen bestimmter Anbaugebiete. Die AC-Klassifizierung entspricht also etwa den deutschen Qualitätsweinen bestimmter Anbaugebiete, mit Cru-Zusatz oder Lagenbezeichnung den deutschen → Prädikatsweinen. Weitere Kategorien neben der Appellation contrôlée sind die ausgewählten Weine höherer Qualität (→ VDQS) und die einfachen Konsumweine (VCC, *Vins de Consommation Courante:* → Tafelweine).

Argentinien
Das größte weinproduzierende Land des amerikanischen Kontinents, mit 200 000 ha Rebfläche (davon 7 000 ha für Tafeltrauben- und Rosinenerzeugung) und einer Jahresproduktion von 18 Mio. hl Wein. Mit einem Pro-Kopf-Verbrauch von 44 l/Jahr zählen die Argentinier zu den größten Weinkonsumenten der Welt; der Export ist entsprechend gering (330 000 hl).
Bereits 1566 brachte der Jesuitenpater Cedron die ersten Weinreben in die Region von Cuyo. Durch italienische Ein-

wanderer, die das Schmelzwasser der Andengletscher zur Bewässerung der dürr und brach liegenden Pampa nutzbar machten, erhielt der Rebbau dann vor rund 100 Jahren großen Auftrieb. Nordargentinien ist subtropisch, der südliche Teil gehört zur gemäßigten Zone. Die Niederschläge liegen im Mittel bei nur 300 mm pro Jahr, in der Nähe der Anden höher. Die Reben wachsen in 600 bis 1 300 m Höhe über NN; in höheren Regionen muß mit Spät- und Frühfrösten gerechnet werden.
Heute wachsen über 70 % der argentinischen Weine in den ausgedehnten, von Kanälen durchzogenen Rebplantagen des Staates **Mendoza** am Fuß der Anden. Fast die Hälfte der gesamten landwirtschaftlichen Nutzfläche von Mendoza ist mit Reben bepflanzt. Die Großkellereien sind auf dem modernsten Stand und zählen nach ihrer Kapazität zu den größten der Welt.
Überwiegend werden rote Tafelweine produziert; sie sind → sauber und dank der großen Verschnittmengen gleichmäßig im Charakter. Der Anteil der → Qualitätsweine ist mit rund 10 % gering.

Weinbau am Fuß der Anden: Mendoza, Argentinien

Hauptrebsorten sind Malbec, → Cabernet Sauvignon, → Sémillon, Blauer → Spätburgunder und → Sauvignon Blanc. Der Anbau dieser hochwertigen europäischen Rebsorten ist noch nicht alt. Früher wurden über drei Jahrhunderte Reben kultiviert, die aus den Kernen spanischer Weintrauben, den „Cepas Criollas", wuchsen. Neben den roten sind auch Roséweine sehr verbreitet, und Weißweine zeigen steigende Tendenz.

ARM

Bezeichnung für einen → kleinen, ausdruckslosen, mageren Wein.

ARMENIEN

Im südlichen Teil des Landes mit Schwerpunkt im Tal des Aras sind 25 000 ha mit Reben bepflanzt; jährliche Weinproduktion 100 000 hl. Das Gebiet liegt auf gleicher geographischer Breite wie Neapel und Barcelona, jedoch in einer Hochgebirgslandschaft in meist über 1 000 m Höhe. Bekannt sind vor allem die alkoholreichen → Likörweine.

AROMA

Gesamtheit der Geschmacks- und Dufteindrücke eines Weines. Der Ausdruck → Bukett gilt nur für den → Geruch. Von aromatischen Weinen spricht man, wenn sie eine stark betonte Fruchtnote aufweisen.

AROMASTOFFE
Substanzen, die bereits in kleinsten Mengen charakteristische Geschmacks- und Dufteindrücke hervorrufen. Die Aromastoffe, die chemisch sehr verschieden zusammengesetzt sein können (z. B. Ester, Aldehyde, Alkohole, Carbonsäuren), entstehen zum größten Teil erst bei der → Gärung, sind also im Traubenmost noch nicht enthalten. Obwohl sie teilweise nur in äußerst geringen Mengen im Wein vorhanden sind (oft weniger als 1 Millionstel Gramm pro Liter!), kann man heute etwa 400 verschiedene Aromastoffe im Wein nachweisen.

AROMATISIEREN
Zugabe von geschmacksgebenden Substanzen, z. B. Kräuterauszügen und Gewürzen, zum Wein. Aromatisierte Weine sind z. B. die Wermutweine, Marsala Chinato, Marsala Speciale und einige französische → Aperitifs. Das Aromatisieren ist schon seit der Antike bekannt; die Griechen verwendeten aromatische Kräuter, im Mittelalter würzte man den Wein mit einer breiten Palette verschiedener Wurzeln, Kräuter und Gewürze.

ART
Ein Wein hat Art, wenn er die typischen Eigenschaften von → Jahrgang, Rebsorte und Standort nicht aufdringlich,

aber harmonisch und deutlich wiedergibt. Wenig Art hat ein Wein, der in → Geschmack und → Geruch unbestimmbar bleibt, weil er wenig ausgeprägte Charakterzüge zeigt.

ARTIG
Bezeichnung für einen ausgewogenen, gefälligen, nicht besonders hervortretenden Wein.

ASERBAIDSCHAN
In der einstigen Sowjetunion galt Aserbaidschan als die zweitgrößte Weinbauregion. Heute beträgt die Rebfläche ca. 120 000 ha, vorwiegend im Gebiet westlich und nördlich von Baku; pro Jahr werden 1 Mio. hl Wein erzeugt. Das Klima ist mäßig warm bis heiß und kontinental; aufgrund der Trockenheit ist Weinbau oft nur mit künstlicher Bewässerung möglich. Aus heimischen Rebsorten werden meist einfache Rot- und Weißweine sowie Sektgrundweine und Dessertweine erzeugt.

ASTI SPUMANTE
Italienischer Schaumwein aus → Muskatellertrauben; meist süßlich. Benannt nach der Stadt Asti in → Piemont. Die Herstellungsmethode mit nur einer Gärung (*Asti-Verfahren*), entspricht der → Méthode rurale.

AUFBESSERN
Österreichische Bezeichnung für → Anreichern.

AUFSPRITEN
Zugabe von → Alkohol (Weingeist, Branntwein) bei der Herstellung von → Aperitifs und → Likörweinen, um einen Alkoholgehalt von über 17 Vol.-% zu erreichen. Die → Hefe wird durch den hochkonzentrierten Alkohol abgetötet, der → Restzucker kann nicht weiter vergären. Aufgespritete Weine wie Portwein, Sherry, Madeira, Marsala, süßer Muskateller und Samos können daher in halbvollen Flaschen oder offen stehen gelassen werden, ohne daß eine → Nachgärung eintritt.

AUGE
Knospe der Rebe, die sich in den Achseln von Laubblättern oder schuppenförmigen Niederblättern am alten Holz bildet. Schneidet man ein Auge im Herbst durch, so erkennt man unter dem Mikroskop die bereits vollständig ausgebildete Sproßanlage mit den → Gescheinen (Blütenständen). Je sonniger und wärmer der Spätsommer und Herbst war, um so besser kann das Auge ausreifen. Der → Ertrag des folgenden Jahres wird demnach schon durch den vor-

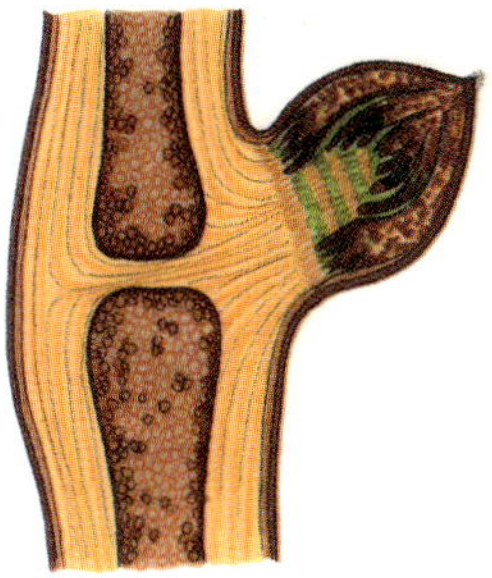

Schnitt durch das Rebauge mit Sproßanlage

hergehenden Herbst wesentlich mitbestimmt.
Die Knospen können bei winterharten Rebsorten Temperaturen bis zu −15 °C ertragen. In manchen winterkalten Gebieten Osteuropas werden die Rebstöcke zum Schutz vor dem Erfrieren umgebogen und mit Erde bedeckt.

AUSBAU
Die Gesamtheit aller kellertechnischen Maßnahmen, die notwendig sind, um einen Wein konsumfertig und haltbar zu machen, insbesondere Gärführung, → Abstich, → Schönung und → Klärung, → Schwefeln, → Verschnitt, Lagerung im → Holzfaß oder → Tank und die Abfüllung auf die Flasche. Dabei ist es die Aufgabe des Kellermeisters, den Wein bei seiner Entwicklung zu überwachen und zu lenken. Einfache Weine brauchen kürzere Zeit zum Ausbau, Spitzenweine können mehrere Jahre benötigen.

AUSBRUCH
Österreichischer → Qualitätswein besonderer Reife und Leseart, der ausschließlich aus edelfaulen oder überreifen, auf natürliche Weise eingetrockneten Beeren gekeltert wird und dessen → Most mindestens 27° KMW (138° Oe) aufweist. Diese natursüßen, vollmundigen Weine werden vor allem im Gebiet von → Rust am Neusiedler See ausgebaut.

AUSGEBAUT
Ausdruck für entwickelte, trinkreife Weine; vgl. → Ausbau. Im → Holzfaß bauen sich Weine rascher aus, altern aber auch schneller. Die Kunst des Kellermeisters ist es, den Ausbau des Weines so zu lenken und zu überwachen, daß die Flaschenfüllung genau zum richtigen Zeitpunkt erfolgt.

Rotweinausbau im Holzfaß

AUSGEGLICHEN
Bezeichnung für Wein mit harmonischem Verhältnis von → Alkohol und → Restsüße. Sie wirken auf der Zunge → elegant und geschliffen.

AUSLESE
Spitzenwein aus vollreifem, oft edelfaulem, ausgesuchtem Traubengut. Siehe auch rechts.
Deutschland: Kategorie der → Qualitätsweine mit Prädikat. Am delikatesten sind die → Riesling und → Scheurebe Auslesen dank der hohen Säure. Säurearme, neutrale Rebsorten sind weniger geeignet. Seit zunehmend → frühreife → Neuzüchtungen mit hohen → Oechslegraden angebaut werden, kommen mehr Auslesen als früher auf den Markt, vor allem aus den Rebsorten → Optima, → Kanzler, → Noblessa und → Albalonga. Die Mindestanforderungen an eine Auslese sind gesetzlich festgelegt.
Österreich: Hier wachsen die meisten Auslesen im → Burgenland in der warmfeuchten Uferzone des Neusiedler Sees. Der Burgenländer → Ausbruch steht zwischen der deutschen → Beeren- und → Trockenbeerenauslese. Österreich hat besondere Bestimmungen für seine „Qualitätsweine besonderer Reife und Leseart".
Schweiz: Die Bezeichnung Auslese wird in der Schweiz qualitätsmäßig unterhalb der Spätlese eingeordnet. Es handelt sich um Weine aus vollreifen Trauben, die über den Durchschnitt hinausragen.
Frankreich: In den AC-Gebieten → Sauternes und → Barsac im Bordelais läßt man die Rebsorten → Sémillon, → Sauvignon Blanc und → Muskateller überreif werden und liest die von der → Edelfäule (frz. *pourriture noble*) befallenen Trauben heraus. Die Sauternes-Weine werden in weißen Bordeauxflaschen auf den Markt gebracht.
Italien: Die Südtiroler Auslesen müssen aus dem DOC-Gebiet → Trentino-Südtirol (Trentino-Alto Adige) stammen. Am bekanntesten sind die vom → Kalterer See. Geschmacklich entsprechen sie den deutschen und österreichischen Spätlesen. Sie müssen aus vollreifen, ausgelesenen Trauben hergestellt sein und dürfen nicht verschnitten oder mit Mostkonzentraten → angereichert werden.
Ungarn: → Tokajer-Auslesen sind weltbekannt und unterliegen genauen An- und Ausbaubestimmungen.

Auslesen und Beerenauslesen

Sie gelten als die kostbarsten Weine auf dem Weltweinmarkt. Sie stellen ein Konzentrat der begehrenswertesten Geruchs- und Geschmacksstoffe im Wein dar und sind edle, meist honigsüße Gewächse für besondere Gelegenheiten. Man sollte sie außerhalb der Mahlzeiten genießen und in kleinen Gläsern anbieten.

Auslesen eignen sich für eine lange Lagerung. Sie gewinnen mit jedem Reifungsjahr an Ausdruck (Auslesen 10–50 Jahre, Beerenauslesen die doppelte Zeit). Die Entwicklung von Lesegut, das sich für Auslesen eignet, ist von der Witterung abhängig, und es steht nur in begrenzter Menge zur Verfügung. Das Einbringen ist mühevoll und mit Risiken verbunden. Daher werden Auslesen hoch bezahlt. Für → Beeren- und → Trockenbeerenauslesen muß das Einschrumpfen der vom → Edelfäulepilz befallenen Beeren abgewartet werden. Durch die Schrumpfung tritt ein erheblicher Mengenverlust ein. In klimatisch günstigeren Gegenden, wie Tokaj (→ Tokajer), → Sauternes, → Rust, und bei → frühreifen Traubensorten liegt die Ausbeute höher.

Edelfaule Beeren

Auslese der begehrten edelfaulen Beeren

Ausschankwein
Auch „offener Wein“. Bezeichnung für Weine, die nicht in der 0,75-l-Flasche auf den Tisch kommen, sondern als → Schoppenweine im Glas ausgeschenkt werden. Im Produktionsgebiet selbst sind es meist ortstypische Weine von kräftiger, herzhafter Art.

Australien
Die 67 000 ha umfassende Rebfläche (5 Mio. hl Wein) liegt zwischen dem 32. und 42. Breitengrad, was auf der nördlichen Hemisphäre Städten wie Alexandria und Athen entspricht. Das Klima ist heiß und trocken. Der erste Weinberg Australiens wurde im Jahre 1788 von Kapitän Arthur Philipp in Sydney (im heutigen Botanischen Garten) angelegt.

Weinbau im Yarra Valley, unweit von Melbourne

Drei Viertel der Rebfläche befinden sich in Südaustralien mit der Anbauzone **Barossa Valley**, die im Export von Weiß- und Rotweinen eine Rolle spielt. In der **Murray** Irrigation Area werden bei hohen Flächenerträgen auch → aufgespritete → Likörweine und Sultaninen produziert. In Neusüdwales sind **Hunter River** Valley und **Murrumbidgee** Irrigation Area von übergebietlicher Bedeutung. Im Staat Victoria ist das **Mildura**-Bewässerungssystem mit seinen ausgedehnten Schaumweinkellereien zu erwähnen, während in Westaustralien bei **Perth** große Plantagen angelegt wurden.

Der Rebsortenspiegel ist breitgefächert und geht hauptsächlich auf französische und spanische Weiß- und Rotweintrauben zurück. Den Weißen → Rheinriesling findet man fast nur im Barossa Valley.

Alle klassischen europäischen Weintypen sind vertreten, wie Rheinwein, Burgunder, Bordeaux, Sherry, Port, Madeira. Der Pro-Kopf-Verbrauch liegt bei 17 l. Die Kellertechnik ist von modernster Perfektion, was notwendig ist, um bei den heißen Sommertemperaturen das Lesegut so rasch wie möglich zu verarbeiten. Bis zu einem Drittel der Ernte gelangt in die Brennblasen.
Mit qualitativ hochstehenden Gutsweinen ist es gelungen, australische Weine an europäische Qualitätsnormen anzupassen. Vor allem die Rotweine und → Likörweine sind von hohem Niveau, während die Weißweine in den Feinheiten kaum an die Weine aus kühlen Weinanbauländern heranreichen.

AUXERROIS
In Deutschland wenig angebaute weiße Rebsorte (60 ha), vor allem in Baden. In Frankreich ist der Auxerrois stärker verbreitet (1 600 ha), besonders im Elsaß, in der Champagne und in Burgund; in Luxemburg 160 ha. Die Weine finden ihre Liebhaber, sie sind → körper- und bukettreich und von eleganter Art.

AVA, Approved Viticultural Area (engl. *anerkanntes Weinbaugebiet*)
→ Herkunftsbezeichnung für kontrollierte Anbaugebiete in den USA. Die ersten Bestimmungen wurden 1978 herausgegeben. Im Vergleich zu europäischen Herkunftssystemen sind die Bestimmungen weit gefaßt. Es werden lediglich geographisch abgegrenzte Anbaugebiete festgelegt, ohne nähere Vorschriften über Rebsorten, Rebkultur und Weinausbau.

B

b.A.
Abkürzung für → bestimmtes Anbaugebiet.

Babo, August Wilhelm Freiherr von
Deutscher Weinbauforscher (* 28.1.1827 in Weinheim, † 16.10.1894 in Weidling bei Klosterneuburg), gründete 1860 die Staatliche Weinbauschule in Klosterneuburg bei Wien und war ihr erster

Direktor. Während der → Reblaus-Katastrophe widmete er seine gesamten Versuche und Forschungen der Rettung des österreichischen Weinbaus. Von ihm stammt die Empfehlung, europäische Reben auf reblausfeste amerikanischen → Unterlagsreben aufzupfropfen. 1869 konstruierte er die → Klosterneuburger Mostwaage, die noch heute zur Bestimmung des Zuckergehaltes im → Most verwendet wird.

Bacchus
1. → Dionysos; 2. Weiße Rebsorte, → Neuzüchtung der Bundesforschungsanstalt für Rebenzüchtung Geilweilerhof bei Siebeldingen. Die Kreuzung (Silvaner x Riesling) x Müller-Thurgau ist nach dem römischen Weingott → Bacchus benannt. In Deutschland 3 500 ha Anbaufläche, davon zwei Drittel in Rheinhessen, der Pfalz und an der Mosel. Die Weine sind blumig, mit leichtem Muskatton.

Bacharach
Nach dem gleichnamigen Weinort am linken Rheinufer benannter Bereich des Anbaugebiets → Mittelrhein, entlang des Rheins von Bacharach bis Trechtingshausen.

Baden
Deutsches Weinanbaugebiet, das sich vom Bodensee entlang der Oberrheinischen Tiefebene bis zur Badischen Bergstraße (bei Heidelberg) und zum Badischen Frankenland an der Tauber erstreckt.

Sonniges und warmes Klima dank der geschützten Lagen an den Abhängen von Schwarzwald und Odenwald zur Oberrheinischen Tiefebene. Unterschiedlichste Böden, durchweg warm und fruchtbar, treten in diesem Gebiet auf: am Bodensee Moränenschotter, dann tertiäre Kalk-, Ton- und Mergelböden sowie riesige Lößablagerungen in vulkanischen Gesteinen, im Kraichgau und Taubergrund Muschelkalk und → Keuper.

Rebfläche: 16 100 ha in den Bereichen → Badisches Frankenland, → Badische Bergstraße-Kraichgau, → Bodensee, → Ortenau, → Breisgau, → Kaiserstuhl-Tuniberg und → Markgräflerland.

Neben einer größeren Zahl selbstmarktender Winzer gibt es 116 Winzergenossenschaften (davon 50 mit eigener Kellerei) mit 25 000 Mitgliedern, die 80 % des badischen Weins erzeugen. Der „Badische Winzerkeller“, Zentralkellerei der badischen Winzergenossenschaften in Breisach, gilt als die größte Kellerei Europas. Große Unterschiede in Höhe und Bodenverhältnissen haben eine große Rebsortenvielfalt zur Folge. Der → Müller-Thurgau ist die am meisten angebaute Rebsorte. Den → Ruländer findet man überwiegend am Kaiserstuhl, den → Gutedel im Markgräflerland, den → Riesling vor allem in der Ortenau, während → Silvaner, Weißer → Burgunder und → Traminer im ganzen Anbaugebiet vorkommen. Bei den Rotweinsorten dominiert der Blaue → Spätburgunder.
Für Touristen: Die *Badische Weinstraße* von Weil bei Basel bis Laudenbach (nördlich von Weinheim an der Bergstraße) verläuft in Nord-Süd-Richtung am Fuße der Weinberge (B 3); Abzweigungen führen z. B. zum Kaiserstuhl und zum Tuniberg. In den Winzerorten, die sie berührt, bieten sich reichhaltige Möglichkeiten zur Besichtigung von Weinbaubetrieben und Winzergenossenschaften. Gastliche Weinstuben warten mit landestypischen Gerichten und einer reichhaltigen Getränkekarte auf.
Informationen:

Weinlese in der Ortenau

Weinwerbezentrale
Badischer
Winzergenossenschaften
Keßler Str. 5
76185 Karlsruhe
Tel. 07 21 / 55 70 28
Fax 07 21 / 55 70 20

BADISCHE BERGSTRASSE-KRAICHGAU
Bereich des Anbaugebiets → Baden, von der Bergstraße bei Heidelberg bis Grötzingen südlich von Bruchsal im Süden und dem Neckar im Osten. Auf Lößlehm- und → Keuperböden wachsen spritzige → Rieslinge und bukettreiche → Ruländer.

BADISCHES FRANKENLAND
Bereich des Anbaugebiets → Baden, vom Main bis Wertheim entlang des Taubertals bis Bad Mergentheim. Hier findet man einen blumigen, fast würzigen → Müller-Thurgau, der, wie der benachbarte Frankenwein, in → Bocksbeutelflaschen abgefüllt wird.

BADISCHES GÜTEZEICHEN
Genaue Bezeichnung: Gütezeichen für badischen → Qualitätswein des Badischen Weinbauverbandes. Das Badische Gütezeichen kann an → sortenreine und gebietstypische badische Qualitätsweine verliehen werden, die bei der → amtlichen Prüfung höhere Punktzahlen erreichen als die vorgeschriebenen Mindestwerte. Die Anforderungen sind noch höher als beim → Deutschen Weinsiegel. Das Zeichen zeigt eine von drei Ringen umgebene Traube und das badische Wappen; es ist gleichzeitig Symbol für die Badische Weinstraße. Das Badische Gütezeichen in Gelb gilt für trockene, in Weiß für nicht trockene Weine.

BADISCH ROTGOLD
Nur für Baden zugelassene Kennzeichnung der Weinart → Rotling für → Qualitätsweine mit und ohne Prädikat, gewonnen aus einer Trauben- oder Maischemischung der Rebsorten Grauburgunder (→ Ruländer) und → Spätburgunder. Wie beim badischen → Weißherbst, der heute nur noch aus einer Traubensorte hergestellt wird, lieferten früher die im → Mischsatz im Weinberg stehenden obengenannten Rebsorten das Lesegut für den Rotling.

BARBARESCO
→ Schwerer, wuchtiger italienischer → DOCG-Rotwein, benannt nach einem kleinen

Ort bei Alba südlich von Turin (→ Piemont). Aus der → Nebbiolo-Traube gewonnen, ist er → kernig und nimmt mit zunehmendem Alter eine bräunliche Farbe an. Er paßt vorzüglich zu Wild und dunklem Fleisch. Nach 4 Jahren Lagerung kann der Barbaresco laut Gesetz als *riserva* in den Handel gebracht werden.

BARBERA
Italienische DOC-Rotweine aus → Piemont (Provinzen Cuneo, Asti, Alessandria), hergestellt aus der gleichnamigen Rebsorte.
Barbera d'Alba: intensiv rubinrot, halbtrocken, körperreich, mit leichtem Bitterton; sollte im Alter von 2–3 Jahren getrunken werden;
Barbera d'Asti: intensiv rubinrot, trocken bis lieblich, körperreich;
Barbera del Monferrato: neben Barbera-Trauben sind bis zu 15 % andere Rebsorten (Freisa, Grignolino, Dolcetto) zugelassen; lebhaft hellrot, trocken bis halbtrocken.

BARDOLINO
Fruchtiger, unkomplizierter italienischer Rotwein aus der Umgebung des gleichnamigen Ortes am Südostufer des Gardasees (Venetien), gewonnen aus den Rebsorten Cor-

Frühling bei Bardolino

vina, Rondinella, Molinara und Negrara. Hellrubinrot, nach längerer Lagerung granatrot, mit zarter Blume, im Geschmack feinwürzig, etwas herb, leicht prickelnd. Etwas gehaltvoller ist der *superiore*. *Bardolino classico* kommt aus den Gemeinden Bardolino, Garda, Lazise, Affi, Cavaion und Costermano. Als spritziger Roséwein gekeltert, trägt der Bardolino den Zusatz *chiaretto*.

BAROLO
Hochwertiger italienischer DOCG-Rotwein aus → Piemont, wird aus der → Nebbiolo-Traube gewonnen. Granatrot mit orangeroten Reflexen, vollmundig, kräftig, herb, aber samtig. Nach den DOCG-Bestimmungen muß der einfache Barolo mindestens 3 Jahre, der *riserva* 5 Jahre gelagert werden, davon 2 Jahre im → Holzfaß. Danach sollte er noch 5–10 Jahre auf der Flasche reifen.

Barossa Valley
Anbaugebiet in → Australien.

Barrique
Der Weinausbau im neuen 225-Liter-Eichenfaß, dem traditionellen kleinen → Holzfaß des → Bordelais, wird heute in vielen südlichen Weinbaugebieten zur Geschmacksintensivierung von Spitzenweinen praktiziert. Während man in der konventionellen Weinbereitung nördlich der Alpen einen Holzton traditionell als → Fehler ansieht (→ holzig), gilt er hier als Bereicherung. Im Laufe einer mehrmonatigen Lagerzeit im Barrique treten → Tannine und → Aromastoffe aus dem frischen Holz in den Wein über, die ihm einen vanille- oder zimtartigen Beigeschmack verleihen. Zum Barriqueausbau im neuen Eichenholzfaß eignen sich besonders → extrakt-, → gerbstoff- und → alkoholreiche Rotweine, seltener Weißweine. Während der Barriquereifung muß der Wein vom Kellermeister sorgfältig überwacht werden, um ein harmonisches Zusammenspiel von Wein- und Holzaromen zu erzielen. Ein Barriquefaß (Stückpreis über 1 000 DM) kann nur zwei- bis dreimal belegt werden. Die Methode ist daher aufwendig und teuer. Die Weine sind vor allem als → Speisenbegleiter in der gehobenen Gastronomie gefragt.

Barriquefaßkeller in Penedés

Baumkelter (auch Torkel, Torggel)
Wohl die ältesten → Keltern, seit der Römerzeit bekannt und vor allem im Mittelalter verbreitet. Wegen ihrer beträchtlichen Größe waren die aus Eichenstämmen gebauten Keltern meist im Freien oder in besonderen Schuppen aufgestellt. Die Trauben wurden zunächst mit bloßen Füßen zerstampft oder mit Mosterkolben zerstoßen und kamen dann zum Auspressen auf die Kelter, wo sie dem Druck eines 12–14 Meter langen, schweren Eichenstammes ausgesetzt waren.

Bayerischer Bodensee
Bereich des Weinbaugebiets → Franken; umfaßt die beiden Einzellagen Seehalde und Sonnenbüchel des Weinortes Nonnenhorn, westlich von Lindau am Bodensee.

Beaujolais
Etwa die Hälfte der AC-Fläche von → Burgund liegt im südlichen Teil, dem Beaujolais; da die Weine von deutlich anderer Art sind, sind aber nur wenige Weine dieses Gebietes berechtigt, die Bezeichnung *Vin de Bourgogne* (Burgunder) zu tragen. Der Beaujolais wird aus der → Gamay-Traube gewonnen; er ist ein leichter,

Appellation Moulin-à-Vent im Beaujolais

fruchtiger und süffiger Rotwein (es gibt aber auch einige Rosé- und Weißweine im AC-Gebiet) und sollte nicht zu lange gelagert werden; man trinkt ihn am besten, wenn er noch keine 2 Jahre alt ist, möglichst bei Kellertemperatur. Die AC-Klassifizierung umfaßt die Bezeichnungen *Beaujolais, Beaujolais supérieur, Beaujolais-villages* (ohne Ortsangabe; etwas kräftiger und farbstärker) sowie 10 → Crus (Gemeinde-Appellationen) mit Ortsnamen. Ein ausgesprochener Modewein ist der frische, fruchtige *Beaujolais Primeur*, der rund acht Wochen nach der Lese, in der Regel am dritten Donnerstag im November nach der Lese, in den Handel gebracht wird.

Beerenauslese
Seltene Spitzenweine, die aus überreifen, oft → edelfaulen Beeren gekeltert werden. Sie

zeichnen sich aus durch reife Süße, Würze und Fülle und zeigen das unverkennbare Aroma der → Edelfäule. Die meist bernsteinfarbenen Weine sind 100 Jahre und mehr haltbar. Auf Weinversteigerungen bringen auch junge Beerenauslesen Preise von über 2 000 DM pro Flasche, alte über 10 000. Schon die Lohnkosten bedingen einen hohen Preis, da selektiv gelesen werden muß. Vollreifes Lesegut und günstiges Herbstwetter (warm und feucht) sind Voraussetzungen für die Gewinnung von Beerenauslesen. Sie sollten zum Dessert oder noch besser nach Tisch in kleinen Mengen genossen werden.
Im deutschen Weingesetz sind die Mindestanforderungen genau festgelegt (→ Qualitätswein mit Prädikat). In Österreich muß eine Beerenauslese mindestens 25° KMW (127° Oe) aufweisen. Zwischen Beeren- und → Trockenbeerenauslese steht hier der burgenländische → Ausbruch. Der Begriff Beerenauslese ist auch in der deutschsprachigen Schweiz bekannt. Der *Flétri* im Wallis ist ein natursüßer Wein aus überreifen, eingeschrumpften Trauben; aufgrund des trockenen Klimas fehlt ihm aber meist die Edelfäule.
(Siehe auch S. 23)

Bentonit (Geisenheimer Erde)

Dem Kaolin ähnliches Mineral, das zur → Klärung des Weines verwendet wird. Wärmeunbeständige Weine können bei Temperaturerhöhungen auf der Flasche durch Ausscheidung von Eiweißstoffen trüb werden. Bentonit absorbiert das Eiweiß, sinkt zu Boden und wird durch den Schönungsabstich aus dem Wein entfernt.

Bereich

Eine Zusammenfassung mehrerer → Lagen, aus deren Erträgen Weine gleichartiger Geschmacksprägung hergestellt werden und die in nahe beieinanderliegenden Gemeinden desselben → bestimmten Anbaugebietes gelegen sind. Die Namen der Bereiche können auf dem Etikett sowohl für → Tafelweine als auch für → Qualitätsweine bestimmter Anbaugebiete verwendet werden.

Bergstrasse

Touristenstraße von Darmstadt über Zwingenberg, Bensheim, Heppenheim, Weinheim und Heidelberg nach Wiesloch. Sie führt durch die Weinbaugebiete → Hessische Bergstraße und Baden, Bereich → Badische Bergstraße-Kraichgau.

Malerisches Fachwerk in Bernkastel-Kues

BERN
Weinanbaugebiet in der → Schweiz.

BERNKASTEL (MITTELMOSEL)
Bereich des Anbaugebiets → Mosel-Saar-Ruwer, entlang der Mosel von Briedel bis Kenn sowie das Gebiet um Wittlich. Das mineralreiche Schiefergeröll verleiht dem → Riesling eine würzige, zarte Leichtigkeit und liebliche Eleganz.

BESENWIRTSCHAFT
→ Buschenschenke, → Straußwirtschaft

BESTIMMTE ANBAUGEBIETE
Historisch gewachsene und aufgrund der klimatischen und geologischen Bedingungen naturgegebene Einheiten, in denen Weine gleicher Art wachsen. Deutsche Qualitätsweine müssen aus einem einzigen Gebiet stammen, das Gebiet muß auf dem Etikett angegeben werden. 1971 wurden die 11 Anbaugebiete → Ahr, → Baden, → Franken, → Hessische Bergstraße, → Mittelrhein, → Mosel-Saar-Ruwer, → Nahe, → Rheingau, → Rheinhessen, → Pfalz und → Württemberg festgelegt; im Mai 1990 kamen die beiden ostdeutschen Gebiete → Sachsen und → Saale-Unstrut hinzu (Karte siehe → Deutschland).

BESTOCKTE REBFLÄCHE
→ Rebfläche

BIOWEIN
Volkstümlicher Ausdruck für Weine, die mit minimalem Einsatz an chemischen Spritz- und Düngemitteln erzeugt worden sind. Zwar lassen sich im Labor keine signifikanten Unterschiede im Schadstoffgehalt von ordnungsgemäß konventionell erzeugtem Wein und Biowein feststellen, zweifellos wird aber mit den Methoden des *ökologischen Weinbaus* die Umweltbelastung verringert. Nach mittlerweile jahrzehntelangen Erfahrungen sind heute vielfach gute, charaktervolle Bioweine im Angebot. Sicherheit im Einkauf konsequent ökologisch erzeugter Weine bieten die Verbandssiegel der Öko-Anbauverbände, wie ECO VIN (Zeichen des Bundesverbandes des Ökologischer Weinbau BÖW), Bioland, Naturland.

BITTER
Unangenehmer Geschmackston, der vor allem am Zungengrund wahrgenommen wird. Er entsteht meist durch zuviel → Tannin (Gerbsäure), das den Wein → hart und rauh erscheinen läßt. Ursache ist häufig eine unsachgemäße Verarbeitung des Lesegutes. So können durch zu hart arbeitende Traubenpressen die bitter schmekkenden Kerne der Weinbeeren zerdrückt werden, oder Bitterstoffe aus den grünen Traubenstengeln (→ Kämme) gelangen in den Wein.

BLANK
Ausdruck für einen Wein, der keine → Trubstoffe enthält und daher sauber und klar im Glase steht.

BLASS
Farbschwache Weine, deren Farbe zu hell und nichtssagend ist. Körperarme und zu junge Weine wirken meist blaß.

BLATTDÜNGUNG
Spritzung mit Flüssigdünger, der direkt über die Blätter aufgenommen wird. Selbst bei

optimaler Bodendüngung ist die bedarfsgerechte Nährstoffversorgung der Rebe nicht immer gesichert. Spurennährstoffe werden über das Blatt schneller aufgenommen und besser ausgenutzt, da im Boden eine Nährstoff-Festlegung stattfinden kann. Trockenheit, kühle Witterung oder Staunässe führen zu einem mangelhaften Nährstofffluß aus dem Boden. Dadurch bedingte Wachstumsstörungen werden durch die Blattdüngung schneller überwunden.

Blauer Portugieser
→ Portugieser, Blauer

Blaufränkisch
→ Lemberger

Blauschönung
Verfahren zum Entfernen von Metalltrübungen aus dem Wein. Eisen ist von Natur aus in Spuren im Traubensaft enthalten, weiteres Eisen kann während des Weinausbaus durch die Berührung mit eisernen Gegenständen in den Wein gelangen. Der Weinchemiker Dr. Möslinger (daher auch *Möslinger-Schönung* genannt) entdeckte 1903, daß man mit dem gelben Blutlaugensalz (Kaliumhexacyanoferrat II) die im Wein enthaltenen Schwermetallsalze ausfällen kann. Dabei werden die im → Most oder Wein enthaltenen löslichen Eisenverbindungen in eine unlösliche blaue Substanz umgewandelt, die sich am Boden absetzt. Das Verfahren verliert an Bedeutung.

Blind
Nicht völlig klarer Wein; die nächste Stufe ist → trüb. Man sagt auch: „Der Wein hat einen Schleier."

Blindprobe
→ Weinprobe, bei der die Weine „verdeckt" angeboten werden, d. h. beim Proben darf die Herkunft des Weines nicht zu erkennen sein. Entweder

Flaschen mit Geheimnis: bereit zur Blindprobe

löst man die Etiketten ab, oder man hüllt die Flaschen in Papier oder ein Tuch ein. Originalkorken der aufgezogenen Flaschen werden gegen neutrale Spitzkorken ausgetauscht.

BLUME
Der angenehme Duft (→ Geruch) des Weines, der sich im Glas entfaltet. Man spricht von edler, zarter, feiner Blume. Auch der Ausdruck → Bukett bezieht sich auf den Geruchseindruck.

BOCKSBEUTEL
Flachkugelförmige, bauchige Weinflasche, vorwiegend für Frankenwein.

Die älteste bekannte Flasche dieser Form, ein keltisches Tongefäß aus der Zeit um 1400 v. Chr., wurde auf fränkischem Boden gefunden und ist im Mainfränkischen Museum in Würzburg zu besichtigen. Der Urbocksbeutel verdankt seine typische flachgedrückte Form dem damaligen Bedürfnis, eine bequeme Tragflasche als Trinkgefäß außerhalb des Hauses mit sich zu führen. Seit 1728 ist der Bocksbeutel die offizielle fränkische Flasche. Der Name ist nicht eindeutig zu erklären, er soll angeblich vom „Bug“ (Bauch) oder vom Hodensack des Bocks abgeleitet sein.
In Bocksbeutelflaschen üblicher Art dürfen in Deutschland nur Qualitätsweine aus dem bestimmten Anbaugebiet → Franken und bestimmten Weinbaugemeinden → Badens, insbesondere dem Taubertal, in den Verkehr gebracht werden. Diese Flaschenform taucht vereinzelt auch in anderen Ländern auf, ein bekanntes Beispiel ist der portugiesische Mateus Rosé.

BODEN
Die Bodenart, z. B. Sand-, Kalk-, Lehm-, Ton- oder Mergelboden, prägt nachhaltig den Charakter des Weines, der darauf gewachsen ist. Die Rebwurzeln dringen oft tief in den Boden ein und entnehmen ihm die für den Weingeschmack typischen Mineralstoffe. Auch auf den Wasserhaushalt und das Kleinklima am Wuchsort hat die Bodenart entscheidenden Einfluß. Schwere Böden enthalten viel Lehm und Ton,

sind feinporig und können Wasser speichern. Durch den Tonanteil binden sie Nährstoffe und ergeben volle Weine.
Leichte Böden enthalten Sand und Kies, sind lockerer, gut durchlüftet, aber schlechte Wasserspeicher; dadurch kann es zur Notreife der Trauben kommen.
Auf den wärmespeichernden *Vulkanböden* wachsen → feurige Weine, z. B. der Kaiserstühler → Burgunder; die dunklen, mineralhaltigen *Schieferböden* ergeben → pikante, spritzige Weine, wie in der nördlichen Pfalz und an der Ahr; die Weine auf den *Kalkböden* geraten kräftig, wie z. B. an der Obermosel, in Baden, Württemberg und Franken; auf den fruchtbaren *Lößböden* gedeihen bukettreiche Weine, z. B. an der Ahr, am Kaiserstuhl und in Rheinhessen; die schweren, nährstoffreichen *Lehmböden* bringen milde und säurearme Weine hervor, wie im Markgräflerland oder in kleinen Teilen des Rheingaus; süffige, würzige und pikante Weine wachsen auf den *Mergelböden*, wie z. B. einige Württemberger Weine; die *Tonböden* des Rheingaus sind nährstoffreich und ergeben blumige, kräftige, bukettreiche Weine.
Die Weinrebe verträgt keine extrem sauren, salzigen oder nassen Böden. Durch gezielte Bodenbearbeitung kann der Winzer nachteilige Eigenschaften des Bodens ausgleichen.

BODENBEARBEITUNG
Alle Maßnahmen zum Zweck der Bodenpflege, d. h. Lockerung des Bodens, Verbesserung der Wasseraufnahme, Verdunstungsschutz, Einmischen von Düngemitteln, Ausformung der Oberfläche und Unkrautbekämpfung.

Maschinelle Bodenbearbeitung

Als Folge der immer teurer werdenden Handarbeit schreitet die Mechanisierung der Bodenbearbeitung ständig voran. Der Pflug, der als Anbaugerät für die Zugmaschine oder als Sitzpflug in Verbindung mit der Seilwinde zum Einsatz kommen kann, wendet, mischt und lockert das bearbeitete Erdreich und eignet sich deshalb zum Einarbeiten von Unkraut, zum Einmischen von Dünger und zur grobscholligen Lockerung bei der Winterbearbeitung. Der Grubber ist neben dem Pflug das älteste Gerät zur mechanischen Bodenbearbeitung. Bei starker Verunkrautung kommt die Fräse mit ihren rotierenden Hackmessern zum Einsatz; sie krümelt, mischt und lockert das Erdreich und kann auch Rebholz zerkleinern.

BODENSATZ
→ Depot

BODENSEE
Bereich des Weinbaugebiets → Baden, am Nordwestufer und auf der Insel Reichenau. In 400–500 m Höhe wachsen auf Moränenschotter rassige, → kernige sogenannte Seeweine, vor allem spritziger, eleganter → Müller-Thurgau und fruchtiger → Spätburgunder-Weißherbst.

BÖCKSER
Ein Gärfehler, der dem Jungwein einen unangenehmen, im Extremfall an faule Eier erinnernden Geruch und Geschmack verleiht. Durch Lüften und → Filtrieren kann dieser Weinfehler wieder behoben werden, so daß er in der Praxis kein Problem darstellt.

BÖW
Bundesverband Ökologischer Weinbau, → Biowein.

BOGREBE (STRECKER)
Die einjährige → Rute, die beim → Rebschnitt im Winter an der Rebe belassen wird; auf ihr wachsen dann die neuen, Trauben tragenden Sommertriebe. Die Bogrebe muß immer aus einjährigem Holz bestehen, da nur dieses Fruchtruten trägt. Älteres Holz oder gar am Stamm gewachsene Triebe (Wasserschosse) bringen keine Trauben. Durch Anzahl und Länge der belassenen Bogreben kann die Erntemenge wesentlich beeinflußt werden. Qualitätsbewußte Winzer schneiden daher nur 1–2 Bogreben an. Um einen stärkeren Saftdruck zu erreichen, wird die Bogrebe niedergebogen.

Bolivien
Auf Grund der gebirgigen Landschaft wenig bedeutendes Weinbauland in Südamerika mit 4 000 ha Rebfläche und einer Jahresproduktion von 20 000 hl Wein. Ein beträchtlicher Teil der Ernte kommt als Tafeltrauben auf den Markt. Im Ausland ist der bolivische Wein so gut wie unbekannt.

Bordeaux (Bordelais)
Französisches AC-Gebiet, das größte Qualitätsweingebiet der Erde, in Südwestfrankreich um Gironde, untere Garonne und Dordogne, etwa 100 000 ha. Ertrag: ca. 6 Mio. hl AC-Weine, das entspricht einem Viertel der gesamten AC-Produktion Frankreichs. Davon zwei Drittel Rot- und ein Drittel Weißweine (letztere mit abnehmender Tendenz). Den größten Ruhm unter den Bordeaux-Weinen genießen die Rotweine aus den Gebieten → **Médoc** und **Haut-Médoc, Saint-Émilion, Pomerol, Blayais, Bourgeais, Graves** und **Premières Côtes de Bordeaux** sowie die kleine Produktion der süßen, goldgelben → **Sauternes**- und **Barsac**-Weißweine.
Der Rotweinanbau hat seinen Schwerpunkt in den nördlichen Gebieten des Département Gironde, während die Weißweine mehr im südlichen Teil zu Hause sind. Die großen und klassifizierten Gewächse werden heute fast ausschließlich mit der Bezeichnung „Mise en bouteilles au château" oder „Mise du château" auf dem Weingut selbst in Flaschen gefüllt, die Weine der kleineren Besitzer vom Handel oder von Genossenschaften übernommen und abgefüllt.

Die Bezeichnung → Château (Schloß) tritt in Bordeaux am häufigsten auf, ist aber in ganz Frankreich verbreitet. Sie darf nur für AC-Weine verwendet werden. Das Schloß (oft auch nur ein mittelgroßer Gutshof) muß real als Gebäude existieren und über Rebland und Keltereinrichtungen verfügen.

Etwa 300 der 3 000 Châteaus sind im Besitz von Adligen. Die Bordeaux-Weine sind → Verschnitte von mehreren Rebsorten, bei Weißweinen → Sauvignon Blanc mit → Sémillon und → Muskateller, bei Rotweinen → Cabernet Sauvignon mit meist kleineren Anteilen von → Cabernet Franc, → Merlot, Verdot und Malbec. Qualitätsweine müssen lange lagern, Spitzengewächse mindestens 5–10 Jahre. Trotz ihres hohen → Extraktgehaltes sind die Weine weder dick noch klotzig, sondern kräftig, mit einer leicht bitteren Spitze und feinem Kern. Sie zeigen eine delikate, vornehme Art, sind geschliffen und geschmeidig.

Klassifizierung: Man unterscheidet vier allgemeine AC-Benennungen: *Bordeaux, Bordeaux supérieur, Bordeaux rosé* oder *Bordeaux clairet* und *Bordeaux mousseux*. Als nächsthöhere Stufe gibt es 50 regionale oder Gemeinde-Appellationen (*village*), wie z. B. die sechs des Médoc: Pauillac, Margaux, Moulis, Listrac, Saint-Julien, Saint-Estèphe. Spitzenlagen sind zusätzlich mit → Cru-Prädikaten versehen, die in den einzelnen Weinbaugebieten von Bordeaux unterschiedliche Bedeutung haben, wodurch die Übersicht erheblich erschwert wird.

Aus den ältesten Lagen stammen die Cru-Classé-Weine der **Médoc**-Weingüter; sie wurden 1855 anläßlich der Pariser Weltausstellung festgelegt, basierend auf den Preisen, die die Weine in den Vorjahren erzielt hatten:

Anzahl der *Châteaux classés*:

Premier Cru	4
Deuxième Cru	14
Troisième Cru	14
Quatrième Cru	10
Cinquième Cru	18

Cru exceptionnel, Cru bourgeois supérieur und *Cru bourgeois* liegen unter den Cru-Classé-Weinen, wobei der letztgenannte der geringste ist.

Es ist erstaunlich, daß diese bald 150 Jahre alte Klassifizierung, die für die in verschiedene Güteklassen eingestuften Güter erhebliche finanzielle Konsequenzen hat, immer noch fast unverändert beibehalten wird, obgleich heute bei der Weinbereitung die moderne Kellerwirtschaft einen starken Einfluß auf das Endprodukt ausübt und kleinklimatische Vor- und Nachteile durch Hangrichtungen oder gravierende Bodenunterschiede gerade in der weitläufigen und flachen Landschaft des Médoc-Gebietes weniger stark auftreten.

Große Namen auf der Weinmesse Vinexpo in Bordeaux

Im AC-Gebiet **Saint-Émilion** gibt es die zwei Stufen *Saint-Émilion* und *Saint-Émilion grand cru*. Die früheren Herkunftsbezeichungen *Saint-Émilion grand cru classé* und *Saint-Émilion premier grand cru classé* existieren nicht mehr; sie werden jetzt als Zusatzbezeichnungen für Grand-cru-Weine nach einer offiziellen Klassifizierung verwendet. **Graves** hat nur einen *Premier grand cru* (Haut Brion) und 14 *Grands crus de Graves*. **Sauternes** und **Barsac** wiederum klassifizieren die Weine nach: *Premier grand cru* (Château d' → Yquem), *Premier cru* (11 Lagen), *Deuxième cru* (13 Lagen).

Eigenartigerweise haben **Pomerol** und **Côtes de Fronsac**, beides Weinbaugebiete von Weltruf, keine zusätzliche Klassifizierung. Die *Académie du vin de Bordeaux* gibt Auskunft über Adressen von Weingesellschaften, Messen, Ausstellungen, Weinfesten, Museen und die für Besichtigungen geeignete Keller. Für das weitere Studium der vinologischen Hierarchie der Bordeaux-Weine benötigt man als Schlüssel eine Liste der verschiedenen AC-Benennungen.

BORDELAIS, DAS

Bezeichnung für die Landschaft um → Bordeaux.

Botrytis cinerea (auch Edelfäulepilz oder Grauschimmel)
Pflanzenparasit, der auf befallenen Pflanzenteilen einen mausgrauen Belag bildet. Als → Edelfäule (frz. *pourriture noble*) ist er dem Winzer sehr willkommen, kann jedoch im Weinbau auch große wirtschaftliche Schäden verursachen. Auf unreifen Traubenbeeren ruft er die gefürchtete

Traube mit Edelfäulebefall

Roh- oder Sauerfäule hervor. Befällt er die Traubenstiele, sterben diese ab, und die Trauben fallen schon vor der Reife vom Stock ab. Positiv wirkt sich ein Botrytisbefall nur aus, wenn er sich bei trocken-warmem Herbstwetter auf voll ausgereiften Beeren mit optimalem Zuckergehalt entwickelt. Er führt dann zu besonders hochwertigen Weinen mit dem typischen Botrytis-Ton.

Bowle
Erfrischendes Sommergetränk aus Wein und Sekt mit Früchten oder Kräutern, z. B. Erdbeerbowle, Pfirsichbowle oder Waldmeisterbowle.
Jede Bowle ist so gut wie der Wein, den man dafür verwendet. Er sollte herzhaft, spritzig und nicht zu → schwer sein. Die richtige Bowlentemperatur ist etwa 5–8° C, also etwas kühler als normale Kellertemperatur; man muß den Wein also rechtzeitig auf Eis legen oder in den Kühlschrank stellen. Alle Zutaten vorher gut kühlen. Eiswürfel nicht direkt in die Bowle geben, davon wird sie wäßrig. Entweder stellt man das Bowlengefäß in ein größeres, mit Eisstücken gefülltes Gefäß, oder man benutzt tiefgekühlte Plastikkügelchen. Die Bowlenschüssel nicht aufgedeckt stehen lassen, weil sich sonst das Aroma verflüchtigt (aus dem gleichen Grund sollte man kleine Gläser zum Servieren benutzen). Damit die Bowle nicht trüb wird, den Zucker (so wenig wie möglich) vorher auflösen; die Früchte nicht zerquetschen. Sie sollten frisch sein, nicht aus der Dose. Das Obst mit Wein ansetzen, nicht mit Weinbrand, Cognac oder ähnlichem. Nicht mehr stark rühren, nachdem ganz zum Schluß

der Sekt oder das Mineralwasser zugesetzt wurde; ein vorsichtiges Durchfahren mit dem Bowlelöffel genügt. Bowle nicht verlängern – wenn die Bowlenschüssel leer ist, lieber noch einen guten Wein servieren.
Grundrezept (für 4 Personen):
500 g Früchte einer Sorte (ohne Schale, Kerne oder Steine) in mundgerechte Bissen zerkleinern, 2–4 Eßlöffel Zucker darüberstreuen und nach 1 Stunde mit 1 Flasche herbem Weißwein übergießen. Einige Stunden im Kühlschrank ziehen lassen, dann mit 2 weiteren Flaschen eiskaltem Wein (gleiche Sorte!) im Bowlengefäß auffüllen. Bei Tisch 1 Flasche eiskalten Sekt zugeben und kurz umrühren.

BRANDIG
Bezeichnung für Weine, bei denen der → Alkohol betont oder sogar unangenehm in Erscheinung tritt. Der hohe Alkoholgehalt, meist über 12 Vol.-%, überdeckt dann andere → Bukettstoffe. Zum Brandigwerden neigen besonders → Moste aus sehr reifen Jahrgängen mit hohem Zuckergehalt und wenig ausgeprägter Säure.

BRANNTWEIN
→ Weinbrand

BRASILIEN
60 000 ha Rebfläche, davon 36 000 ha Keltertrauben; 3 Mio. hl Wein pro Jahr. Der Pro-Kopf-Verbrauch ist mit knapp 2 l im Jahr sehr gering. In diesem größten Land Südamerikas werden nur in den südlichen, äquatorferneren und daher gemäßigteren Zonen Reben angebaut, hauptsächlich im Bundesstaat Rio Grande do Sul. Erst nach dem ersten Weltkrieg entwickelten italienische Einwanderer den Weinbau. Wegen der hohen Luftfeuchtigkeit und der Gefahr von Pilzkrankheiten werden hauptsächlich amerikanische → Hybridreben wie Niagara, Seibel und Delaware angebaut. Die Rot- und Weißweine sind meist derb und alkoholreich. Eine zunehmende Rolle spielen aber auch europäische Sorten wie → Cabernet, → Merlot, Barbera sowie die Weißweintrauben → Trebbiano und → Malvasia. Ein beträchtlicher Teil der Ernte wird als Tafeltrauben verkauft.

BREISGAU
Bereich des Anbaugebiets → Baden, von Oberschopfheim bis Freiburg im Breisgau. Entlang der → Badischen Weinstraße wachsen → saftige, vollblumige Qualitätsweine verschiedener Rebsorten.

BREIT
Bezeichnung für → füllige, meist alkoholreiche Weine ohne Feinheiten, denen es an → Säure fehlt.

BRENNWEIN
Grundwein zur Herstellung von → Weinbrand, meist geringe, alkoholreiche Weine aus südlichen Anbauländern. Der Alkoholgehalt des Brennweins muß zwischen 18 und 24 Vol.-% liegen. Er wird gewonnen, indem man einem → durchgegorenen Wein ohne Restsüße ein Weindestillat von bis zu 86 Vol.-% zusetzt.

BRILLANZ
Maximale Ausprägung der Klarheit eines Weines; etwa gleichbedeutend mit → glanzhell.

BRUT (FRZ. ROH)
Ausdruck für herben Sekt oder Champagner, der weniger als 15 g Restzucker pro Liter enthält.

BUKETT, BUKETTSTOFFE
Gesamtheit der charakteristischen Geruchsstoffe (→ Aromastoffe, → Geruch) eines Weines, die auch den → Geschmack prägen. Je nach dem Grad der Duftstoffentwicklung spricht man von feinfruchtig-blumigen, bukettreichen, parfümierten oder sogar aufdringlichen Weinen. Das Bukett wird in hohem Maße von der Rebsorte geprägt (→ Sortenbukett), aber auch vom Reifegrad der Trauben bei der Lese. Das zeigt sich besonders deutlich beim → Riesling, der unreif geerntet nur wenig Bukett erkennen läßt, während vollreife Rieslingtrauben dem späteren Wein eine Fülle von feinsten Bukettstoffen verleihen. Die Aromastoffe sind besonders lagerempfindlich, da sie leicht oxydieren; das → Altern der Weine, das mit einer Veränderung des Buketts einhergeht, beruht größtenteils auf dieser Erscheinung.

Prüfung des Weinbuketts

BUKETTSORTEN
Siehe → Sortenbukett

BULGARIEN
Rebfläche etwa 120 000 ha, Ernte 2 Mio. hl Wein, 810 000 dz Tafeltrauben; jährlicher Pro-Kopf-Verbrauch 12 l. Die Rebfläche des Landes hat sich seit dem letzten Weltkrieg unter staatlicher Regie verdoppelt, ist jetzt aber wieder rückläufig. Das Klima ist vorwiegend kontinental. Einem schneereichen kalten Winter folgt ein heißer, sonnenreicher Sommer. Der Weinbau ist über das ganze Land verteilt. Im Norden sowie im Schwarzmeergebiet werden leichtere, trockene, im Süden und Westen → extraktreiche, schwere Weine bis zum → Likörweintyp hergestellt. Eine gesetzliche Abgrenzung von Anbaugebieten mit kontrollierter → Herkunftsbezeichnung ist in den Anfängen. Folgende Weinlandschaften mit ihren charakteristischen Weinen können unterschieden werden:
In Ostbulgarien und dem Schwarzmeergebiet wird fast ausschließlich Weißwein bereitet. Die Weine erhalten ihren Namen nach der Rebsorte. Die bekanntesten sind Dimiat (frisch, fruchtig, alkohol- und säurereich), Misket (mild, weich, mit angenehmem Muskataroma, aus der Gegend von Songulare und Karlowo) und Vinenka (auch Proslava genannt, herzhaft fruchtig). Für den Export werden auch Markenweine ohne Ortsangabe als Gebietsverschnitt hergestellt; sie haben → Phanta-

sienamen wie „Sonnenstrand", „Klosterkeller", „Donauperle", „Bulgarische Sonne" usw.
In Süd- und Südwestbulgarien tritt der Weißweinanbau zugunsten schwerer, → extraktreicher Rotweine zurück. Die Rebsorte Mavrud liefert alkoholreiche, aromatische Weine von fast schwarzer Farbe. Vor allem bei Plovdiv und Asenovgrad werden als Rosinen geerntete Trauben zu einem süßen oder halbsüßen → Likörwein, dem Stanimaschka Malaga, verarbeitet.
Der Pamid, ein aus der gleichnamigen Traube gewonnener heller, süffiger, etwas leichterer Rotwein, wird hauptsächlich als Tisch- und Konsumwein auf den Markt gebracht.
Verschnitte mit Pamid sind die Markenweine „Trakia" (40 % Mavrud), „Balkan" (40 % Gamza) und „Karabunar" (10 % Mavrud). Der im äußersten Südwesten des Landes angebaute Melnik ist ein schwerer, alkoholreicher, süßlicher Rotwein.
Im Tal der Donau und an ihren Nebenflüssen mit den Zentren Vidin, Pleven, Pavlikeni, Veliko, Kramolin und Tirnovo wird hauptsächlich ein ansprechender, gefälliger Rotwein von dunkler Farbe und angenehmem Bukett, der Gamza, aus der gleichnamigen Rebsorte gekeltert. In reifen Jahren weist er beinahe Burgunderart auf.

BUNDESWEINPRÄMIERUNG
Höchste freiwillige Qualitätsprüfung für deutsche Weine; sie wird jährlich von der Deutschen Landwirtschafts-Gesellschaft (→ DLG) durchgeführt. Zugelassen sind Weine, die bereits bei einer vorgeschalteten Regionalausscheidung, einer Gebiets- oder Landesweinprämierung (z. B. Baden,

Franken, Hessen, Rheinland-Pfalz, Württemberg) ausgezeichnet wurden.
Die Auszeichnungen beziehen sich immer nur auf eine bestimmte Füllung. Je nach erreichter Punktzahl im Fünf-Punkte-Bewertungssystem der DLG (vgl. → amtliche Prüfung) erhalten die Weine den Bronzenen (ab 3,5 Punkte), Silbernen (ab 4 Punkte) oder Großen Preis (ab 4,5 Punkte). Die Auszeichnung kann auf den Flaschen des prämierten Weines in Form eines Preis-Punktes, Prämierungsstreifens oder DLG-Rechtecks zu Werbezwecken vermerkt werden. Als Zusatzfarben zu Schwarz und Weiß sind dabei für den Großen Preis Gold oder Bronze zugelassen, für den Silbernen Preis Silber oder Grau.

BUNTSANDSTEIN
Weinbergsböden, auf denen vor allem Rotweine wachsen, so in Westfranken (Spessart, Aschaffenburg, Miltenberg) und in verschiedenen Teilen Württembergs. Die Weine sind stoffig, → kernig.

BURGENLAND
Östlichstes Bundesland von Österreich, an der ungarischen Grenze. Seine 230 Weinbaugemeinden liefern von rund 20 000 ha Rebfläche etwa ein

Drittel der gesamten österreichischen Weinproduktion. Der Ruster → Ausbruch (Süßwein) ist eine Spezialität des Landes. Auch in Gols und in Apetlon am Ostufer des Sees werden hervorragende → Beerenauslesen gelesen. Genannt werden muß auch der gute → Blaufränkische aus Pöttelsdorf, Oggau und von den Südhängen des Leithagebirges.

Die vier Weinbaugebiete des Burgenlandes heißen seit 1985 **Neusiedlersee** (10 000 ha Rebfläche), **Neusiedlersee-Hügelland** (6 000 ha), **Mittelburgenland** (2 000 ha; alle drei zusammen früher Rust-Neusiedlersee) und **Südburgenland** (450 ha; früher Eisenberg). Berühmte Weinorte sind Rust, Mörbisch, Sankt Margarethen, Sankt Georgen, → Eisenstadt, Donnerskirchen, Purbach, Breitenbrunn, Jois, → Neusiedl am See, Gols, Podersdorf, Illmitz, Apetlon, Andau und Pamhagen.
Volle, kräftige Weine von ausgewogener Harmonie reifen an den Hängen des Leithagebirges. Auf den weißen Schotterböden der Parndorfer Hochfläche gedeihen → extraktreiche Weine, die manchmal einen stoffig-herben Bodengeschmack zeigen. Die Trockenheit und die sandigen Böden des Seewinkels bedingen meist milde Weine. Die wichtigsten Rebsorten sind → Welschriesling, Grüner → Veltliner, → Müller-Thurgau, → Muskat-Ottonel, Neuburger, → Weißburgunder, → Traminer, Rheinriesling (Weißer → Riesling) und → Blaufränkisch (Lemberger). Im Südburgenland gedeihen Blaufränkisch, → Welschriesling, Blauer → Spätburgunder und → Rheinriesling; bedeutendster Ort ist Rechnitz. Zwei Drittel Rotweine und ein Drittel Weißweine, die den Weinen der Steiermark ähneln.

BURGUND
Weltberühmtes AC-Weinbaugebiet im Osten Frankreichs, entlang des rechten Saôneufers. Es umfaßt von Norden nach Süden die Untergebiete → Chablis, → Côte d'Or, → Chalonnais, → Mâconnais und → Beaujolais.

Blauer Spätburgunder

BURGUNDER

1. Wein aus dem französischen Weinbaugebiet → Burgund.
2. Kurzform für die Rebsorte *Blauer Spätburgunder*, siehe 3.
3. Rebsortenfamilie mit verschiedenen Spielarten:

Blauer Spätburgunder (frz. Pinot Noir): Rotweinsorte der nördlicheren Anbaugebiete, die eine hohe Weinqualität erbringt; mit kleinbeerigen, blauen, mittelfrüh bis spät reifenden Trauben. Die Rebe beansprucht tiefgründige, fruchtbare Böden. Der Spätburgunder stammt aus Frankreich, wo er vor allem in → Burgund und der → Champagne angebaut wird. Der Wein ist vollmundig, samtig, mit einem feinen, an Bittermandeln erinnernden Aroma. In Frankreich gehört zum Burgunderwein ein → Gerbstoffton, nördlich der Alpen wird versucht, die Rotweine gerbstoffarm herzustellen. Anbau in Deutschland (7 000 ha) vor allem in → Baden (4 300 ha), außerdem in Assmannshausen im Rheingau, in Ingelheim/Rheinhessen und an der Ahr. Die dunkelroten Weine gelten als die besten Rotweine Deutschlands. Weitere Anbauländer sind Österreich, Italien, die Schweiz, Ungarn, Jugoslawien, Rumänien, Kalifornien, Argentinien, Chile, Südafrika und Australien.

Der Buttenträger leert das Lesegut in die Bütte

Blauer Frühburgunder: → Frühreife Rotweinsorte. Die Weine sind leichter und heller als die des Spätburgunders. Man nimmt an, daß der Frühburgunder sich vom Blauen Spätburgunder abgespalten hat. In Deutschland wird er auf 35 ha angebaut.
Weißer Burgunder (frz. Pinot Blanc): Qualitätsweinsorte, die in den letzten Jahren weltweit (ca. 15 000 ha) wie auch in Deutschland (6 700 ha; vor allem in Baden) vermehrt angebaut wird. Hauptanbaugebiet ist Frankreich; in der → Champagne ist die Côte des Blancs vorwiegend mit Weißem Burgunder und → Chardonnay bestockt, die dort die bekannten „Blancs-des-blancs“ liefern. Die Weine sind → glatt und geschliffen mit einer zarten Säure. Sie eignen sich als Begleiter zu Fisch und weißem Fleisch.
Grauer Burgunder (frz. Pinot Gris): Siehe → Ruländer.

BUSCHENSCHENKE
Österreichische Bezeichnung für → Straußwirtschaft, in der Umgebung von Wien auch → Heuriger genannt. Der Winzer darf seine eigenen Weine eine begrenzte Zeit im Jahr direkt ausschenken. Der Ausschank wird durch Anbringung eines „Buschen“, eines Kiefern- oder Fichtenzweiges, angezeigt.

BUTTE
Gefäß von etwa 30 Liter Inhalt, das bei der Weinlese vom Buttenträger auf dem Rücken getragen wird, um die Trauben der Leser in den Rebzeilen zu sammeln und zum Maischewagen zu transportieren. Man rechnet jeweils auf sechs bis neun Leser einen Buttenträger, je nach Neigung des Weinbergs.

BYRRH
Ein hellroter französischer → Aperitif, 22 Vol.-%.

C

Cabernet

Cabernet Sauvignon und Cabernet Franc, zwei Spitzenrotweinsorten für warme Klimate. Werden traditionell im AC-Gebiet → Bordeaux in Frankreich angebaut und bilden dort die Grundlage für die weltberühmten Bordeaux-Rotweine. Heute global starke Expansion (über 150 000 ha, weltweit an 7. Stelle aller Rebsorten). Cabernet Sauvignon findet man auch in Rumänien, Ungarn, Bulgarien sowie in Kalifornien, Chile, Südafrika und Australien. Spätreifend als Traube und als Wein. Sehr kräftig im Geschmack. Wegen des hohen → Tanningehaltes wird der Cabernet selten für sich allein auf die Flasche gebracht, sondern mit anderen, weicheren Rotweinsorten → verschnitten.

Cabinet

Bis zum Jahr 1971 war das Wort „Cabinet“ auf Weinetiketten zu finden, oft kombiniert als „Spätlese Cabinet“ oder „Auslese Cabinet“. Damit war ein Wein gemeint, der mit Abstand über dem Durchschnitt lag und der es wert war, länger in der → Schatzkammer oder dem „Cabinet“ gelagert zu werden. Die systematische Entwicklung des Begriffes „Cabinet“ für Weine geht auf einen historischen Keller im ehemaligen Zisterzienserkloster → Eberbach zurück, wo heute noch die 1245 erbaute, seit dem 16. Jahrhundert als Lagerkeller benutzte ehemalige Fraternei der Mönche „Cabinet-Keller“ genannt wird.
Die Schreibweise „Cabinet“ ist seit dem deutschen Weingesetz von 1971 offiziell verschwunden, in der Prädikatsweinbezeichnung → Kabinett in neu gefaßter Bedeutung aber noch enthalten.

Campari

Italienischer bitter-süßer → Aperitif. Man serviert ihn eiskalt mit Soda und Zitronenscheibe.

Carignan Noir

Weltweit angebaute Rebsorte ursprünglich spanischer Herkunft; benannt nach der Stadt Cariñena, die sich seit dem 12. Jahrhundert von den westlichen Pyrenäen über das gesamte südfranzösische Midigebiet verbreitete. Heute mit einer Gesamtfläche von ca. 280 000 ha an 5. Stelle im Weltweinbau. Hauptanbaugebiet ist nach wie vor Frankreich, wo die tiefroten, kräftigen, gerbsäurebetonten Weine in vielen AC-Rotweinen einen bedeutenden Verschnittanteil bilden, im Midi vor allem kombiniert mit Cinsault und → Grenache; auch im spanischen → Rioja zu einem Zehntel enthalten.

CHABLIS
Französischer Weintyp, Weinort und AC-Gebiet im nördlichen → Burgund. Aus der → Chardonnay-Traube werden hier sehr trockene, herbe, → kernige Weißweine mit zartem Bukett gewonnen. Ihre Farbe schillert zwischen gelb und leicht grünlich, sie werden gern zu Fischspeisen, vor allem aber Austern getrunken. *Chablis* und *Petit Chablis* heißen die leichtesten Weine dieser Gegend, die jung getrunken werden sollten. Gehobene Qualitäten sind der *Chablis premier cru* und der *Chablis grand cru*; fast alle Grands crus kommen von einem Hügel im Bereich des Ortes Chablis.

CHALONNAIS
Untergebiet des Weinbaugebiets → Burgund, die Fortsetzung der Côte de Beaune nach Süden, mit hervorragenden weißen und roten Weinen, vor allem aus den Gemarkungen Rully, Mercurey, Givry und Montagny.

CHAMPAGNE
AC-Gebiet im Norden → Frankreichs, östlich von Paris gelegen, etwa 28 000 ha Rebfläche. Die Champagne wird weinbaulich in drei Zonen eingeteilt: die **Montagnes de Reims** im Norden des Gebietes, in unmittelbarer Nähe der Stadt Reims, mit Pinot-Noir-Reben (Blauer → Spätburgunder) bepflanzt; das **Vallée de la Marne** mit seinen sonnigen Süd- und Südosthanglagen,

ebenfalls mit Pinot Noir; und die **Côte des Blancs** von Épernay mit den weißen → Chardonnay-Reben.
Ein Besuch der in die Kreidefelsen vorgetriebenen Kellereien von Reims und Épernay ist ein Erlebnis, ebenso eine Besichtigung des Champagnermuseums in Épernay.
Der Stillwein aus dem AC-Gebiet Champagne, der nicht die Bedeutung der Schaumweine erreicht, wird als Coteaux Champenois (weiß, rosé oder rot) bezeichnet.

CHAMPAGNER
Gesetzlich geschützter, nach dem klassischen → Flaschengär- und Rüttelverfahren hergestellter Qualitäts-Schaumwein b. A. aus dem AC-Gebiet → Champagne.
Die meisten Champagner bestehen aus einem Verschnitt von ca. 75 % weißgekelterten blauen Trauben (→ Pinot Noir) und 25 % weißen (→ Chardonnay). Eine allgemeine Regel besagt, daß der Champagner um so vollmundiger ist, je mehr blaue Trauben der → Cuvée zugesetzt wurden.
Der spritzigste Champagner wird aus 100 % weißen Trauben gewonnen, der sogenannte Blanc-de-Blancs.
Der Preßvorgang erfordert größte Sorgfalt, um den reinen weißen Saft aus den blauschaligen Trauben zu gewinnen. Die → Keltern sind daher breit und niedrig und erlauben ein rasches Abfließen des Saftes ohne längere Berührung mit den → Trestern.
Erst durch den Mönch Dom Pérignon aus der Abtei Hautvilliers soll der Champagner zu dem Getränk geworden sein, das wir heute kennen. Er empfahl etwa 1688 den Gebrauch des Korkens anstelle des Wergpfropfens, benutzte erstmals dickwandige Flaschen, die hohen Druck aushielten, und führte die Cuvée ein, d. h. den Verschnitt aus verschiedenen Weinen, um geschmacklich beste Grundweine zu erhalten.
Mit wenigen Ausnahmen ist es ratsam, einen echten Champagner nicht länger als 5–10 Jahre zu lagern. Besser hält er sich in großen Flaschen, wie z. B. in der Magnumflasche (1,5 Liter) oder gar im sogenannten Nebukadnezar (16 Liter).

CHAPTALISATION
Französischer Ausdruck für → Anreichern.

CHARAKTER
Kann als Steigerung des Begriffes → Art angesehen werden. Weine mit Charakter haben markante → Geruchs- und → Geschmackseigenschaften und sind typisch für den Weintyp, den sie repräsentieren. Man spricht auch von Gebiets-, Sorten- und Jahrgangscharakter.

CHARDONNAY
Französische Rebsorte, dem Pinot Blanc (Weißen → Burgunder) ähnlich; Synonym: Pinot Chardonnay. Der → Chablis wird ausschließlich aus Chardonnay-Trauben gewonnen; in der → Champagne ist die Sorte wichtiger Bestandteil von Schaumweinverschnitten. Expandiert weltweit (ca. 100 000 ha). In Deutschland, der Schweiz und Österreich auf Versuchsflächen im Anbau. Der Chardonnay ergibt trockene, → kernige Weißweine von gelber, leicht grünlicher Farbe mit verhaltenem Bukett, bei Unreife → dünn und grasig, reif, aber → wuchtig, kräftig. Passend zu Fisch, Muscheln, aber auch hellem Braten und Käse. Edelsüße Weine sind nicht üblich.

CHARMAT-VERFAHREN
Ein nach seinem Erfinder benanntes Großraumverfahren (→ Tankgärung) zur → Schaumwein-Herstellung. Die Bezeichnung wird zunehmend international verwendet.

CHASSELAS
→ Gutedel

CHÂTEAU (FRZ. *SCHLOSS*)
Begehrter Prestige- und Qualitätsbegriff für französische Weine. Das Gebäude muß nicht unbedingt ein Schloß im landläufigen Sinne sein – es genügt ein Landhaus mit Weinherstellung aus den eigenen Weinbergen. Der Besitzer muß eine Reihe von gesetzlichen Bestimmungen beachten, wenn er den Begriff Château auf dem Etikett verwenden will, z. B. muß es sich um einen → AC-Wein handeln. Es gibt etwa 3 000 Châteaus in der französischen Weinproduktion, die meisten davon in → Bordeaux.

CHÂTEAU D'YQUEM
→ Yquem

CHÂTEAUNEUF-DU-PAPE
Rotwein aus Frankreich, siehe → Rhône.

Château in Graves, Bordeaux

CHIANTI
Italienischer DOCG-Rotwein aus der → Toskana, hergestellt aus den Rebsorten → Sangiovese (bis 90 %), Canaiolo, → Trebbiano und → Malvasia. *Chianti classico* stammt aus dem ältesten, ca. 7 000 ha großen Chianti-Gebiet zwischen Florenz und Siena; er ist am schwarzen Hahn *(gallo nero)* auf dem Flaschenhalsetikett zu erkennen. Daneben gibt es sechs weitere Chianti-Anbaugebiete: Montalbano, Rufina, Colli Fiorentini, Colli Senesi, Colli Aretini, Colline Pisane. Als *Chianti putto* bezeichnet man einen Chianti, der nicht aus dem Classico-Gebiet stammt, aber ebenfalls über den DOCG-Status verfügt; als Erkennungszeichen dient hier eine goldene Putte (*putto*).

Nach 3jähriger Lagerung in Eichenfässern darf Chianti die Bezeichnung *riserva* führen und zählt dann zu den großen Weinen Italiens.

CHIARETTO
Italienischer → Roséwein.

CHILE
Aufstrebendes pittoreskes Weinland Südamerikas mit 110 000 ha Rebfläche. Die Hälfte davon dient der Tafeltrauben- und Rosinenproduktion, pro Jahr werden 3,6 Mio. hl Wein erzeugt.
Die Hauptweinbauzone liegt in Zentralchile zwischen den Küstenbergen im Westen und den Kordilleren im Osten. Aus spanischer Kolonialzeit hat sich der Großbesitz erhalten. Die Weinberge sind in Talmulden angelegt, um sie besser bewässern zu können. Die Jahrgangsunterschiede sind gering, da gleichmäßiges Klima vorherrscht. Außergewöhnlich im Weltweinbau ist, daß die → Reblaus noch nicht epidemisch aufgetreten ist und daher noch → wurzelechter Anbau betrieben wird.
Die Hauptrebsorten für Rotweine sind → Cabernet Sauvignon, → Merlot und → Pinot Noir, für Weißweine → Sémillon, → Sauvignon Blanc, → Muskateller, → Trebbiano,

Bewässerte Rebplantagen in Santa Rita, Chile

→ Riesling, → Traminer. Die Weine sind kräftig, säure- und alkoholreich. Es werden auch → aufgespritete Weintypen wie „Port“ und „Sherry“ sowie Likör- und Schaumweine erzeugt. In neuerer Zeit ist, nicht zuletzt bedingt durch etliche Joint-ventures mit kalifornischen, französischen und deutschen Großkellereien, eine bemerkenswerte Qualitätsverbesserung der Exportweine zu verzeichnen. International bekannte Rotweine kommen aus dem **Maipo-Tal** südlich der Hauptstadt Santiago.

China

Bereits im Jahr 2140 v. Chr. wird von Weinbau im Lande berichtet. Seidenkarawanen importierten Wein aus dem Mittelmeerraum und Persien. Unter der Chou-Dynastie (1066) soll am Hofe regelmäßig Wein gereicht worden sein. 1322 wurden die meisten Weinberge auf kaiserlichen Befehl ausgehauen, um Getreidefeldern Platz zu machen. Marco Polo fand größere Weinplantagen in Tai-Yuan, und Sven Hedin gelang es, bei Ausgrabungen in der von Wüstensand bedeckten Stadt Loulan in Nordwest-China versteinerte Reben aus der Hunnenzeit zu bergen.
Die Ausweitung der Weinwirtschaft begann bereits vor der Kulturrevolution. 1952 nennt die Statistik 8 000 ha Rebfläche, 1959 schon 55 000 ha,

die dann während der Kulturrevolution (1966–1976) auf 17 000 ha zurückgingen. Seit Mitte der achtziger Jahre hat der Weinbau im modernen China einen rasanten Aufschwung genommen. Mit einer Rebfläche von 150 000 ha und einer Weinerzeugung von 3,5 Mio. hl pro Jahr ist China heute das größte Weinbauland Asiens. Die Rebflächen befinden sich im Bereich zwischen dem 32. und 44. Breitengrad. Hochwertige europäische Rebsorten stehen heute im Vordergrund. Im täglichen Leben Chinas spielt der aus Trauben hergestellte Wein mit einem jährlichen Pro-Kopf-Verbrauch unter 0,1 l gegenüber anderen, aus Früchten oder Reis gewonnenen Weinen nach wie vor nur eine untergeordnete Rolle. Ein Großteil der Trauben dient dem Frischverzehr. Bemerkenswert sind die Exportbestrebungen. So wird über Hongkong ein Weißwein „Great Wall" mit der chinesischen Mauer auf dem Etikett ausgeführt. Joint-ventures mit europäischen und amerikanischen Firmen spielen in neuerer Zeit eine zunehmende Rolle, etwa die Kooperation von Tianjin Vineyards (Weingut und Kellerei) mit der Weltfirma Remy Martin.

CHLÄFNER
Schweizer Name für den Blauen → Spätburgunder, wird heute noch im Gebiet um den Zürichsee verwendet.

CINZANO
Italienischer → Wermutwein aus der Gegend von Turin, der meist als → Aperitif getrunken wird. Er kommt in verschiedenen Süßegraden auf den Markt.

CLÄVNER
Synonym für Weißer → Burgunder.

CLASSICO
Italienische DOC-Prädikatsbezeichnung für einen meist höhergradigen Wein aus dem Zentrum beziehungsweise aus der besten Gegend eines DOC-Gebietes.

CLEVNER
In vielen Weinbaugebieten gebräuchliche Bezeichnung für Weine und Rebsorten verschiedenster Art. In der badischen Ortenau Synonym für den → Traminer, im Elsaß Bezeichnung für Weißen → Burgunder, im Schweizer Kanton Zürich für den Blauen → Spätburgunder.

Clos Vougeot, weltberühmte Weinlage in Burgund

CLIMAT (FRZ. *WEINBERG*)
→ Lage

CLOS (FRZ. *UMFRIEDETER WEINBERG*)
Ursprünglich Ausdruck für Rebparzellen, die von einer Mauer umgeben waren, heute in bestimmten Gebieten für Weinberg allgemein. Vor allem in → Burgund gebräuchlich.

COGNAC
Französischer → Weinbrand, benannt nach der gleichnamigen Stadt im Département Charente. Nach dem französischen Weingesetz dürfen nur bestimmte Weine aus bestimmten Ursprungsgebieten zur Cognac-Herstellung verwendet werden. Das Destillat muß 2–5 Jahre im Eichenfaß lagern. In dieser Zeit nimmt der Weinbrand die braune Farbe an. Deutscher Weinbrand darf nicht als „Cognac" bezeichnet werden. Bekannte französische Cognac-Firmen sind z. B. Courvoisier, Salignac, Martell, Hennessy, Rémy Martin.

CÔTE, COTEAU (FRZ. *ABHANG, HÜGEL*)
Häufiger Namensbestandteil französischer → Anbaugebiete und → Lagen. Die von alters her gebräuchlichen Bezeichnungen sind in der → AC- und → VDQS-Gesetzgebung beibehalten worden. Über die Qualität der Weine sagt der Begriff *côte* nichts aus.

La Côte, Winzerdorf Bougy-Villars und Genfer See

CÔTE, LA
Weinbauregion am Genfer See im Schweizer Kanton → Waadt. Sie erstreckt sich von Coppet bei Genf bis Lausanne und wird eingeteilt in: **Grande-Côte, Petite-Côte, Région de Morges**. Ein bekannter Weißwein dieser Gegend ist der Dorin, der aus der → Chasselas-Rebe gewonnen wird. Gute Rotweine gedeihen um den Ort Nyon.

CÔTE D'OR
Französisches AC-Gebiet, das ca. 9 000 ha große Herzstück → Burgunds, mit dem man meist auch den Burgunderwein identifiziert. Etwa 50 km langer Steilabbruch einer bewaldeten Hochfläche zu der Talebene der Saône von Dijon bis Santenay. Man unterteilt dieses Gebiet noch in die **Côte de Nuits** mit samtigen, → feurigen Rotweinen aus dem Pinot Noir (Blauer → Spätburgunder) und die **Côte de Beaune** von Ladoix bis Chagny, die edelste Rot- und Weißweine (aus → Chardonnay) hervorbringt. Das Hauptvertriebszentrum des Burgunderweines ist Beaune. **Meursault** und **Puligny-Montrachet** sind Zentren für den Weißen Burgunder.
Auf der Grundlage von Klassifizierungen, die bis zu 150 Jahre alt sind, wurden die Weinbergslagen in vier Gütestufen

Das Hôtel-Dieu in Beaune, Zentrum des Burgunderweins

eingeteilt und bewertet, die immer noch gültig sind:
Grand cru: Ungefähr 30, jede mit eigener Appellation; oft wird nur die Lage ohne Ortsbezeichnung angegeben.
Premier cru: Die Bezeichnung setzt sich aus Orts- und Lagenname zusammen; falls Verschnitt, nur Ortsname.
Appellation communal: Ist berechtigt, den Namen der Gemeinde zu führen. Lagennamen werden selten angegeben.
Appellation Bourgogne: Weiterhin gibt es vier spezielle AC-Klassen für Roséweine und Nebensorten, die im ganzen Gebiet von Burgund geerntet werden dürfen.

CÔTES DU RHÔNE
→ Rhône

CRÉMANT
Bezeichnung für in Frankreich außerhalb der Champagne, jedoch nach dem traditionellen Champagnerverfahren her-

Das Rütteln gehört zum traditionellen Champagnerverfahren

gestellte Schaumweine, seit die Benutzung des Begriffs → Méthode champenoise außerhalb der Champagne durch die EU untersagt wurde. Die wichtigsten Herkunftsgebiete sind (nach abnehmender Produktionsmenge) das Elsaß, Die, Burgund, Loire, Limoux, Bordeaux und außerhalb Frankreichs Luxemburg.
Früher war der Begriff Crémant für Champagner mit geringerem Kohlensäuredruck (2–3 statt 5–6 bar) und cremigem, sämigem → Mousseux gebräuchlich.
Crémant de Saumur und Crémant de Vouvray waren die ersten nicht aus der Champagne stammenden Schaumweine, die diese Bezeichnung trugen. In den siebziger Jahren wurden die Appellationen *Crémant de Loire, Crémant d'Alsace* und *Crémant de Bourgogne* geschaffen, 1990 folgten Bordeaux und Limoux, und 1993 schloß sich Die an.
Zwar sind die Rebsorten von Region zu Region verschieden, bestimmte Regeln der Schaumweinherstellung sind jedoch einheitlich vorgeschrieben, so unter anderem eine mindestens neunmonatige Verweildauer auf der Hefe und eine obligatorische Geschmacksprüfung.
Vgl. auch → Winzersekt.

CRU (FRZ. *GEWÄCHS, WACHSTUM*)
Französische Qualitätsbezeichnung, bedeutet soviel wie Gewächs, → Lage, → *terroir.* Die Weine werden entsprechend der Güte ihrer Lage in Grand cru, Premier cru, Deuxième cru usw. eingeteilt (→ Bordeaux).

CUVE CLOSE (FRZ.)
→ Tankgärung

CUVÉE, DIE
Französischer Ausdruck für → Verschnitt, d. h. eine Mischung verschiedener Weine. Im engeren Sinne nach EU-Recht die Mischung von → Mosten oder Weinen mit verschiedenen Merkmalen zur Herstellung von Schaumwein. Beispielsweise bei der Champagnerherstellung ist es entscheidend für die Qualität des Endproduktes, welche Weine aus verschiedenen Jahrgängen und eventuell auch Lagen der Kellermeister zur Grundweincuvée zusammenstellt. Ziel des Verschnittes ist ein Erzeugnis, das unabhängig von den Eigenheiten der Jahrgänge möglichst stets die gleiche Art und Qualität aufweist.

D

Deckrot
Rotweinrebe, die Weine von hoher Farbintensität liefert, aber nicht eigenständig ausgebaut werden kann, sondern nur als → Deckrotwein Verwendung findet. → Neuzüchtung des Staatlichen Weinbauinstituts Freiburg im Breisgau von 1938. Kreuzung aus Ruländer x Färbertraube (Teinturier).

Deckrotwein
Farbstarker Rotwein von → Färbersorten, der blasseren Rotweinen zur Verbesserung des Farbstoffgehaltes zugesetzt wird.

Degorgieren
Aus dem Französischen abgeleiteter Ausdruck für das → Enthefen von Schaumwein nach Abschluß des → Rüttelns.

Degustation
→ Weinprobe

Dekantieren
Abgießen einer Flüssigkeit, um sie vom Bodensatz (→ Depot) zu befreien. Insbesondere bei älteren französischen Rotweinen (Bordeaux, Rhône, Burgunder etwa ab fünf Jahren Flaschenlagerung) oder bei Portweinen setzt sich oft ein Niederschlag am Flaschengrund ab, der nicht mitserviert werden soll. Man füllt daher den Wein vorsichtig von der Flasche in ein anderes Gefäß (Krug oder Karaffe) um. Das Umgießen sollte etwa zwei Stunden vor dem Servieren und direkt im Keller erfolgen, um ein Aufschütteln des Depots zu vermeiden. Das Dekantierkörbchen, in dem die Flasche schräg liegt, verwendet man zum Servieren von nicht dekantierten Weinen, die ein Depot aufweisen.

Demi-sec
Bezeichnung für „halbtrockene" Schaumweine (medium dry, abboccato), die einen → Restzuckergehalt von 33–50 g/l aufweisen.

Denominación de Origen (DO), Denominación de Origen Calificada (DOC)
Geschützte Ursprungsbezeichnungen in → Spanien.

Denominazione di Origine Controllata (DOC)
Kontrollierte Ursprungsbezeichnung in → Italien.

Denominazione di Origine Controllata e Garantita (DOCG)
Kontrollierte und garantierte Ursprungsbezeichnung in → Italien.

Depot (auch Bodensatz, Niederschlag)
Feste Bestandteile, die sich während der Lagerung in der Weinflasche absetzen; bei liegender Aufbewahrung als länglicher Streifen an der Flaschenseite erkennbar.
Ein Bodensatz kann entstehen, wenn sich → Hefen infolge einer → Nachgärung absetzen oder → Trübungen – z. B. in kranken Weinen, in denen sich Bakterien vermehrt haben – langsam zu Boden sinken.
Eine Depotbildung muß aber nicht immer ein Grund zur Beanstandung sein. So ist z. B. eine Ausfällung von → Weinstein völlig harmlos. Bei älteren, meist französischen Rotweinen beobachtet man bisweilen einen rötlichbraunen Niederschlag aus ausgeflockten Gerb- und Farbstoffen, der durch vorsichtiges → Dekantieren (Abgießen) vom klaren Wein getrennt werden kann.

Dessertwein
Gebräuchlicher Ausdruck für süße Weine, die traditionell zum Dessert gereicht werden. Nach EU-Vorschrift sind sie heute als → Likörweine zu bezeichnen.

Destillation
Verfahren zur Trennung zweier flüssiger Stoffe – bei der → Weinbrand-Herstellung → Alkohol und Wasser – auf der Grundlage unterschiedlicher Siedepunkte. Während der Wein in einer Brennblase (Alambic) langsam erhitzt und zum Sieden gebracht wird, verdampft der Alkohol. Die Dämpfe werden aufgefangen und in einem zweiten Gefäß abgekühlt. Das Ergebnis dieser ersten Destillation ist der Rohbrand oder Rauhbrand mit etwa 40 Vol.-% Alkohol. Nach der zweiten Destillation erhält man ein Produkt mit etwa 70 Vol.-% Alkohol als Grundlage für den dritten und letzten Brand.

Historische Destillationsanlage

Deutsche Landwirtschafts-Gesellschaft
→ DLG

Deutsches Weininstitut
→ DWI

Deutsches Weinsiegel
Gütezeichen der → DLG (Deutsche Landwirtschafts-Gesellschaft) für Weine, die nach der amtlichen Qualitätsprüfung noch eine zusätzliche freiwillige Sinnenprüfung mit Erfolg bestanden haben. Seit 1984 gelten für alle Qualitätsklassen als Mindestpunktzahl 2,5 von 5 Punkten (zum Vergleich: ab 1,5 Punkten darf ein Wein als Qualitätswein bezeichnet werden, vgl. → amtliche Prüfung). Zusätzlich wird der Betrieb von DLG-Fachleuten überprüft.
Nach der Geschmacksrichtung wird unterschieden in das Deutsche Weinsiegel *rot* für lieblich bzw. süß, *grün* für halbtrocken und *gelb* für trocken.
Für den Weinkäufer ist das Weinsiegel ein einfacher, praktischer Hinweis auf Geschmacksrichtung und gediegene Qualität.

Deutsche Weinstrasse
Touristenstraße in der → Pfalz, verläuft in Nord-Süd-Richtung von Bockenheim bei Grünstadt bis zum Deutschen Weintor bei Schweigen an der elsässischen Grenze, über Grünstadt, Bad Dürkheim, Deidesheim, Neustadt an der Weinstraße, Edenkoben, Bad Bergzabern. Sie entstand 1932 als erste Weinstraße Deutschlands und ist gut ausgeschildert mit einer schwarzen Traube auf gelbem Untergrund.
Die am Wege liegenden Pfälzer Weinstuben sind Treffpunkte der Gemütlichkeit, der kulinarischen Spezialitäten und der gepflegten Weine.
Im September und Oktober, während der Weinlese, ist es besonders reizvoll, die Weinstraße zu befahren.

Weinsiegel für trockene, liebliche und halbtrockene Weine

Deutschland

Rebfläche 104 000 ha, Jahresproduktion 10 Mio. hl, davon 2,8 Mio hl Export, Import 9,8 Mio hl, jährlicher Pro-Kopf-Verbrauch 23 l. Da die Nachfrage bedeutend größer ist als die Eigenproduktion, wird noch einmal ebensoviel Wein importiert wie im Lande erzeugt.

82 % der angepflanzten Reben sind weiß, 18 % rot. Die unterschiedlichen Bodenarten und

Rebsorten in den Anbaugebieten lassen ein reiches Angebot verschiedenartigster Weine entstehen, von denen jeder einzelne in Ausdruck und Geschmack reizvolle Variationen ausbildet. Frucht und Eleganz machen den deutschen Wein zu einer begehrten Spezialität unter den Weinen der Welt. Zusammen mit den Jahrgangsunterschieden sind die gebietsbedingten Charaktereigenschaften die Ursache für die Vielfalt deutscher Weine. Um den gebietstypischen Geschmack hervorzuheben, muß jeder → Qualitätswein den Namen eines der 13 → Anbaugebiete als → Herkunftsbezeichnung führen.

Jugendlicher Weingott, 1620

DIABETIKERWEIN
Kenntlich an dem Hinweis „Für Diabetiker geeignet – Nur nach Befragen des Arztes“ auf dem Rückenetikett, der Verpackung oder Getränkekarte. Diabetiker können nicht nur extrem zuckerarme → durchgegorene Weine genießen, sondern auch halbtrockene und liebliche, sofern sie glukosearm sind, d. h. bei einem Gehalt von maximal 20 g vergärbarem Zucker höchstens 4 g Glukose pro Liter enthalten.

DIMITAT
Weißwein aus → Bulgarien.

DIONYSOS, LAT. BACCHUS
Griechischer Gott der Ekstase und der Fruchtbarkeit, besonders des Weines; Sohn des Zeus. Der Sage nach pflanzte

er den ersten Weinstock und lehrte die Menschen die Weinbereitung. Zum rauschhaften Dionysos-Kult gehörten neben Komödien- und Tragödienaufführungen auch Weinweihe und Wetttrinken. Zahlreiche Darstellungen zeigen Dionysos als wohlgenährten Zecher mit Trinkgefäß und Efeukranz.

DLG
Deutsche Landwirtschafts-Gesellschaft, 1884 gegründete Vereinigung zur Förderung der Landwirtschaft und damit auch des Weinbaues, Sitz Frankfurt/Main. Die DLG ist Veranstalter der → Bundesweinprämierung und verleiht das → Deutsche Weinsiegel.

DO
Denominación de Origen, Ursprungsbezeichnung in → Spanien.

DOC
Ursprungsbezeichnung in → Italien (Denominazione di Origine Controllata) und → Spanien (Denominación de Origen Calificada).

DOCG
Denominazione di Origine Controllata e Garantita, kontrollierte und garantierte Ursprungsbezeichnung in → Italien.

DÔLE
Hochwertiger Schweizer Rotwein aus dem Rhône-Tal im Kanton Wallis, der aus Pinot Noir (Blauer → Spätburgunder) mit oder ohne Zusatz von → Gamay gekeltert wird. Ein → Mindestmostgewicht, das bei 86° Oe liegt, wird jährlich neu festgelegt. Weine, die diesen Grenzwert nicht erreichen, werden als *Goron* verkauft. Neuerdings gibt es auch weißen *Dôle blanche* ebenfalls aus → Pinot Noir, weiß gekeltert, und → Œil de Perdrix.

DOMÄNE
In Deutschland ein landwirtschaftlicher Betrieb in Staatsbesitz. Es gibt zur Zeit sieben deutsche Weinbaudomänen, wie sie in der Umgangssprache genannt werden: Staatsweingüter Kloster Eberbach (Rheingau), Staatlicher Hofkeller Würzburg (Franken), Staatliche Weinbaudomänen Trier (Mosel-Saar-Ruwer), Staatliche Weinbaudomäne Niederhausen-Schloß Böckelheim (Nahe), Staatsweingut Meersburg am Bodensee (Baden), Staatliche Weinbaudomäne Marienthal (Ahr) und das Landesweingut Naumburg (Saale-Unstrut).
Die Bezeichnung „Domäne" stammt historisch aus der Preußenzeit, während der

Begriff „Staatsweingut“ nach dem zweiten Weltkrieg entstand und vor allem die den Lehranstalten und Weinbauschulen angeschlossenen Weingüter bezeichnet, die Weine in Verkauf bringen (z. B. Staatsweingut Weinsberg).
Einige private Weingüter, wie Schloß Johannisberg und Schloß Schönborn im → Rheingau, nennen sich ebenfalls „Domänen“, da sie aufgrund der herrschaftlichen Besitzverhältnisse früher staatliche Funktionen und Privilegien besaßen.

DOMAINE
Landwirtschaftlicher Betrieb oder auch Weingutsverwaltung in Frankreich. Im → Bordelais und in der → Provence gleichbedeutend mit → Château. „Mis en bouteilles au domaine“ bedeutet soviel wie → Erzeugerabfüllung.

DOMAINE DES MOULIÈRES
Weingut in der → Provence. Seine Roséweine kommen in amphorenförmigen Flaschen zum Verkauf.

DOMINA
→ Neuzüchtung eines Rotweins der Bundesforschungsanstalt für Rebenzüchtung Geilweilerhof, Kreuzung aus Blauem Portugieser x Spätburgunder. Geringe Bodenansprüche, frühe Reife. Die Weine sind farbstark und → gerbstoffreich, jung oft säurebetont.

DONAULAND-CARNUNTUM
1985–1993 Name eines Anbaugebietes in → Niederösterreich. Vor 1976 Traismauer-Carnuntum, 1976–1985 Klosterneuburg, seit 1993 geteilt in die beiden Weinbaugebiete Donauland und Carnuntum.

DORIN
Weißwein aus der Waadt, → Schweiz.

DORNFELDER
Rotwein- → Neuzüchtung der Staatlichen Lehr- und Versuchsanstalt für Wein-, Obst-

Dornfelder

und Gartenbau, Weinsberg; Kreuzung aus Helfensteiner (Frühburgunder x Trollinger) x Heroldrebe (Portugieser x Lemberger). In fast allen deutschen Rotweingebieten verbreitet (1 600 ha); ertragreich. Weine mit markanter Frucht und hohen Farbwerten, auch als → Deckrotwein interessant.

DOSAGE
Bei der Schaumweinbereitung der Zusatz von in Wein aufgelöstem Zucker, zunächst als *Fülldosage* zur Einleitung der zweiten Gärung, nach dem → Degorgieren als *Versanddosage* zur Abstimmung des fertig vergorenen Schaumweins. Je trockener der Schaumwein, desto klarer zeigt er seine Feinheiten.

DOUX
Frz. süß; für Schaumwein siehe → mild.

DRY
Bezeichnung für „trockene" Schaumweine (sec), deren → Restsüße zwischen 17 und 35 g/l beträgt.

DÜNGUNG
Nährstoffzufuhr über Wurzel oder Blatt, um den jährlichen Nährstoffentzug auszugleichen.
Heute gilt der Grundsatz: sowenig wie möglich, soviel wie nötig. Eine fachgerechte Düngung wird nicht mehr nach Schätzwerten durchgeführt, sondern orientiert sich am Bedarf. Durch Bodenanalysen in Abständen von etwa drei Jahren läßt sich der Gehalt an einzelnen Nährstoffen genau feststellen, und die Düngung kann im richtigen Maß, kostensparend und umweltschonend erfolgen. Man unterscheidet die → mineralische und die → organische Düngung.
Ein Verzicht auf Düngung hat negative Folgen: Schwächung des Holzkörpers, Rückgang des Aufwuchses, nachlassende Winterhärte, schwacher Frühjahrstrieb, langfristig Stockausfälle und steigende Nährstoffkonkurrenz zwischen Rebe und Begrünung. Forschungsergebnisse zeigen darüber hinaus, daß durch die Nährstoffreduzierung auch ein Mangel an bestimmten Aminosäuren ausgelöst werden kann. Dies wiederum kann Ursache für Fehltöne im fertig ausgebauten Wein bzw. für Fehlgärungen sein.

DÜNN
Meist abwertender Begriff für einen → kleinen, leichten Wein, dem es an → Alkohol,

→ Extrakt- und → Aromastoffen mangelt und der daher kurz und ausdruckslos erscheint.

Dunkelfelder
Rotweinrebe ungeklärter Abstammung vom Institut für Rebenzüchtung Geisenheim. Mit ca. 170 ha auf Deutschland begrenzt. Intensive Farbwerte, weniger Säure als andere → Färbertrauben. Gefälliger Rotwein zu Grillgerichten.

Durchgegoren
Wein, der keine → Restsüße mehr enthält, da der gesamte vergärbare Zucker bei der → Gärung in → Alkohol umgewandelt wurde. Bei gleichzeitig hohem → Säuregehalt schmekken durchgegorene Weine oft recht → hart und bissig, da ihnen die Abrundung durch Restsüße und/oder hohen Alkohol fehlt.

DWI (Deutsches Weininstitut GmbH)
Gemeinschaftseinrichtung der deutschen Weinwirtschaft mit Sitz in Mainz. Aufgaben des DWI sind in erster Linie Öffentlichkeitsarbeit und Verbraucheraufklärung, desweiteren die Koordinierung von Absatzförderungsmaßnahmen, wie beispielsweise die Organisation von Deutschland-Messeständen bei internationalen Weinmessen.
Das DWI verschickt auf Anfrage an jedermann Informationsmaterial, u. a. das Programm für die deutschen Weinfeste und Weinseminare. Anschrift:

DWI
Gutenbergplatz 3–5
55116 Mainz
Tel. 0 61 31 / 28 29-0
Fax 28 29-50

1715

E

e
Der Buchstabe auf dem Flaschenetikett besagt, daß es sich um eine geeichte Flasche nach EU-Richtlinien handelt. Die Angabe ist seit 1977 für die EU-Länder verpflichtend. Die Zahl nach dem Buchstaben gibt das Nennvolumen in Liter an , z. B. 0,25, 0,75, 1,0.

EBERBACH, KLOSTER
Im → Rheingau unweit von Eltville 1136 von Zisterziensermönchen aus Clairvaux (Burgund) gegründet. Im Mittelalter eines der bedeutendsten deutschen Weinbau- und Weinhandelsunternehmen mit 200 Außenstellen, eigenen Schiffen und einer Exportkellerei in Köln. Im Jahre 1803 säkularisiert, seit 1945 Staatsweinkellerei, die der *Verwaltung der Staatsweingüter Kloster Eberbach* in Eltville untersteht. International bekannter Schauplatz von Weinversteigerungen und Weinmessen sowie Veranstaltungen des Rheingauer

Edle Weine in historischen Mauern: Kloster Eberbach

Steinberger
Steinberger
Steinberger

850 Jahre Weinkultur im Kloster Eberbach: der Hospitalkeller

Weinseminars, des Weinkonvents, der „German Wine Academy“ und des „Rheingau Musik Festivals“.

ECKIG
Unharmonischer Wein, bei dem einzelne Geschmacksstoffe wie → Säure, → Alkohol oder → Gerbstoffe zu sehr hervortreten.

EDEL
Hochwertiger Wein, der alle Geschmacksnuancen optimal zeigt. Häufig in Wortverbindungen wie → Edelfäule, → Edelfirne, Edelsüße.

EDELFÄULE
Die durch den Grauschimmelpilz → Botrytis cinerea hervorgerufene Edelfäule kann bei günstigen Witterungs- und Reifebedingungen zu besonders edlen Weinen führen. Bei feuchtwarmer Herbstwitterung befällt der Schimmelpilz die vollreifen Trauben und perforiert die Beerenschale; dadurch verdunstet verstärkt Wasser, und die Beeren schrumpfen rosinenartig ein. Der konzentrierte → Most, der aus diesen Beeren gewonnen wird, ist reich an Zucker und Geschmacksstoffen. Außerdem

Edelfaule, eingeschrumpfte Beeren ergeben Spitzenweine

werden von Botrytis cinerea Stoffwechselprodukte abgegeben, die dem Wein ein charakteristisches, von Kennern sehr geschätztes Edelfäulebukett und -aroma (auch Botrytis-Ton genannt) verleihen. Besonders in Deutschland, im → Burgenland, in Tokaj und in Bordeaux (→ Sauternes) werden weltberühmte → Ausleseweine aus edelfaulen Trauben gewonnen.

Edelfäulepilz
→ Botrytis cinerea

Edelfirne
Im Gegensatz zur → Firne noch positiver Geschmackseindruck bei alten Weinen.

Edelreis
Das obere, fruchttragende Teilstück einer → Pfropfrebe. Nur das Edelreis bestimmt die Art des gewonnenen Weines.

Edelstahlbehälter
→ Stahltank

Edelzwicker
Weißweinspezialität aus dem → Elsaß, hergestellt aus einem Verschnitt von → Riesling, → Silvaner, Muskattrauben u. a.; ein süffiger, herber Durstlöscher – der Begriff „Edel"-Zwicker darf nicht zu ernst genommen werden.

Ehrenfelser
Dem → Riesling ähnelnde, aber früher reifende Kreuzung Riesling x Silvaner des Instituts für Rebenzüchtung und Rebenveredelung, Geisenheim, von 1929. Benannt nach der Burgruine Ehrenfels bei Rüdesheim. Anbaufläche rund 400 ha. Die fein-dezenten Weine entwickeln sich rascher als der Riesling.

Ehrenpreis des Bundesministers für Ernährung, Landwirtschaft und Forsten
Besonders gute Gesamtleistungen bei der DLG-→ Bundesweinprämierung können mit dem Ehrenpreis des Bundesministers für Ernährung, Landwirtschaft und Forsten ausgezeichnet werden.
Der Bundesehrenpreis in Bronze wird verliehen, wenn ein Teilnehmer den Ehrenpreis zum ersten bis dritten Mal (und dann wieder fünften bis siebten Mal) erhält, in Silber, wenn der Ehrenpreis zum vierten Mal zuerkannt wird, und in Gold beim achten Mal. Bundesehrenpreise dürfen auf Weinflaschen nicht erwähnt werden, da die Auszeichnung nichts über einen einzelnen Wein aussagt, sondern sich auf den Erzeugerbetrieb insgesamt bezieht.

Tuniberg mit Ehrentrudis-Kapelle

EHRENTRUDIS
Ein Herkunfts-Typenwein, der laut Lagenverordnung die genaue Bezeichnung *Ehrentrudis Spätburgunder Weißherbst* tragen muß. Der Name darf für Qualitätsweine ohne und mit Prädikat, die im Bereich → Kaiserstuhl-Tuniberg gewachsen sind, verwendet werden. Er ist von einer kleinen Kapelle der heiligen Ehrentrudis auf dem Tuniberg abgeleitet.

EINZELLAGE
→ Lage

EISACKTALER (ITAL. *VALLE ISARCO*)
Italienische DOC-Weißweine aus dem Gebiet nordöstlich von Bozen (Anbaugebiet → Trentino-Südtirol). Auf dem Etikett wird die Bezeichnung der Rebsorte entweder in deutscher oder italienischer Sprache hinter dem Weinnamen angegeben.

EISENBERG
Frühere Bezeichnung des österreichischen Anbaugebietes Südburgenland.

EISENSTADT
Hauptstadt der Weinbauregion → Burgenland. Auf 760 ha Rebfläche werden fruchtige, bukettreiche Weißweine erzeugt. Jährlich im Spätsommer findet das „Fest der 1 000 Weine" mit Weinverkostung und -verkauf statt.

EISHEILIGE
An diesen Tagen besteht in Mitteleuropa die Gefahr von Kälterückschlägen (Maifrösten), nach den Eisheiligen ist mit Spätfrösten nicht mehr zu rechnen.
In Norddeutschland werden die Eisheiligen vom 11. bis 13. Mai (Namertus, Pankratius, Servatius) erwartet; in Süddeutschland vom 12. bis 15. Mai (Pankratius, Servatius, Bonifatius, „Kalte Sophie").

Eiswein

Eine erlesene Rarität der nördlichsten Weinbauländer. Die Trauben werden bei mindestens – 8 °C in gefrorenem Zustand geerntet und rasch abgepreßt, bevor das durch die Eiskristallisation festgehaltene Wasser in der Beere wieder auftaut. Nur das an → Aromastoffen, Säure und Zucker reiche Mostkonzentrat läuft von der Kelter ab. Die Dichte des Mostes wird bei niedrigeren Temperaturen größer. Die Qualität des Endprodukts hängt daher mehr von der Stärke des Frostes ab als vom ursprünglichen → Oechslegrad der Trauben.
Frost tritt selten während der eigentlichen Lese im Oktober auf, sondern meist erst im November bis Januar. Die Winzer lassen daher die Trauben auf ausgesuchten Parzellen am Rebstock hängen. Verluste durch Vogelfraß, Wind und Regen werden vermindert, indem man die Reben mit Plastikfolien schützt. Trotzdem ist das Risiko groß. Während bei einer Riesling-Normalernte pro Hektar Rebfläche mit einem Ertrag von 10 000 Flaschen zu rechnen ist, sind es beim Eiswein maximal 2 000 Flaschen.
Geschmacklich unterscheidet sich der Eiswein von normal gelesenen → Auslesen durch höhere → Säure, die den doppelten Wert konventioneller Auslesen erreichen kann. Im → Körper ist er robuster, kräftiger und wuchtiger, in der Nase aromatischer, im → Sortenbukett ausgeprägter.

Folien schützen die Trauben vor Regen

Durch seine große Geschmacksfülle ist der Eiswein besonders geeignet, zum Ausklang eines festlichen Essens, eines schönen Abends oder zur Ehrung eines besonderen Gastes gereicht zu werden. Seiner Süße wegen sollte man ihn in kleinen Probegläsern oder in Likörgläsern anbieten. Eisweine sind bei kühler Lagerung unbegrenzt haltbar.

m; Vogelfraß (oben) bis zur Eisweinlese bei klirrendem Frost (unten)

Erstmals wird der Eiswein in Deutschland in einem Bericht von 1869 erwähnt, demzufolge 1842 ein Winzer in Traben-Trarbach an der Mosel einen Eiswein herstellte. Er erntete seine Trauben, obwohl sie gefroren waren. Zu seiner größten Überraschung geriet der daraus gewonnene Wein überragend in Körper, Duft und Süße.

In der Literatur findet man Hinweise auf Eisweine aus den Jahren 1875, 1880, 1890, 1902, 1908, 1912, 1949, 1950, 1961, 1962. In diesen Jahren kam der Frost sehr früh, d.h. während der Hauptlese. In Deutschland müssen seit 1983 Eisweine die Prädikatsstufe → Beerenauslese erreichen. Auf dem Etikett erscheint nur noch das Prädikat „Eiswein".

ELBLING
Alte weiße Rebsorte, im Mittelalter wegen ihrer großen Fruchtbarkeit stark verbreitet. Seit Abschaffung der Zehntweine mußte der Elbling gefälligeren Sorten weichen. Heute stehen von den 1 150 ha allein rund 1 000 ha an der Mosel, der Rest vorwiegend am Oberrhein in Baden. In den übrigen Ländern Europas ist er bis auf kleine Anbauinseln in der Ostschweiz, im Elsaß und in Luxemburg verschwunden. Zum Großteil wird der Elbling als Sektgrundwein verwendet. Die Weine sind herzhaft, fast → stahlig, mit geringem Alkoholgehalt; unreife Jahrgänge sind sehr säurereich. Synonyme: Kleinberger, Alben, Albig.

ELEGANT
Harmonische Weine mit feiner Art, → saftig, rassig und feinblumig, meist mit mittlerem bis etwas erhöhtem Alkoholgehalt und angenehm betonter → Säure, wobei die → Weinsäure einen großen Anteil hat.

ELSASS
Die *Appellation Alsace contrôlée* umfaßt ca. 14 000 ha am östlichen Abhang der Vogesen. Im Unterschied zu den übrigen AC-Gebieten Frankreichs wird im Elsaß statt des Ortsnamens meist nur die Rebsorte angegeben. Ausnahmen bilden Herkünfte, die einen besonders guten Klang haben, wie z. B. Barr, Riquewihr, Guebwiller. Lagennamen gibt es etwa 100, davon 50 *Alsace Grands Crus*.

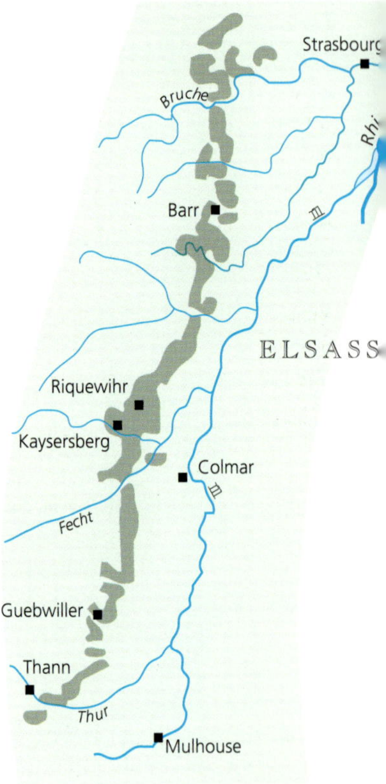

Weißweine herrschen im Elsaß vor und sind meist trocken, → kernig und → tanninreich. Der Chasselas (→ Gutedel) wird hauptsächlich zu offenen, leichten Ausschankweinen verarbeitet. Als feinere Weine gelten → Silvaner und Pinot Blanc (Clevner, → Weißburgunder). Zu den edlen Sorten gehören → Riesling, → Gewürztraminer oder → Traminer, Muskat und Tokay d'Alsace (Pinot Gris, → Ruländer). Der *Zwicker* ist ein Verschnitt von Chasselas mit Silvaner, der *Edelzwicker* oder *Gentil* ein Verschnitt höher eingestufter Sorten.
Die AC-Weine müssen einen Mindestalkoholgehalt von 8,5 Vol.-% aufweisen. Für die Benennungen *Grand vin*, *Grand cru* oder *Réserve exceptionelle* muß ein Alkoholgehalt von mindestens 11 Vol.-% vorliegen.
Die Elsässische Weinstraße (Route du Vin) durchzieht auf einer Länge von 110 km das ganze Weinbaugebiet in Nord-Süd-Richtung und berührt dabei viele romantische Weinorte, die einen Besuch wert sind, wie Marlenheim, Westhoffen, Molsheim, Obernai, Barr, Dambach, Châtenois, Ribeauvillé, Riquewihr, Kaysersberg, Colmar, Hattstatt, Guebwiller und Thann.

Informationen:

Comité interprofessionnel des
Vins d'Alsace
12, ave. de la Foire aux Vins
F-68012 Colmar

Hier erhalten Sie Auskunft über den Besuch von Kellereien, regionale Weinmärkte, Weinmuseen und Veranstaltungen der ältesten Weinbruderschaft der Welt, „Confrérie Saint-Étienne von Ammerschwihr", 1440 gegründet.

Gutswein-Verkauf in Riquewihr

ENTHEFEN (DEGORGIEREN)
Entfernen der Hefe aus → Schaumwein nach der zweiten Gärung und dem Reifelager. Bei der klassischen → Flaschengärmethode hat sich nach Abschluß des → Rüttelns das Hefedepot im Hals der kopfstehenden Flasche abgesetzt. Zur Enthefung wird der Flaschenhals im Kältebad tiefgefroren. Durch den Kohlen-

Degorgieren des Schaumweins nach der Flaschengärung

säuredruck schießt nach dem Öffnen der vereiste Hefepfropf mit dem Korken heraus. Anschließend wird die Flasche aufgefüllt, meist mit einer → Dosage versehen und verkaufsfertig verkorkt.

ENTRAPPEN
Trennen der Traubenbeeren von den Beerenstielen (Rappen, → Kamm). Siehe → Abbeeren.

ENTSÄUERUNG
In klimatisch ungünstigen Weinjahren kann der → Säuregehalt in den Beeren zu hoch sein. Das Weingesetz läßt dann eine teilweise chemische Entsäuerung von Traubenmost zu. Zur Neutralisation der Weinsäure verwendet man kohlensauren Kalk ($CaCO_3$), wobei Kohlensäure entweicht und weinsaures Kalzium ausfällt.

ERLAUER STIERBLUT
Rotwein aus → Ungarn.

ERTRAG
Der Ertrag eines Weinjahres wird in Hektoliter (1 hl = 100 l) → Most pro Hektar (1 ha = 10 000 m^2) gemessen und in hl/ha angegeben.
Der jährliche Durchschnittsertrag liegt nördlich der Alpen heute bei intensiver Bearbeitung der Weinberge mit durchschnittlich 100 hl/ ha verhältnismäßig hoch. Eine wesentliche Ursache hierfür ist, daß nur staatlich anerkanntes, gesundes Rebmaterial angepflanzt werden darf.

ERTRAGSBEGRENZUNG
Nach der sogenannten „Güte-Menge-Regel" führt eine zu große Traubenmenge pro Stock zu Einbußen bei der Qualität. Bei der Erzeugung besonders hochwertiger Weine ist man deshalb bestrebt, durch systematische Ertragsbegrenzung mittels → Rebschnitt die Zahl der Weintrauben pro Stock und damit den Mengenertrag zu reduzieren. Ein geringer Hektar-Ertrag, d. h. (deutlich unter 100 Hektoliter pro Hektar (hl/ha), wird deshalb von anspruchsvollen Erzeugern gern als Beleg für gehobene Weinqualität angeführt.

ERTRAGSFLÄCHE
→ Rebfläche

ERZEUGERABFÜLLUNG
Wein, der ausschließlich aus selbstgewonnenen Trauben des Abfüllers oder der Mitglieder des genannten Erzeugerzusammenschlusses (z. B. einer → Winzergenossenschaft) gekeltert wurde. Der Begriff gilt nur für Wein aus Deutschland und aus der Provinz Bozen in Südtirol. Gleichbedeutend sind in Frankreich Begriffe wie „Mise en bouteilles à la propriété" oder „Mise en bouteilles au château", in Italien „Imbottigliato all'origine", in englischsprachigen Ländern „Estate botteld". Wenn Angaben dieser Art fehlen, dann wurden von der Abfüllkellerei Trauben, → Moste oder Weine aus fremden Betrieben aufgekauft und auf die Flasche gefüllt. Die Abfüllerangabe sagt aber über die Qualität des Weines nichts unmittelbar aus. Der Hinweis „Erzeugerabfüllung" beinhaltet lediglich die Garanie dafür, daß der Wein vom Rebsrock zur Flasche „aus einer Hand" stammt.

ERZIEHUNG
Wuchslenkung der Rebtriebe mit dem Ziel, zu einem ausgewogenen Verhältnis zwischen

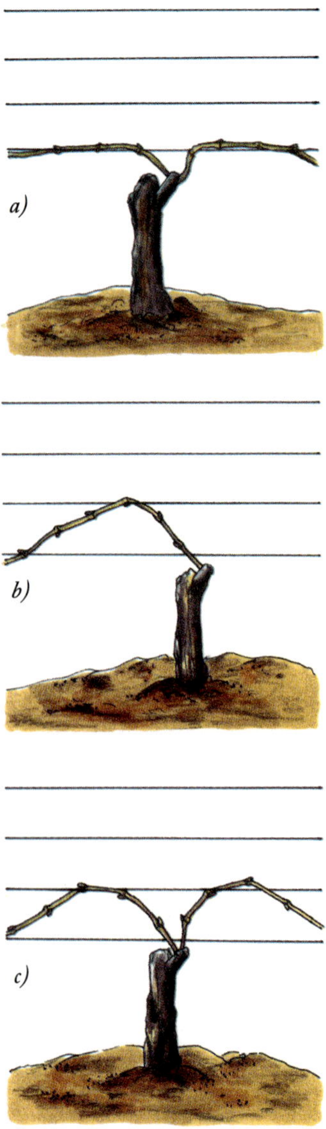

Erziehungsarten: Flachbogenerziehung (a) und Halbbogenerziehung mit ein (b) bzw. zwei Fruchtruten (c)

Laubmasse und Traubenbehang, Qualität und → Ertrag zu gelangen sowie Platz für eine kosten- und zeitsparende Weinbergsbearbeitung zu schaffen. Die Rebe ist eine Schlingpflanze, die sich in ihrer wild wachsenden Form an Bäumen und Sträuchern emporrankt. Jedes Jahr bilden sich viele neue Triebe, die sich im Streben nach Licht und Nährstoffen gegenseitig behindern. Im Weinberg werden daher die Reben systematisch geschnitten und die laub- und fruchttragenden Triebe (→ Ruten) durch Anbinden in Form gebracht. Dabei haben die modernen Drahtrahmen weitgehend die alte Kopf-, Pfahl- und Mehrschenkel-Erziehung abgelöst.

Die Form der Fruchtruten charakterisiert die verschiedenen Erziehungsarten: Beim *Flachbogen* zieht man die Bogenrebe auf einem einzigen Biegedraht flach aus. Die *Halbbogen-Erziehung* ist einfacher in der Handhabung (durch die sanfte Biegung weniger Bruch) und bietet den Ruten besseren Halt. In Österreich haben sich in den fünfziger Jahren vor allem die *Lenz-Moser-Weitraumanlagen* durchgesetzt, die in Deutschland aufgrund des hohen Raumbedarfes anzutreffen sind.

Wein gehört zur gepflegten Tafel

Essen und Wein

Den „richtigen" Wein für ein Essen gibt es natürlich nicht, nur einen „idealen".

Starre Regeln bei der Zusammenstellung von Speise und Wein widersprächen der Vielfalt beider Kombinationspartner. Deshalb: Weißer Wein zu hellem Fleisch ist ebensowenig zwingend wie roter Wein zu dunklem Fleisch!

Aus der Aufgabe, die der Wein zu erfüllen hat, nämlich „Diener der Speisen" zu sein, ergibt sich ein allgemein gültiger Kombinationsgrundsatz: Der Wein sollte die Speise in Aroma und Gehalt nicht übertreffen und insofern den Eigenschaften des Gerichtes angepaßt sein. Je leichter und neutraler das Essen (dezentes Aroma), desto zarter und leichter muß auch der Wein sein; je würziger und kräftiger die Speise, desto aromatischer und gehaltvoller der Wein.

Diese Empfehlung kann freilich nur den Rahmen für die Beziehungen zwischen Speisen und Wein setzen. In Anbetracht der Vielzahl von Beilagen und Zubereitungsarten, vor allem der Soßen, muß eine Feinabstimmung erfolgen.

1. Hohe → Restsüße im Wein überdeckt feine Geschmacksnuancen der Speisen. Deshalb: Halbtrockene oder trockene Weine, d.h. Weine mit wenig schmeckbarem Restzucker, bieten

Geflügel und leichter Rotwein – warum nicht?

günstige Voraussetzungen als Begleiter zum Essen.

2. Milde Weine mit geringer → Säure, wie z.B. Rotweine, reicht man am besten zu Gerichten mit braunen gebundenen Soßen, rassige, säurereiche Weine vor allem zu Gerichten, die „nature", d.h. ohne gebundene Soße, gereicht werden (z.B. Krustentiere, gesottener Fisch). Gerade hier ist viel Feingefühl geboten, denn einerseits ist eine anregende, belebende Fruchtsäure im Wein willkommen, andererseits soll sie das Gericht im Wesen nicht verändern.

3. Stimmen Sie das Essen mit einem Wein der passenden → Güteklasse ab. Ob → Tafelwein, → Landwein, → Qualitätswein, → Kabinett oder sogar eine → Spätlese angemessen ist, richtet sich nach dem Anlaß und dem Niveau der Speise. Kabinettweine sind leicht und passen daher vorzüglich zu einer Vielzahl von feinen Gerichten.

4. → Auslesen, → Beerenauslesen, → Trockenbeerenauslesen und → Eisweine, also konzentrierte, → extraktreiche Weine mit edler → Restsüße, eignen sich als → Aperitif oder als erlesener Begleiter von Süßspeisen (z.B. ofenwarmem Apfelkuchen, Soufflés).

Nach dem allgemeinen Kombinationsgrundsatz, daß der Wein in Aroma und Gehalt der Speise entsprechen muß, sind im folgenden auf der Grundlage vielfältiger Erfahrungen von Gourmets einige Speisenweinkombinationen zusammengestellt. Dabei werden typische Speisengruppen aufgelistet, bestimmte Weintypen zugeordnet und in einer weiteren Übersicht Beispiele für die verschiedenen Weintypen aufgeführt.

Die ideale Verbindung von Speisen und Wein macht nicht nur Freude und bereitet Genuß, sie verrät auch Kennerschaft und Gefühl – Eigenschaften also, die den aufmerksamen Gastgeber auszeichnen.

Auch deftige Speisen gewinnen mit Wein

Zum Thema siehe auch → Kochen mit Wein, → Marinade mit Wein, → Gesundheit und Wein sowie „Frankreichs Weine auf einen Blick" (S. 116–119).

Klassisch: Weißwein zu Meeresfrüchten

SPEISENCHARAKTER	WEINCHARAKTER
Geschmacklich neutral *wie z.B.* Eierspeisen Fisch gekocht Huhn, Pute Kalbfleisch Schonkost verschiedene Gemüsegerichte	*Neutral, wenig aromatisch, feinrassig, zartes Bukett* Weißwein Typ I und II Weißherbst (Rosé) eventuell Rotwein I
Leicht, dezent feinrassig *wie z.B.* Schonkost allgemein viele Zwischengerichte Fleisch- und Geflügelgerichte in weißer gebundener Soße Frischkäsearten	*Leicht, beschwingt, feinwürzig* Weißwein Typ I und II Rosé Rotwein Typ I
Pikant, aromatisch *wie z. B.* Wildgeflügel (Fasan, Wildente, Rebhuhn) Fleisch und Geflügel je nach Zubereitungsart (Hammel, Rind, Schwein, Lamm) würzig pikanter Käse Gerichte vom Balkan Gerichte asiatischer Zubereitung	*Aromatisch, würzig, pikant, vollmundig* *je nach Würzgehalt der Speise* Weißwein Typ III und IV Rosé Rotwein Typ II
Kräftig, herzhaft, füllig *wie z. B.* Geflügel (Gans, Ente) Wild (Reh, Hase, Wildschwein) Fleischgerichte je nach Zubereitung (Lamm, Rind, Schwein, Hammel) ländliche Küche gehaltvoller Käse	*Kräftig, herzhaft, viel Fülle, elegante Säure, nachhaltig* Weißwein Typ IV Rosé Rotwein Typ II

Die Weintypen
(nach Herkunftsgebieten; hinter dem Doppelpunkt stehen Rebsorten oder Weinnamen)

Weißwein Typ I:

Neutral, wenig aromatisch bis feinrassig, zartes Bukett
Deutschland:
Mosel-Saar-Ruwer; Mittelrhein; Rheingau; Ahr; Württemberg: Riesling (insbesondere Kabinett), Kerner; Baden: Gutedel; Nahe: Silvaner, Ruländer
Österreich:
Kamptal: Rheinriesling; Steiermark: Rheinriesling, Welschriesling, Morio-Muskat; Wien: Rheinriesling
Schweiz:
Wallis: Fendant, Paien (Heida), Sauvignon; Waadt: Chablis Vaudois; Neuenburger See: Silvaner, Riesling, Rivaner
Frankreich:
Elsaß: Silvaner, Pinot Blanc, Chasselas; Vouvray: Chenin Blanc, Saumur
Italien:
Aostatal; Trentino-Südtirol: Terlaner; Lombardei: Soave

Weißwein Typ II:

Leicht, mundig, mild, dezentes Bukett
Deutschland:
Vor allem Kabinettweine der Sorten Riesling, Silvaner, Müller-Thurgau, Gutedel, Riesling aus Rheinhessen, Baden, Mittelrhein, Mosel-Saar-Ruwer, Hessische Bergstraße, Nahe
Schweiz:
Wallis: Fendant, Ermitage; Neuenburger See; Kanton Genf: Perlan, Johannisberger, Rivaner
Italien:
Toskana: Barolio Bianco

Weißwein Typ III:

Ausgeprägtes Aroma, würzig, pikant, vollmundig
Deutschland:
Scheurebe, Morio-Muskat, Gewürztraminer, Siegerrebe, Neuzüchtungen wie Ortega und Bacchus aus der Pfalz, aus Rheinhessen, Baden, Franken

Österreich:
Burgenland: Müller-Thurgau, Muskat-Ottonel; Wachau: Grüner Veltliner, Muskateller, Müller-Thurgau; Steiermark: Scheurebe und Muskateller
Schweiz:
Wallis: Arvine; Neuenburger See: Muskateller
Frankreich:
Elsaß: Muscat d'Alsace, Gewürztraminer; Bordeaux: Pouilly Fumé; Nantais: Muskadet
Italien:
Trentino-Südtirol: Traminer; Sizilien: Malvasia di Lipari; Elba: Muscat Aleatico

Weißwein Typ IV:

Kräftig, herzhaft, viel Fülle, elegante Säure, dezentes unaufdringliches Aroma
Deutschland:
Weißer Burgunder, Ruländer, Kerner, Silvaner, Faber, Huxelrebe, Riesling aus der Pfalz, Franken, Baden, Württemberg, Rheingau
Österreich:
Burgenland: Müller-Thurgau, Welschriesling; Wachau: Neuburger, Rheinriesling; Weinviertel: Weißer Burgunder
Schweiz:
Wallis: Johannisberger, Malvoisie; Waadt-Lavaux, La Côte: Dorin, Terravin; Graubünden; Thurgau
Frankreich:
Elsaß: Tokay d'Alsace (Ruländer); Burgund: Pinot Blanc; Chablis; Auxerre; Mâconnais; Côte du Rhône: Marsanne Blanche
Italien:
Piemonteser Voralpen-Strohweine; Sauvignon-Weine; Latium: Frascati, Malvasier; Kampanien: Greco, Fiano; Sardinien: Vernaccia

Rotwein Typ I:

Leicht, frisch, mundig, feinfruchtig
Deutschland:
Portugieser, Trollinger aus Rheinhessen, Pfalz, Württemberg, Ahr
Österreich:
Kamptal: Roter Veltliner; Steiermark: Blauer Wildbacher
Schweiz:
Neuenburger See: Pinot Noir; Kanton Genf: Blauer Spätburgunder, Gamay; Aargau

Frankreich:
Languedoc-Roussillon: Grenache, Carignan; Burgund: Aligoté, Merlot; Côtes du Rhône: Syrah; Côtes de Provence: Clairette
Italien:
Trentino-Südtirol: Schiava Grossa, Schiava Gentile, Schiava Grigia, Groß-Vernatsch; Venetien: Bardolino, Valpolicella, Merlot; Toskana: Chianti

Rotwein Typ II:

Gehaltvoll, stoffig, feurig, nachhaltig
Deutschland:
Spätburgunder, Lemberger, Schwarzriesling von der Ahr, aus Baden, Württemberg, Rheingau (Assmannshausen)
Österreich:
Burgenland: Blaufränkisch, Spätburgunder; Vöslau (Thermenregion): Blauer Portugieser; Südburgenland: Blauer Spätburgunder
Schweiz:
Wallis: Dôle (Pinot Noir pur), Gamay; Neuenburger See: Blauer Burgunder; St. Gallen-Rheinufer: Blauer Burgunder
Frankreich:
Burgund: Pinot Noir, Gamay; Côte d'Or; Mâconnais; Bordeaux: Cabernet Sauvignon, Malbec; Côtes du Rhône: Châteauneuf-du-Pape; Provence: Grenache
Italien:
Piemont: Barolo, Barbaresco, Barbera (Nebbiolo), St. Magdalener (Lagrein und Schiava); Kampanien: Lacrimae Christi; Sizilien: Faro

Rosé:

Deutschland:
Vor allem Spätburgunder- und Portugieser-Weißherbst aus Baden, der Pfalz, Rheinhessen
Österreich:
Blaufränkisch aus dem Burgenland, Vöslau (Thermenregion)
Schweiz:
Ostschweiz: Blauer Spätburgunder (Klevner); Chur: Schiller
Frankreich:
Bordeaux; Tourraine; Anjou; Côtes de Provence; Languedoc-Roussillon
Italien:
Apulien, Capri, Venetien, Lombardei, Südtirol

Essigsäure
Im Wein weitgehend unerwünschter Vertreter aus der Gruppe der flüchtigen Säuren. Sie wird in geringem Maße bei der normalen → Gärung gebildet, in größerem Umfang entsteht sie bei der Vermehrung von Essigsäurebakterien und kann dann zum → Essigstich führen.
In Weißweinen macht sich die Essigsäure bei einem Gehalt von etwa 0,8 g/l an aufwärts durch einen scharfen Geruch und kratzigen Geschmack bemerkbar und wird dann als → Fehler empfunden. Rotweine sind weniger empfindlich, die Essigsäure kann ihnen sogar oft einen besonders herzhaften Geschmack verleihen.

Essigstich
Erkrankung des Weines durch Befall mit Essigsäurebakterien, die sich schon im Spätsommer in aufgesprungenen Beeren entwickeln und beim Keltern in den → Most gelangen können. Bei Zutritt von Luft wandeln sie den Alkohol des Weines in Essigsäure um. Deswegen können angebrochene Weinflaschen, die längere Zeit halbvoll stehengelassen werden, auch durch Essigsäurebildung verderben.
Durch peinliche Sauberkeit beim Weinausbau und konsequenten Luftabschluß kann der Essigsäurestich verhindert werden. Ist er einmal eingetreten, ist der Wein unrettbar verloren und endet in der Essigfabrik.

Est! Est!! Est!!! di Montefiascone
Italienischer Weißwein aus Latium (Provinz Viterbo), wird aus → Trebbiano mit Zusatz von → Malvasia und Rosetto gewonnen. Trocken oder halbsüß, strohgelb, mit delikater Blume.

Etikett
Wichtige Hinweise beim Weinkauf liefert das Weinetikett, wenn man es zu lesen versteht. Es gibt Auskunft über Herkunft, → Jahrgang, Rebsorte, Qualitätsstufe und Abfüllbetrieb und kann als „Geburtsurkunde des Weines“ betrachtet werden.
Heute bestimmen Weingesetze alle Einzelheiten, die auf einem Etikett aufgeführt werden müssen oder dürfen. Sogar die Schriftgröße ist festgelegt. Für die EU-Länder gelten seit 1977 einheitliche „Muß“- (obligatorische) und „Kann“- (fakultative) Vorschriften.
Die Bestimmungen der einzelnen Länder werden jeweils unter den Ausführungen über die → Güteklassen erläutert.

ETSCHTALER (ITAL. *VALDADIGE*)
DOC-Rot- und Weißweine (Rosso und Bianco) aus den Provinzen Trient, Bozen und Verona im bestimmten Anbaugebiet → Trentino-Südtirol. Hauptrebsorten sind Schiave, Lambrusco (rot), Weißer und Grauer → Burgunder, → Welschriesling und → Müller-Thurgau (weiß). Angenehme Tischweine.

EUROPÄERREBEN
Die zur Gruppe → Vitis vinifera sativa gehörenden europäischen Rebsorten. Da sie anfällig gegen die → Reblaus sind werden sie heute nicht mehr → wurzelecht, sondern nur noch als → Pfropfrebe angepflanzt.

EXTRA BRUT
Bezeichnung für die trockensten Schaumweine (extra herb), die weniger als 6 g/l Restzucker enthalten.

EXTRA DRY
Bezeichnung für „sehr trokkene“ Schaumweine (extra trocken, extra secco), die 12 bis 20 g/l Restsüße aufweisen dürfen.

EXTRAKT
Die Gesamtheit aller im Wein gelösten Stoffe, d. h. in der Laboranalyse definitionsgemäß alle Stoffe, die beim Verdampfen eines Weines zurückbleiben, insbesondere → Zucker, → Säuren, → Mineral-, → Gerb- und Farbstoffe, Glycerin und Eiweiße. Der Extraktgehalt schwankt je nach Traubensorte, Reifegrad und → Jahrgang; Rotweine sind gewöhnlich extraktreicher. Völlig → durchgegorene (d. h. annähernd zuckerfreie) Weine haben einen Extrakt von 25 bis 30 g/l.

Extraktbestimmung im Labor

F

FABER
Weiße Rebsorte, → Neuzüchtung (Kreuzung aus Weißburgunder x Müller-Thurgau) der Landesanstalt für Rebenzüchtung in Alzey von 1929. Die Rebe kann, da → frühreif, in weniger günstigen Lagen den → Riesling und, wenn rassige Weine gewünscht werden,

Faberrebe

den → Silvaner ersetzen. In Deutschland sind 1 950 ha bestockt, vor allem in Rheinhessen und der Pfalz. Die Weine sind fruchtig, frisch, mit genügend → Extrakt und feinem Muskatbukett.

FAD
→ Kleiner, ausdrucksloser, meist säurearmer Wein.

FÄRBERSORTEN
Farbintensive Rotweinsorten, wie z. B. → Deckrot, → Dornfelder, Färbertraube. Die Weine werden sortenecht ausgebaut oder anderen Weinen zur Farbvertiefung zugesetzt (→ Deckrotweine).

FALERNER
Ein schon bei Horaz dank seiner Fülle und Langlebigkeit hochgepriesener Wein. Noch heute wächst unter der DOC-Bezeichnung Falerno del Massico ein meist süffiger Weißwein an der Küste nördlich von Neapel.

FALKENSTEIN
Weinort in → Niederösterreich.

FARBE
Wichtiges Merkmal zur Bewertung eines Weines. Zur Beurteilung der Weinfarbe wird das Probierglas gegen das Licht gehalten, zweckmäßig ist ein weißer Hintergrund. Die Weinfarbe ist abhängig von der Rebsorte, vom Reifezustand

Rot- und Weißweine zeigen eine Vielzahl von Farbabstufungen

der Trauben bei der Lese (je reifer die Trauben, desto kräftiger die Farbe) und vom Alter des Weines: mit zunehmendem Alter wird die Farbe intensiver, im Extremfall sogar bräunlich.

FASS
→ Holzfaß

FASSGESCHMACK
Unsaubere oder lange leerstehende → Holzfässer nehmen in muffigen Kellern leicht flüchtige Stoffe aus der Kellerluft auf und geben sie später an den Wein ab. Der Geschmackston ist dumpf und erinnert an modriges Holz.

FEDERWEISSER (RAUSCHER, BITZLER)
→ Most in abklingender → Gärung, bei dem die Süße schon fast restlos verschwunden ist; milchtrüb, moussierend, reich an Alkohol, Hefe und Vitaminen. Das Vorstadium heißt Sauser, das nachfolgende Stadium ist der Jungwein.

FÉHER BURGUNDI (UNG.)
Weißer → Burgunder

Das Rhônetal im Wallis, Heimat des Fendant

FEHLER
Verursacht durch biochemische und physikalische Vorgänge, kann es zu unerwünschten Veränderungen von Aussehen (→ Farbe, Klarheit), → Geruch und → Geschmack kommen. Zu den Weinfehlern zählen beispielsweise Eiweiß-, Kork- und Metalltrübungen, → Böckser, → Firne, → Luftton, Kammer- und → Metallgeschmack. Als Fehler bezeichnet man auch Qualitätseinbußen durch Aufnahme von weinfremden Stoffen, z. B. Lösungsmitteln oder Kunststoff.

FEIN
Weine mit quantitativ und qualitativ optimal entwickelten Inhaltsstoffen.

FENDANT
Schweizer Weißwein der Rebsorte Chasselas (→ Gutedel) aus dem Wallis, vollmundig, robust bis sehr fein. *Fendant courant*: offene Literqualitäten; *Fendant de choix:* bessere Qualitäten, namentlich im Mittelwallis. Fendant-Spitzenweine kommen mit Gemeinde- und Lagebezeichnungen auf den Markt, wie z. B. Fendant de Sion oder Dezaley am Genfer See.

FEST
Wein mit kräftiger, → kerniger, aber nicht unangenehmer → Säure. Steigerungen: → stahlig, → hart.

FEURIG
Bezeichnung für alkoholreiche, kräftige Weine; der hohe Alkoholgehalt verleiht ihnen Ausdruck und Fülle. Der Begriff kann sich auch auf die rubinrote, feurig leuchtende Farbe von Rotweinen beziehen.

FILTRIEREN
Verfahren zur → Klärung des Weines vor dem Abfüllen in Flaschen. Filter wirken durch ihre Filterporen als Siebe und je nach Material verschieden stark adsorptiv. Neben der Filterleistung ist bei der Wahl der Filterstoffe vor allem entscheidend, daß sie weder das → Bukett noch die Frische des Weines beeinträchtigen.
Heute verwendet man hauptsächlich Schichten- oder Membranfilter, bei denen vorfabrizierte Filterschichten verschiedener Durchlässigkeitsgrade zwischen Filterplatten fest eingespannt werden. Vorteil dieser modernen Apparate ist die Vermeidung jeglicher Luftberührung; die → Bukettstoffe werden dadurch geschont und Kohlensäureverluste vermieden.

FIRN, FIRNE
Alterston im Geruch und Geschmack von Weinen, die knapp jenseits ihres Reifehöhepunktes stehen. Nachdem ein Wein seine Frische und sein typisches → Sortenbukett verloren hat, tritt ein nußartiges Altersbukett auf. Die Ursache der Firne ist wahrscheinlich in zunehmender → Oxydation während der → Lagerung zu sehen, die sich auch in einer tieferen Farbe ausdrückt. Bei Spitzenweinen ist eine beginnende, leichte Firne, die sogenannte Edelfirne, bei Weinkennern durchaus geschätzt. Mit fortschreitendem Altern entwickelt sich dann aber ein unerwünschter Oxydations- oder Sherryton.

FLACH
Ausdrucksloser, → kleiner Wein ohne besondere Höhen und Tiefen; gleichbedeutend mit → fade.

FLASCHE
Weinflaschen zeigen eine zunehmende Vielfalt an Formen, Größen und Farben und sind immer weniger typisch für ein Weinbaugebiet. Traditionsgemäß wurden Rheinweine in braune, Elsässer- und Moselweine in grüne Flaschen abgefüllt, Sauternes, Ungarwein, Tokajer, Chianti und andere

Manuelle Flaschenabfüllung

Weißweine in Weißglas. In Deutschland ist die *Schlegelflasche* am weitesten verbreitet. Der → Bocksbeutel ist typisch für fränkische Qualitätsweine. Die gestauchte *Burgunderflasche* (0,75 l) ist die offizielle Flasche für roten Burgunder. Mehr walzenförmig, mit kurz abgesetztem Hals sind die meist dunkelgrünen bis bräunlichen 0,75-l-*Bordeauxflaschen*, heute weltweit gebräuchlich für Rotweine.
Höhere Qualitäten werden vorwiegend in 0,75- oder 0,375-l-Flaschen, Ausschankweine in 1-, 2- oder 3-l-Flaschen angeboten. Daneben gibt es Magnumflaschen, die dem Inhalt von 2, 4, 6, 8 oder sogar 20 (0,75-l)-Flaschen entsprechen. In Frankreich werden Spitzenweine oft in Magnumflaschen abgefüllt, da ein Wein um so rascher altert, je kleiner die Flasche ist.

Bocksbeutel, Burgunder-, Schlegel- und Bordeauxflasche (v.l.n.r.)

Flaschengärung, Méthode champenoise, Champagnerverfahren
Herstellungsverfahren für Schaumwein, das auf einer zweiten Gärung in der Flasche und → Klären durch → Rütteln beruht. Die dabei entstehende Kohlensäure wird in der Flasche festgehalten und erzeugt das → Mousseux. Durch das Rütteln setzt sich die Hefe ab und wird beim → Enthefen (Degorgieren) entfernt. Ausgehend von Frankreich (→ Champagne), wird diese aufwendige Methode heute rund um die Welt für anspruchsvolle Schaumweine angewendet.
Die Angabe dieses Gärverfahrens ist nur bei → Qualitätsschaumwein (Sekt, Champagner) erlaubt. Der Ausdruck „Méthode champenoise" ist nach EU-Bestimmungen seit September 1994 nur noch für Schaumwein aus der Champagne zugelassen, in anderen Ländern sind die Begriffe „traditionelles Verfahren", „klassische Flaschengärung" oder „traditionelles klassisches Verfahren" bzw. deren Übersetzungen zu verwenden.
Andere Verfahren, wie → Tankgärung und → Transvasierverfahren, genießen auf dem Markt geringeres Ansehen, obwohl in umfangreichen Vergleichstests keine geschmacklichen Qualitätsunterschiede festgestellt werden konnten.

Flaschenreife
1. Anderer Ausdruck für Füllreife; Zustand eines fertig → ausgebauten Weines, der reif ist für die Flaschenfüllung.
2. Reife, die der Wein bei längerer Lagerung in der Flasche erlangt. Die Entwicklung ist mit der Flaschenfüllung keinesfalls beendet. Die Reifungsfähigkeit und damit auch die → Haltbarkeit der Weine ist sehr unterschiedlich. Einfache Konsumweine sind jung am besten und werden schon nach ein bis zwei Jahren → schal und fade, große Rotweine dagegen schmecken oft nach über zehnjähriger Flaschenlagerung am besten.
Damit der Wein sich in der Flasche optimal entwickelt, bedarf es eines geeigneten Raumes zur → Lagerung und sorgfältiger Überwachung; hochwertige Weine werden daher mit höherem Alter und guter Flaschenreife beim Erwerb im Handel und im Restaurant zunehmend kostspieliger. Siehe auch → Schatzkammer.

Flaschenverschlüsse: Korken, Schraubverschluß & Co.

Der → Korken als traditioneller Flaschenverschluß hat sich bislang nicht verdrängen lassen, obwohl andere Alternativen, insbesondere der Schraubverschluß, rein technisch bessere Eigenschaften zeigen, insbesondere eine bessere → Haltbarkeit gewährleisten, und erheblich leichter zu handhaben sind. Der Verbraucher bleibt sowohl von „Korkschmeckern" (→ korkig) als auch von „Ausläufern" verschont. Dennoch beschränkt sich die Anwendung von Schraubverschlüssen meist auf einfache Qualitäten; zum Genuß von besseren Weinen gehört für den Liebhaber auch heute noch das Zeremoniell des Entkorkens. In der Schweiz werden bereits 75% des Weißweins in Flaschen mit Schraubverschluß verkauft.

Sektkorken

Kork-Korken

Schraubverschlüsse

FLÜCHTIG
Bezeichnung für Weine, deren → Bukettstoffe angenehm in Erscheinung treten, aber nicht lange anhalten, sich rasch verflüchtigen.

FLURBEREINIGUNG (AUCH UMLEGUNG)
Staatlich geförderte und gesetzlich geregelte Maßnahme, um durch Zusammenlegung von Kleinparzellen zu größeren Einheiten eine rationell zu bewirtschaftende Feldflur zu schaffen, verbunden mit einer Erneuerung der Wege- und Wasserführung. Durch die Flurbereinigung wurden oft erst die Voraussetzungen für modernen Weinbau mit Einsatz von Maschinen geschaffen. In → Steillagen, wo vor der Umlegung bei Handarbeit etwa 2 500 Stunden pro Jahr und Hektar Rebfläche notwendig waren, konnte der Arbeitsaufwand auf bis zu 1 000 Stunden gesenkt werden, in Flachlagen bis zu 300 Stunden.

Flurbereinigung an der Mosel

FRANKEN
Deutsches Weinanbaugebiet. Zwischen Aschaffenburg und Schweinfurt liegen die Rebflächen verstreut an südwärts gerichteten Talhängen des Mains und seiner Nebenflüsse sowie am Westhang des Steigerwaldes. In Unterfranken wachsen an den Hängen des Spessarts auf Verwitterungsböden des → Buntsandsteins volle Weiß- und Rotweine. Im Maindreieck bestimmt Muschelkalk die Bodenbildung mit tiefgründigen → Lehm- und → Lößböden, die → kernige, fruchtige Weine liefern. Im Steigerwald wächst der Wein auf Verwitterungsböden des → Keupers, die ihm einen erdig-würzigen Geschmack geben.
In Franken besteht die Gefahr von Früh- und Spätfrösten.

Würzburg: Main und Schloßberg

Rebfläche: 5 800 ha in den vier Bereichen Mainviereck, Maindreieck, Steigerwald und Bayerischer Bodensee. Überwiegend Kleinbetriebe, die den Weinbau in Verbindung mit anderen landwirtschaftlichen Kulturen betreiben; einige überregional bekannte große Güter. Sieben Winzergenossenschaften vermarkten rund 50 % der Weinproduktion. Der fränkische Qualitätswein wird vorwiegend in → Bocksbeutel abgefüllt.
Früher war der → Silvaner die klassische Rebsorte Frankens, er wurde aber in neuerer Zeit vom → Müller-Thurgau weit überrundet: Müller-Thurgau 46 % der Rebfläche (2 800 ha), Silvaner 19,6 % (1 200 ha). Mit Abstand folgen → Riesling (220 ha, 3,6 %) und zahlreiche → Neuzüchtungen, wie → Kerner, → Scheurebe, → Perle, → Rieslaner, Bacchus u. a. Im Raum Aschaffenburg wächst auf 318 ha (5 %) ein Rotwein, der als besondere Spezialität gilt.
Historisches: Zwischen 775 und 780 wurden in einigen Urkunden schon zahlreiche Weingärten genannt, so z. B. bei Würzburg, Klingenberg, Hammelburg und im Grabfeld. Historisch besonders bedeutend war das 1319 gegründete Würzburger Bürgerspital.
Für Touristen empfiehlt sich die (nicht ausgeschilderte) *Bocksbeutelstraße* von Schwein-

furt nach Aschaffenburg über Volkach, Kitzingen, Marktbreit, Frickenhofen, Würzburg, Karlstadt, Gemünden, Lohr, Wertheim, Stadtprozelten, Miltenberg, Klingenberg. Hier findet der Reisende idyllische Weinlandschaften, gepflegte Weinberge, Wanderwege im Maintal und am Steigerwald, schmucke Bürgerhäuser und Rathäuser, Tore, Türme, Mauern und Kapellen. Die leistungsfähige Gastronomie lädt zur Rast ein und bietet in reicher Auswahl fränkische Weine in Bocksbeutelflaschen an. Informationen:

Frankenwein – Frankenland GmbH
Haus des Frankenweins
Kranenkai 1
97070 Würzburg
Tel. 09 31 / 1 20 93
Fax 09 31 / 1 71 75

FRANKREICH

Mit rund 920 000 ha Rebfläche und seiner traditionsreichen Weinkultur gehört Frankreich zu den bedeutendsten Weinbauländern der Welt. Mit einem jährlichen Pro-Kopf-Verbrauch von 63 l hat es auch den höchsten Weinverbrauch in der Weltrangordnung. Die verschiedenen Weinbaugebiete bringen unterschiedliche Weintypen hervor; siehe → Elsaß, → Burgund, → Bordeaux, → Champagne, → Loire, → Rhône, → Provence, → Savoyen, → Languedoc-Roussillon. Eine Übersicht über die französischen Weine bietet die Tabelle „Frankreichs Weine auf einen Blick“ (S. 116–119).

Frankreichs Weine auf einen Blick

Wein	Anbaugebiet	Farbe	Geschmack
Alsace	Elsaß	○	trocken, rassig
		◇	trocken, leicht
Arbois	Jura	○	trocken, blumig
		●	halbkräftig, elegant
Banyuls	Languedoc-Roussillon	●	Likörwein, fruchtig, halbsüß bis
Beaujolais	Burgund	●	leicht, süffig
Beaune, Côte de …	Burgund	●	kräftig, elegant
Bergerac	Südwesten	○	von trocken (sec) bis lieblich
		◇	trocken, leicht
		●	halbkräftig, elegant
Bordeaux	Bordeaux	○	meist lieblich, fruchtig
		●	halbkräftig, leicht-herb
Bourgogne	Burgund	○	trocken, rassig
		●	kräftig, bukettreich
Cahors	Südwesten	●	sehr kräftig, herb
Chablis	Burgund	○	trocken, rassig
Champagne(r)	Champagne	○	Schaumwein, feinperlig, ausg glichen von extra-trocken (br bis süß (doux)
Châteauneuf-du-Pape	Rhônetal	●	sehr kräftig, körperreich
Corbières	Languedoc-Roussillon	●	kräftig, körperreich
Coteaux Champenois	Champagne	○	trocken, rassig
		●	halbkräftig, elegant
Coteaux du Languedoc	Languedoc-Roussillon	◇	trocken, halbleicht
		●	halbkräftig, frisch
Côtes de Provence	Provence/	◇	trocken, halbkräftig
	Côte d'Azur	●	halbkräftig, frisch
Côtes du Jura	Jura	○	trocken, blumig
		◇	trocken, leicht
		●	halbkräftig, elegant
Côtes du Rhône	Rhônetal	●	kräftig, bukettreich
Côtes du Roussillon	Languedoc-Roussillon	○	trocken, rassig
		◇	trocken, halbkräftig
		●	kräftig, körperreich
Côtes du Ventoux	Rhônetal	●	halbkräftig, frisch
Crozes Hermitage	Rhônetal	●	kräftig, elegant
Entre-deux-Mers	Bordeaux	○	trocken, frisch

Bedeutung der Symbole: ○ weiß ◇ rosé ● rot

Lagerdauer in Jahren	Serviertemperatur (ca.)	paßt gut zu folgenden Speisen
2 – 5	10°	Vorspeisen, weißes Fleisch
2 – 5	10°	Gemüsetöpfe, Grillhähnchen
2 – 8	10°	Vorspeisen, Meeresfrüchte
5 – 10	16°	dunkles Fleisch, Federwild
6 – 15	15°	Aperitif, Desserts, Obst, Kuchen
1 – 2	12°	helle Braten, dunkles Geflügel
6 – 12	16°	Rinderbraten, Gänseleber
2 – 5	8/6°	Vorspeisen (trocken), Desserts (lieblich)
1 – 2	10°	Rindfleisch gekocht, Eintopf
3 – 6	18°	helle Braten, dunkles Geflügel
4 – 6	6°	Desserts
5 – 10	18°	dunkle Braten, Käseplatten
2 – 5	10°	Fisch, Froschschenkel
5 – 10	16°	dunkle Braten, Käseplatte
5 – 10	16°	Federwild, pikante Käse
3 – 15	10°	Fisch, weißes Fleisch
1 – 4	6°	paßt zu allen Gerichten, vor und nach dem Essen
3 – 8	16°	Rotwild, Käseplatte
2 – 3	16°	Federwild, Hasenpfeffer
1 – 3	10°	Fisch, Hühnerfleisch
2 – 5	18°	Steaks, Wiener Schnitzel
2 – 3	10°	Gemüseeintöpfe, Schnittkäse
2 – 3	16°	Federwild, Käseplatten
1 – 2	10°	pikante Torten
2 – 5	16°	Lamm, Rinderbraten
2 – 8	10°	Vorspeisen, Meeresfrüchte
2 – 6	10°	Rindfleisch gekocht, Eintopf
5 – 10	16°	dunkles Fleisch, Federwild
2 – 3	16°	Wildschwein, Hasenpfeffer
2 – 5	10°	Meeresfrüchte, Vorspeisen
1 – 2	10°	pikante Torten
3 – 5	16°	dunkle Braten, Käseplatten
2 – 3	16°	helle Braten, dunkles Geflügel
3 – 10	16°	Wild, Käseplatten
2 – 3	8°	Austern und andere Schalentiere

Frankreichs Weine auf einen Blick

Wein	Anbaugebiet	Farbe	Geschmack
Gaillac	Südwesten	○	trocken, frisch, auch feinperlige Schaumweir
		◇	trocken, frisch
		●	halbkräftig, frisch
Gevrey-Chambertin	Burgund	●	kräftig, bukettreich
Graves	Bordeaux	○	trocken, rassig
		●	kräftig, elegant
Graves-de-Vayres	Bordeaux	○	lieblich, fruchtig
Graves supérieures	Bordeaux	○	mild, blumig
Jurancon	Südwesten	○	trocken (sec), rassig
Mâcon	Burgund	○	trocken, fruchtig
		◇	trocken, halbleicht
		●	leicht, fruchtig
Médoc	Bordeaux	●	kräftig, elegant
Meursault	Burgund	○	trocken, rassig
Minervois	Languedoc-Roussillon	●	kräftig, körperreich
Monbazillac	Südwesten	○	lieblich, rund
Muscadet	Loiretal	○	trocken, frisch
Muscadet d'Alsace	Elsaß	○	trocken, rassig, mit Muskatgesc
Pomerol	Bordeaux	●	kräftig, bukettreich
Rosé d'Anjou	Loiretal	◇	lieblich, fruchtig
Saint-Emillion	Bordeaux	●	kräftig, bukettreich
Sancerre	Loiretal	○	trocken, rassig
Saumur	Loiretal	○	halbtrocken, meist feinperliger Schaumwein
Sauternes	Bordeaux	○	lieblich, rund
Tavel	Rhônetal	◇	trocken, kräftig
Touraine	Loiretal	○	trocken bis lieblich
		●	leicht, blumig
Vin de Corse	Korsika	◇	trocken, kräftig
		●	sehr kräftig, körperreich
Vin de Pays ...	Languedoc-Roussillon, Korsika	●	leicht fruchtig
Vin de Savoie	Savoyen	○	trocken, fruchtig
		◇	trocken, leicht
		●	halbleicht, blumig
Vouvray	Loiretal	○	lieblich, rund, feinperliger Schaumwein

Bedeutung der Symbole: ○ weiß ◇ rosé ● rot

Lagerdauer in Jahren	Serviertemperatur (ca.)	paßt gut zu folgenden Speisen
1 – 2	8°	Meeresfrüchte
1 – 2	6°	Obst
1 – 2	10°	Gemüseeintöpfe, Schnittkäse
2 – 5	16°	dunkles Geflügel, Fleischpastete
8 – 15	16°	feine Rindfleischgerichte
5 – 10	10°	Fisch, Gänseleber
7 – 15	18°	helle Braten, Steaks u. ä.
4 – 6	6°	Desserts
5 – 10	6°	Desserts
2 – 5	10°	Fisch, Schnittkäse
1 – 3	10°	Austern, Schnecken
1 – 2	10°	Fleischpastete, gebackener Fisch
2 – 3	12°	helle Braten, dunkles Geflügel
5 – 10	18°	Federwild, feines Rindfleisch
5 – 20	10°	Fisch, weißes Fleisch
2 – 3	16°	Federwild, Hasenpfeffer
5 – 15	6°	Desserts, Gänseleber
1 – 3	8°	Austern und andere Schalentiere
2 – 4	10°	pikante Torten, Hefekuchen
10 – 20	16°	Hammel, dunkles Fleisch
1 – 2	8°	Kohlrouladen, Schmelzkäse
10 – 20	16°	Hammel, Roquefort
1 – 2	10°	Fisch und andere Meeresfrüchte
1 – 5	10°	Fisch und Geflügel in Soße
1 – 4	6°	paßt zu allen Gerichten
10 – 20	6°	Gänseleber, Roquefort, Desserts
1 – 2	10°	Fleischtöpfe, Fleischpastete
1 – 10	8/6°	Vorspeisen (trocken), Desserts (lieblich)
1 – 5	12°	Fleischtöpfe, Wiener Schnitzel
3 – 6	10°	pikante Torten, Schafskäse
3 – 6	16°	Hammel, dunkler Braten
1 – 2	12°	heller Braten, Eintöpfe
2 – 5	10°	Vorspeisen, Fisch
1 – 2	10°	gebackener Fisch, Grillhähnchen
2 – 5	12°	helle Braten, Hartkäse
1 – 25	6°	Desserts
1 – 4	6°	Obst

Der weitaus größte Teil der Jahresproduktion von 53 Mio. hl sind die *Vins ordinaires* (einfache Konsumweine) oder *Vins de Consommation Courante* (VCC, französische Bezeichnung für → Tafelweine), die allerorts offen oder in Literflaschen angeboten werden und meist → Phantasienamen führen. Das Klassifizierungssystem für → Qualitätsweine ist in den einzelnen Weinbaugebieten unterschiedlich und daher verwirrend. Während in Deutschland die → Oechslegrade und die geprüfte „Qualität im Glase" die → Güteklasse bestimmen, werden in Frankreich die Gütebezeichnungen → Appellation contrôlée (→ AC) und → Vins Délimités de Qualité Supérieure (→ VDQS) nur an solche Weine vergeben, die aus einer bestimmten, geographisch abgegrenzten Fläche stammen (AC rund 50 %, VDQS rund 12 % der französischen Gesamtrebfläche und rund 35 % bzw. 8 % der Weinernte insgesamt).

In Frankreich gehört der Wein zum täglichen Leben

Weiterhin ist zu beachten, daß in Frankreich die Zuckerung der → Moste (→ Anreichern), hier Chaptalisation genannt, bis zu den Spitzenweinen hin erlaubt ist (in einigen Départements nur in unreifen Jahren), während das Gesetz sie bei deutschen → Prädikatsweinen verbietet.

Französisches Paradoxon
→ Gesundheit und Wein

Frascati
Italienischer Weißwein aus Latium, wird meist aus → Malvasia-Trauben gewonnen; überwiegend trocken, hell- bis strohgelb. Der „Cannellino" wird aus → edelfaulen Trauben gekeltert.

Freiburg (Fribourg)
Weinanbaugebiet in der → Schweiz.

Freisamer
Weiße Rebsorte, Kreuzung Silvaner x Ruländer, vom Staatlichen Weinbauinstitut Freiburg als „Silvaner-Ersatz" gezüchtet. Ursprünglich „Freiburger", Umbenennung 1958. In Deutschland 40 ha. Der Wein übertrifft den → Silvaner an Fülle, er ist von feiner, lieblicher Art und eignet sich zum → Verschnitt. Auf ausgesprochenen → Riesling-Standorten liefert der Freisamer rieslingähnliche Weine.

Fribourg (Freiburg)
Weinanbaugebiet in der → Schweiz.

FRISCH
Junger Wein, der lebendig und spritzig wirkt. Der frische Geschmackseindruck wird durch einen guten → Säuregehalt erreicht, vor allem aber durch die Erhaltung der natürlichen → Kohlensäure.

FRIULI-VENEZIA GIULIA
→ Italien, Friaul-Julisch Venetien

FRIZZANTE
Italienische Bezeichnung für leicht moussierende Weine.

FROSTSCHÄDEN
Da die Rebe frostempfindlich ist, können Früh- und Spätfröste oder extreme Wintertemperaturen zu erheblichen Schäden im Weinberg führen. Spätfröste im Mai bringen die jungen grünen Triebe zum Absterben, bei herbstlichen Frühfrösten fällt das Laub vorzeitig ab, so daß Trauben und Holz nicht weiter reifen können. Frostgeschädigte Trauben verleihen dem Wein einen unangenehmen, bitteren, an schwarze Brotrinde erinnernden Frostgeschmack. Bei Winterfrösten von mehr als – 20° C verfärben sich die Knospen schwarz und vertrocknen. Relativ frostfeste Rebsorten sind → Riesling, → Gewürztraminer und → Kerner.

Frostschutz-Beregnung

In nördlichen Weinbaugebieten kommt dem *Frostschutz*, insbesondere gegen Maifröste, Bedeutung zu. Man beheizt die Weinberge mit Öfen. Eine weitere Möglichkeit ist die Beregnung, die auf der Wirkung der Verdunstungswärme beruht.
Durch die Klimaveränderung der letzten Jahrzehnte haben sich die Frostschäden insgesamt verringert.

FRUCHTIG, FRUCHT
Weine, die bei der Geschmacks- und teils auch bei der Geruchsprobe einen fruchtigen Aus-

druck zeigen. Die angenehme, erfrischende Geschmackskomponente kann sich sowohl auf die Traubensorte als auch auf eine andere Frucht beziehen (Obstton). Die Sorte → Riesling z. B. zeigt bisweilen ein reizvolles zartes Pfirsichbukett, während die → Scheurebe oft einen Anklang an Johannisbeeren aufweist.

FRUCHTZUCKER
Auch Fructose oder Lävulose genannt ($C_6H_{12}O_6$), ein in der Natur weit verbreiteter Zucker, der neben dem Traubenzucker im Saft von Weintrauben und auch anderen Früchten vorkommt.

FRÜHLESE
Vorgezogene Lese, die meist aufgrund von Hagelschlag oder Fäulnisbildung der Trauben notwendig wird.

FRÜHREIF
Rebsorten, die sich durch frühe Lesereife auszeichnen und deshalb für kühlere und frostgefährdete Klimazonen besonders geeignet sind. Als Faustregel: alle Trauben, die bedeutend früher reifen als der → Riesling, so beispielsweise die → Neuzüchtungen → Optima, → Siegerrebe, → Huxelrebe, → Kanzler u. a., können als frühreif gelten.

FUCHSGESCHMACK, FOXTON
Fremdartiger, an den Geruch von nassem Fell erinnernder Geschmack bei Weinen von einigen → Amerikanerreben und deren → Kreuzungen; Steigerung: Wanzengeschmack.

FUDER
1 000-Liter-Faß zum Lagern des Weines, vor allem an der Mosel. Wegen des hohen Pflegeaufwandes wird es zuneh-

Fuderfässer an der Mosel

mend durch Behälter aus anderen Werkstoffen (→ Stahl-, Kunststofftanks) verdrängt.

FÜLLIG, FÜLLE
Füllig sind → körperreiche, vollmundige Weine mit hohem → Extrakt und mittleren bis niedrigen → Säurewerten.

G

GÄRUNG
Zersetzung organischer Verbindungen unter dem Einfluß von Enzymen. Durch die Einwirkung der → Hefe und ihrer Enzyme wird der → Zucker im Traubenmost in → Alkohol (Äthylalkohol) und → Kohlensäure (Kohlendioxyd) aufgespalten. 1 → Oechslegrad ergibt rund 0,13 g/l Alkohol. Als Nebenprodukte werden, wenn auch nur in kleinen Mengen, Glycerin, Bernsteinsäure, flüchtige Säuren und Acetaldehyd gebildet. Die Kunst, aus Fruchtsäften durch Gärung alkoholische Getränke zu erzeugen, war schon in vorgeschichtlicher Zeit bekannt. Im Sanskrit kommt das Wort „yastas" vor, das mit dem althochdeutschen „jerian" (gären) verwandt ist, ebenso wie mit dem englischen „yeast" (Hefe). Liebig war 1839 noch der Ansicht, daß die Gärung ein rein chemischer Prozeß sei.
In jedem frischen Fruchtsaft kommt es normalerweise zu einer spontanen Gärung, da die erforderlichen Hefen von Natur aus an der Oberfläche der Früchte haften. Bei der Weinherstellung werden heute häufig Reinzuchthefen mit definierten Eigenschaften zugesetzt.
Auf die anfängliche heftige, ca. eine Woche dauernde sogenannte → stürmische Gärung folgt die mehrwöchige stille → Nachgärung, bis die Hefe abstirbt und durch → Abstich vom Wein getrennt wird.

GAMAY NOIR
Wichtige französische Rotweinrebe, schon seit der Römerzeit bekannt und nach einem Dorf in Burgund benannt. Bedeutend vor allem in Burgund (*Bourgogne Passe-Tout-Grains*), aber auch in Kalifornien (hier unter dem Namen *Gamay du Beaujolais*) und im westschweizerischen Wallis, wo er im Verschnitt mit → Pinot Noir den → Dôle ergibt; weltweit 37 000 ha. Sehr ertragreich, späte Reife. Die Weine sind von violettroter Farbe, fruchtig, frisch und angenehm mit lebhaftem Bukett; am bekanntesten als jung getrunkener Beaujolais und → Beaujolais Nouveau oder → Primeur.

GAMZA
Rotwein aus → Bulgarien.

GARNACHA TINTA (GRENACHE)
Mit einer Anbaufläche von rund 380 000 ha – das entspricht fast der vierfachen Gesamtrebfläche Deutschlands – die weltweit verbreitetste Rotweinsorte. Hauptrebsorte in Spanien, bedeutend auch in Frankreich, Nordafrika, Kalifornien, Australien. Ausgehend vom Weinbaugebiet Aragon in Spanien hat sich die Rebe im 18. Jahrhundert verbreitet. Die Weine sind hellrot und nicht für lange Lagerung geeignet, in Frankreich würzig, → körperreich und alkoholstark; viel verwendeter Verschnittwein. Grenache Blanc, der in Südfrankreich auf 16 000 ha zur Dessertweingewinnung angebaut wird, unterscheidet sich von Garnacha Tinta nur durch die weiße Beerenfarbe.

GEFÄLLIG
→ Kleine bis mittlere Weine, die nicht zuviel → Gerbstoff und → Säure enthalten, ausgeglichen und angenehm, aber nicht besonders bemerkenswert.

GEISENHEIM
Weinort im → Rheingau, Sitz der Forschungsanstalt für Weinbau, Gartenbau, Getränketechnologie und Landespflege, die 1872 als „Königliche Lehranstalt für Obst- und Weinbau“ gegründet wurde. Ihre insgesamt 14 Institute unterstehen der Fachhochschule Wiesbaden. Die Weinbau-Forschung und -Ausbildung zum Diplom-Ingenieur genießt international einen guten Ruf. „Geisenheimer“ sind rund um die Welt in der Weinwirtschaft tätig.

GELÄGER
→ Trub

GELBER MUSKATELLER
→ Muskateller, Gelber

GEMARKUNG
Die zu einer bestimmten Gemeinde gehörende land- und forstwirtschaftliche Fläche. Die deutschen Einzellagenbezeichnungen sind zusammengesetzt aus dem Namen der → Lage und dem der Gemeinde, auf deren Gemarkung sich die Lage befindet, z. B. Erbacher Marcobrunn. Eine Lage kann sich mehrere Gemarkungen erstrecken.

GENOSSENSCHAFT
→ Winzergenossenschaft

GEORGIEN
Traditionsreiches Weinbauland mit heute rund 60 000 ha Rebfläche, überwiegend im Westen des Landes sowie an den Südausläufern des Kaukasus und um das Schaumweinzentrum Tbilisi (Tiflis); Jahresproduktion 800 000 hl Wein. Das Klima ist gemäßigt, am Schwarzen Meer fast subtropisch. Aus lokalen Rebsorten werden → kernige Tafelweine und volle, süße Dessertweine hergestellt; daneben sind auch internationale Rebsorten wie → Cabernet Sauvignon, → Pinot Noir, → Chardonnay und → Aligoté im Anbau.

GERBSTOFFE (TANNINE)
Organische Inhaltsstoffe des Weines und Traubensaftes mit zusammenziehendem (adstringierendem) Geschmack. Sie kommen hauptsächlich in den Stielen, Kernen und Beerenschalen der Trauben vor; der Gerbstoffgehalt des Weines ist daher nicht nur von der Rebsorte, sondern vor allem von der Trauben- und Maischebehandlung abhängig. Je länger der → Most auf der → Maische stehenbleibt oder je kräftiger die Maische gepreßt wird, desto höher wird der Gerbstoffgehalt des Weines.
→ Weißweine haben normalerweise einen Gerbstoffgehalt unter 0,3 g/l; → Rotweine, insbesondere durch → Maischegärung gewonnene, können bis zu 2,5 g/l enthalten. Bei kräftigen Rotweinen wirken sich die Tannine positiv auf den Geschmack aus, nicht so bei Weißweinen.

GERUCH (AUCH BLUME ODER NASE)
Die durch den Geruchssinn erfaßbaren Inhaltsstoffe des Weines sind ein wichtiges Kriterium bei der Weinbeurteilung. Der Duft soll fein, reintönig und sortencharakteristisch sein. Je nach Bildungszeitpunkt der Geruchsstoffe unterscheidet man Traubenbukett, Gär- und Jungweinbukett, Lagerbukett und Altersbukett. Bei überreifen oder gar edelfaulen Trauben können die typischen sorteneigenen Duftstoffe durch Stoffwechselprodukte des → Edelfäulepilzes (→ Botrytis) überdeckt werden. Auch bei älteren Weinen mit ausgeprägtem Altersbukett ist die Traubensorte oft schwer zu erkennen. Bei Weißweinen ist der Geruch meist intensiver und feiner ausgebildet als bei Rotweinen.
Mängel oder → Fehler eines Weines äußern sich oft schon im Geruch. Typische Geruchsfehler sind z. B.→ Böckser, Muffton oder → Essigstich.

Geschichte des Weinbaus
Lange bevor der Mensch die Erde bevölkerte, gab es bereits mehrere Arten der → Rebe. Funde von Pflanzenresten reichen bis in die Kreidezeit vor 140 Mio. Jahren zurück. Im subtropischen Klima des Jungtertiär vor rund 30 Mio. Jahren rankten sich in Mitteleuropa die Reben an Mammutbäumen und Sumpfzypressen empor. Von der Eiszeit vor etwa 1 Mio. Jahren nach Südfrankreich, Italien und Südosteuropa zurückgedrängt, wanderten die Reben in Europa erst vor ungefähr 10 000 Jahren vom Rhonetal wieder ins Rheingebiet ein und drangen längs der Donau nach Nordwesten vor.

Römisches Fußbodenmosaik, spätes 2. Jh.

Traubenrückstände an prähistorischen Fundstellen deuten darauf hin, daß der Mensch vor etwa 10 000 Jahren zumindest den Saft der Traube gewonnen hat; um diese Zeit vermutet man auch die ersten Versuche, aus dem → Most Wein herzustellen.
5000–3000 v. Chr.: Indogermanische Völkerstämme in den Flußtälern Vorderasiens entwickeln die Weinbereitung aus den Trauben der Wildrebe. Neben den Ägyptern und Assyrern gelten sie als Begründer des Weinbaus.
3000 v. Chr.: In den ältesten ägyptischen Dynastien ist der Thebener Wein wegen seiner Süße bekannt.
2000–750 v. Chr.: Durch die Phönizier wird der Weinbau in Griechenland eingeführt. Homer und andere griechische Dichter erwähnen die Weinrebe und den Wein in ihren Werken. Dionysos und (im römischen Raum) Bacchus werden als Weingott verherrlicht. Nachdem der Wein zuvor nur als Heilgetränk galt, wird er nun zum Volksgetränk. Die Hellenen gehen als die Urväter der Weinkultur in die Geschichte ein.
600 v. Chr.: Die Griechen als Gründer des südfranzösischen Hafens Marseille beginnen die vorhandenen Wildreben zu veredeln, womit die Rebenkultur Westeuropas ihren Anfang nimmt.
540 v. Chr.: Die Technik des Weinbaus ist in Germanien noch nicht bekannt, doch wird hier aus griechischen Weinflaschen und griechischen Trinkschalen Wein genossen.

50 v. Chr.: Als die Gallier von Cäsar besiegt werden, existiert in Frankreich als griechisches Erbe bereits ein gepflegter Weinbau. Die Römer sorgen für die Ausbreitung der Rebkultur nach Germanien. Römische Weindenkmäler an der Mosel legen hiervon ein Zeugnis ab.

100 n. Chr.: Selbst am Niederrhein wird durch die Römer – wenn auch in verhältnismäßig geringem Umfang – Weinbau betrieben, wie Traubenkernfunde aus dieser Zeit in Xanten beweisen.

200: Der „Weinkaiser" Probus macht sich um den Weinbau am linken Rheinufer, in der Pfalz und auch in Baden-Württemberg verdient.

Mundschenk und Abt, Buchmalerei (Zürich, 14. Jh.)

500: Durch die Völkerwanderung erleidet der Weinbau in Westeuropa einen beträchtlichen Rückschlag und gerät weitgehend in Vergessenheit.
780: → Karl der Große nimmt sich der Förderung des Weinbaus an. Die Anbaufläche wird ausgedehnt und die Güte des Weines angehoben, insbesondere durch die Klöster, die den Weinbau in fachlich fundierter Weise pflegen. Viele der heute berühmten Weinorte in Deutschland, wie Mainz, Worms und Speyer, erleben ihre erste Blütezeit.
900: Nach der Aufsplitterung des Fränkischen Reiches wird der Weinbau durch die Ottonen auch in Mitteldeutschland gefördert. Selbst an der Ostsee wird Wein angebaut. Je ausgedehnter die Rebflächen, desto minderwertiger gerät zumeist der auf ihnen geerntete Wein, der nun als Volksgetränk gilt. Nach unserem heutigen Geschmack war wohl kaum einer der damals geernteten Tropfen wirklich „genieß"-bar.
1400: Mit über 300 000 ha (rund dreimal soviel wie heute) erreicht die Rebfläche in Deutschland ihre größte Ausdehnung. Weinbau auch in Westfalen, an den Hängen der Ruhr, im Sauerland und im Münsterland.
1500: Die durch die Hanse eingeführten alkoholreichen Weine aus südlichen Ländern gewinnen an Bedeutung.
1650: Die Verwüstungen des Dreißigjährigen Krieges wirken sich auch auf den Weinbau verheerend aus. Zahlreiche Weinbezirke, beispielsweise in Bayern, Nord-, Ost- und Mitteldeutschland, werden völlig ausgelöscht. Darüber hinaus tragen hohe Zölle und Abgaben, die wachsende Konkurrenz durch andere Getränke sowie Mißernten zu einer ständigen Verringerung der Rebfläche bei. Die Preise für die immer rarer werdenden Weine schießen in die Höhe.
1700: In den klimatisch günstigen Regionen am Rhein und seinen Nebenflüssen entwickelt sich der deutsche Weinbau allmählich zu einem neuen Höhepunkt. Die Klöster machen sich die Kenntnisse römischer Argrarschriftsteller zunutze. Je begrenzter die Anbauflächen, desto besser wird die Qualität der Weine.
1800: Durch die Eingliederung der linksrheinischen Gebiete nach Frankreich wird der dortige Weinbau von der französischen Weinkultur beeinflußt. Man konzentriert sich zunehmend auf den Qualitätsweinbau. Export nach England, Böhmen, Rußland.
1850: Aus Amerika werden Krankheitserreger in die europäischen Weinberge eingeschleppt; neben der → Reblaus führen auch der Echte (Oidium) und der Falsche (Peronospora) → Mehltau zu katastrophalen Schäden.

Kelter aus dem 19. Jh.

Durch die Parasiten werden viele Weinberge für Jahrzehnte ausgelöscht. Erst durch den Einsatz von widerstandsfähigen → Pfropfreben, gepaart mit staatlicher Unterstützung und wissenschaftlicher Hilfe für die Winzer, gelingt es, die ruinösen Krankheitserreger zurückzudrängen.

1900: Durch Weinbau-Lehr- und Forschungsanstalten erfolgt eine intensive Schulung der Winzer, um sie mit neuen Erkenntnissen, insbesondere den Techniken der fachgerechten Weinbergspflege, vertraut zu machen. Soziale Unruhen unter den Winzern führen zur Gründung von → Winzergenossenschaften, die nach den Vorstellungen Raiffeisens oder anderer Genossenschaftsgründer aufgebaut werden.

Bis heute: Regelungen über → Herkunftsbezeichnungen, → Güteklassen und → amtliche Prüfung werden in der Weingesetzgebung der EU und neuerdings auch global harmonisiert. Die Qualität der Weine nimmt weltweit zu, der Weltweinhandel entwickelt sich wahrhaftig explosionsartig.

GESCHMACK
Unser wichtigstes Geschmack wahrnehmendes Organ, die Zunge, unterscheidet nur vier Geschmacksqualitäten: süß, sauer, bitter und salzig. Ganz bestimmte Stellen der Zunge, und zwar die Spitze, die seitlichen Ränder und die Zungenwurzel, sind die eigentlichen „Schmeckorte“. Schmeckbar sind im Wein → Alkohol, → Zucker, Glycerin, → Säuren und → Gerbstoffe. Wichtig für die Weinbeurteilung ist vor allem das harmonische Verhältnis dieser Bestandteile zueinander. Die Geschmackswahrnehmung der → Aromastoffe erfolgt, ebenso wie beim Riechen, im oberen Nasenraum. Daher muß man den Wein beim Verkosten durch Schlürfen und Kaubewegungen im Mundraum hin und her bewegen, damit er verdampft und so bis in die Riechzone der Nase gelangt.

GESCHMACKSANGABE
In Deutschland dürfen als Geschmacksangabe auf Weinetiketten die Begriffe trocken, halbtrocken, lieblich und süß verwendet werden. In Italien sind die Angaben secco, amabile und dolce üblich und unterliegen den → DOC-Bestimmungen.

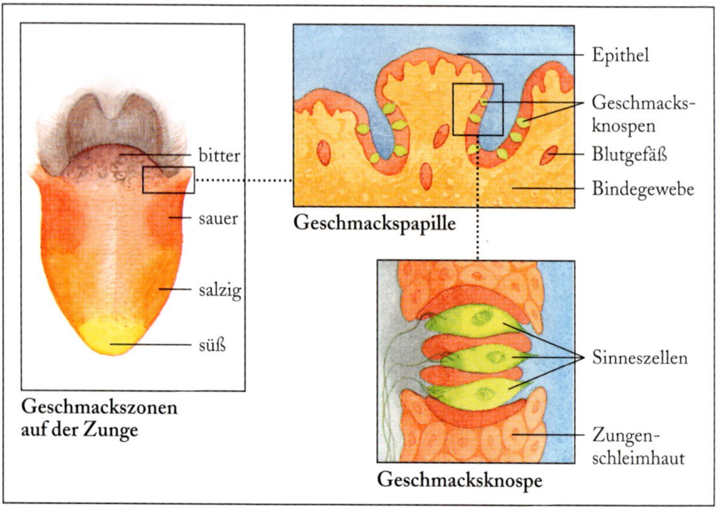

Die Geschmacksorgane sind die mikroskopisch kleinen Geschmacksknospen, welche in die Oberfläche der Geschmackspapillen (Zungenwarzen) eingebettet sind

Maßvoller Weingenuß fördert Gesundheit und Wohlbefinden

GESPRITZTER
Wein mit Sodawasser verdünnt, vor allem in Österreich verbreitet (→ Schorle).

GESUNDHEIT UND WEIN
Neuere Forschungsergebnisse bestätigen zunehmend die alte Volksweisheit, daß Wein bei maßvollem Genuß nicht nur gesund ist, sondern sogar krankheitsvorbeugend wirkt. In den Industrieländern ist nahezu die Hälfte aller Todesfälle auf Herz-Kreislauf-Erkrankungen zurückzuführen. Mäßiger Weingenuß senkt dieses Risiko um 20–40 %, indem er z. B. das Verhältnis von Lipoproteinen hoher und niedriger Dichte günstig beeinflußt. Diese Tatsache hat als *französisches Paradoxon* Eingang in die Massenpresse gefunden: Trotz kalorienreicher Nahrung, wenig sportlicher Betätigung und starken Tabakkonsums spielen Herzkrankheiten in Frankreich eine relativ geringe Rolle – dank des täglichen Tischweins! Nachgewiesen sind darüber hinaus die folgenden positiven Wirkungen eines maßvollen Weinkonsums: Die Verdauung wird angeregt durch verstärkte Speichel- und Magensaftabsonderung sowie Gallenblasen- und Bauchspeicheldrüsensekretion; die Nieren werden besser durchblutet und die Harnausscheidung erhöht. Wein mobilisiert die natürlichen Abwehrkräfte des Körpers, er entgiftet, hemmt oder tötet Bakterien.
Sehr bedeutend für das allgemeine Wohlbefinden sind die stimmungsaufhellenden Wirkungen des Weines. Sie be-

ruhen auf der Unterdrückung bestimmter neuroelektrischer Impulse im Gehirn; eine ähnliche Wirkungsweise hat z. B. das Medikament Valium. In amerikanischen Altersheimen wurden stimmungsaufhellende Medikamente mit gutem Erfolg durch tägliche Weinrationen ersetzt.
Ein erhöhtes Krebsrisiko besteht selbst bei hohem Weinkonsum nur dann, wenn zusätzlich andere schädliche Faktoren, z. B. Nikotin, im Spiel sind. Einem Inhaltsstoff des Weines, dem Quercetin, wird sogar eine antikarzinogene Wirkung zugeschrieben.

GEWÄCHS
Vgl. → Kreszenz.

GEWÜRZTRAMINER
Alte, edle, hochwertige Weißweinsorte, Spielart des → Traminers, mit zuckerreichen,

Gewürztraminer

hellroten, aromatischen Trauben. Er wird vor allem im Elsaß, in Baden, Österreich, der Pfalz, Rheinhessen und Südtirol gern angebaut und hoch geschätzt.

GLANZHELL
Ausdruck für die Klarheit eines Weines, Steigerung von blank. Die Weine müssen nicht nur äußerlich glänzen, sondern auch in der Durchsicht blitzblank und völlig durchsichtig sein.

GLAS
→ Weinglas

GLATT
Harmonischer, → eleganter, süffiger Wein mit wenig Fülle und milder → Säure.

GLÜHWEIN
Erhitzter Rotwein, gewürzt mit Zucker, Zitrone, Nelken und Zimt, ein beliebtes Getränk für kalte Wintertage. Siehe auch → Punsch.

GNEIS
Metamorphes Gestein aus der Gruppe der kristallinen Schiefer. Durch Verwitterung entstehen aus diesem Ausgangsgestein lehmige Böden. Da ihr Kalkgehalt hoch ist, wächst die Rebe auf solchen Standorten besonders gut.

GRAPPA (FACHSPRACHLICH *DIE*, UMGANGSSPRACHLICH *DER*; MEHRZAHL: *GRAPPE, ITAL.*)
Italienischer → Tresterbranntwein, der in den Hügeln und Bergen Norditaliens und in der → Toskana erzeugt wird.

Grappa-Arten: *Grappa giovane:* junger Grappa von klarer Farbe, in Edelstahlfässern gereift. *Grappa invecchiata:* alter Grappa, mehrere Monate oder Jahre im → Holzfaß gereift, bernsteinfarben, weich im Geschmack. *Grappa di mono vitigno:* edler Grappa aus einer einzigen Traubensorte, die den Geschmack stark prägen kann, wie beispielweise beim *Grappa di Moscato.*

GRASIG
1. Unangenehmer Beigeschmack des Weins, der meistens von unreifen Trauben und Stengeln herrührt.
2. Für bestimmte Rebsorten typische feine Geschmacksnote, z. B. beim → Sauvignon Blanc.

GRAUER BURGUNDER, GRAUBURGUNDER
→ Ruländer

GRENACHE
→ Garnacha Tinta

GRIECHENLAND
Rebfläche 130 000 ha; Jahresernte 3 Mio. hl Wein; jährlicher Pro-Kopf-Verbrauch 30 l. Von Griechenland aus trat der Wein seinen Siegeszug um die Welt an. Bereits 600 v. Chr. brachten ihn griechische Schiffe nach Marseille, von wo er nach Südfrankreich und später bis an den Oberrhein gelangte.
Das Klima ist, abgesehen von den höhergelegenen Anbaugebieten, mild mediterran. Das trockene Herbstwetter fördert die Ausreifung der Trauben bis zur Vollsüße und ermöglicht die Gewinnung von → körperreichen → Likörweinen. Die bedeutendsten Weinanbaugebiete sind die Peloponnes, auf dem Festland die Landschaften

Umgeben von Weinstöcken: die Ruinen des Tempels von Nemea

Attika, Thessalien und Epirus sowie die Ionischen und Ägäischen Inseln.
Eine ausschließlich griechische Spezialität ist der *Retsina* (Rezinato, Rezine = Harz), ein geharzter, trockener Weintyp, der seinen historischen Ursprung in der Antike hat. Damals schon, als man den Wein noch in Amphoren aufbewahrte und transportierte, wurde ihm das Harz der Seestrandkiefer zur Konservierung zugesetzt. Zu Hammelbraten oder Tintenfisch mit Knoblauchsoße schmeckt ein solcher Harzwein vorzüglich.

Die Rebflächen werden zum Teil noch extensiv in Kleinbetrieben bewirtschaftet, und der Wein wird in kleinen „Tavernas“ (Kellern) in Kleingebinden ausgebaut. Die privaten oder als Aktiengesellschaft geführten Weingüter Attikas, der Peloponnes und des nördlichsten Festlandes dagegen betreiben modernen Plantagenweinbau. → Winzergenossenschaften gewinnen immer mehr an Bedeutung.

Griechenland

St. George's Winery in Sussex, Großbritannien

GROSS
Ausgereifte Weine der Spitzenklasse mit rundum harmonischem, ausgeprägtem Geschmacksbild. Vor allem Beeren- oder Trockenbeerenauslesen, Premiumweine oder Grands Crus.

GROSSBRITANNIEN
Rebfläche ca. 1 000 ha – überraschend für ein Land, das einem verbreiteten Klischee folgend eher an Regen und Nebel denken läßt. Portsmouth liegt auf demselben Breitengrad wie das Ahrtal in Deutschland. Das Klima ist durch den Einfluß des Atlantiks windig, aber mild.
Nach einer frühen Blüte im Mittelalter war der englische Rebbau über Jahrhunderte völlig verschwunden, bis er nach 1952 ein erstaunliches Comeback feierte, nachdem *major general* Sir Guy Salisbury sich wieder mit dem Erwerbsweinbau zu beschäftigen begann. 1967 wurde die „English Vineyards Association" gegründet, die auch ein Gütezeichen verleiht.
Es werden leichte, frische, spritzige Weißweine → frühreifer Rebsorten wie → Müller-Thurgau und Seyval Blanc (eine → Hybride) hergestellt. Die Moste werden meistens → angereichert. Die „English Wines" sind zu unterscheiden von den „British Wines"; bei letzteren handelt es sich um Verschnitte von Obstweinen mit importierten Traubenweinen.

GROSSLAGE
Deutsche → Herkunftsbezeichnung. Zusammenfassung mehrerer Einzellagen (→ Lage), aus denen Weine ähnlicher Art und Güte gewonnen werden. In den deutschen Weinbaugebieten gibt es 150 Großlagen, die im Durchschnitt 600 ha groß sind und 15 Einzellagen umfassen.
Dieser sachlich schwer nachvollziehbare Begriff hat in erster Linie vermarktungstechnische Gründe. Ist der Besitz eines Winzers in zahlreiche Parzellen aufgesplittert, die zu verschiedenen Einzellagen gehören, so kann er das Lesegut der vielen verschiedenen Einzellagen nicht separat verarbeiten und daher nach dem Weingesetz keine Einzellagenbezeichnung auf seine Etiketten setzen. Damit ein solcher Winzer nicht ohne den Qualität signalisierenden Lagennamen auf der Flasche auskommen muß, wurde die Einheit „Großlage" geschaffen.

GROSSRAUMVERFAHREN
→ Tankgärung

GRÜN
Bezieht sich weniger auf die Farbe als auf das Geruchs- und Geschmacksbild. Bezeichnung für einen unreifen, unangenehm sauren Wein.

GRUNDWEIN
Stillwein, der für die Schaumweinherstellung vorgesehen ist. Der Alkohol- und Schwefelgehalt müssen gering sein. Wichtig ist, daß er eine rassige → Säure aufweist.

GÜTEKLASSE
Die EU-Länder haben die Güteklassen → Tafelwein, → Qualitätswein bestimmter Anbaugebiete und als Zusatz verschiedene Prädikate eingeführt. An jede Güteklasse stellt das Gesetz bestimmte Anforderungen. Der informierte Konsument kann also mit einem Blick auf das Etikett das Qualitätsniveau eines Weins erkennen.
Deutschland: → Tafelwein (→ Landwein ist als gehobener Tafelwein definiert), → Qualitätswein bestimmter Anbaugebiete (Q. b. A.), → Qualitätswein mit Prädikat.
Frankreich: → Vin de table, → VDQS, → Appellation contrôlée (AC) mit Prädikaten in Form von → Cru-, Climat- oder → Château-Zusatzbezeichnungen.
Weitere Güteklassenbezeichnungen sind unter den jeweiligen Ländern aufgeführt. Auch in den außereuropäischen Weinbauländern der Welt ist man bemüht, ähnliche Güteklassensysteme zu etablieren.

GÜTESIEGEL
Qualitätszeichen für Weine, die neben der → amtlichen Prüfung einer weiteren, freiwilligen Bewertung unterzogen wurden, z. B. → Deutsches Weinsiegel, → Bundesweinprämierung, Weingütesiegel Österreich, Siegel der internationalen Weinwettbewerbe (→ Prämierungen).

Gutedel

GUTEDEL, CHASSELAS
Weiße, seltener auch rote Rebsorte. Diese beliebte, saftige und wohlschmeckende Tafel- und Keltertraube ist auf der ganzen Erde verbreitet. Prägende Rebsorte in der Westschweiz unter dem Namen Chasselas (6 000 ha); Anbaufläche in Deutschland 1 400 ha, fast ausschließlich im badischen → Markgräflerland, wo der → Gutedel *Markgräfler* heißt. Er verlangt windgeschützte Lagen, humusreiche und tiefgründige Böden. Er liefert leichte, gefällige Tischweine.

GUTENBORNER
Weißwein-→ Neuzüchtung der Lehr- und Forschungsanstalt Geisenheim; Kreuzung Müller-Thurgau x Chasselas Napoleon. Ergibt → Müller-Thurgau-ähnliche, jedoch etwas neutralere Weine. Noch im Versuchsanbau.

H

Haardt
Östlicher, an das Oberrheinische Tiefland grenzender Teil des Pfälzer Waldes; am Osthang verläuft parallel die → Deutsche Weinstraße. An den nach Osten abfallenden sonnigen Hängen gedeihen bei Ruppertsberg, Deidesheim, Forst, Wachenheim und Bad Dürkheim ausgezeichnete Weine.

Halbstück
Im Rheingau gebräuchliches Weinfaß von 600 Litern Inhalt. Das Stück enthält 1 200, das Doppelstück entsprechend 2 400 Liter.

halbtrocken
Nach den weinrechtlichen EU-Bestimmungen Geschmacksangabe für einen Wein, dessen Zuckergehalt nicht mehr als 10 g/l höher liegt als der Gesamtsäuregehalt und maximal 18 g/l nicht übersteigt. Ein halbtrockener Wein mit 7 g/l → Säure darf also maximal 17 g/l → Zucker enthalten. Damit trägt man der Tatsache Rechnung, daß die Süße im Wein höheren Säuregehalt harmonischer, → saftiger und gefälliger wirken läßt.
Ein Schaumwein wird als halbtrocken (medium dry, demisec, abboccato) bezeichnet, wenn er 33–50 g/l Restsüße aufweist. Die Werte liegen bedeutend höher als beim → Stillwein, da die Kohlensäure im Sekt die Süße weniger hervortreten läßt.
In Österreich gilt die Bezeichnung halbtrocken für einen Restzuckergehalt bis 12 g/l.

Halsschleife
Am Flaschenhals angebrachtes zusätzliches Etikett, enthält oft die Jahrgangs- und Prädikatsangaben und das → Prämierungsembleme.

Haltbarkeit
Sie ist weitgehend abhängig von Herkunft, Rebsorte, → Jahrgang und Kellereiausbau, wobei die Intensität des Einflusses dieser Reihenfolge entspricht. Hoher → Extraktgehalt, hohe → Säure und Süße sind die wichtigsten Voraussetzungen für lange Haltbarkeit. Je → kleiner ein Wein ist, um so rascher soll er getrunken werden. → Tafelweine können bereits nach ein bis zwei Jahren ihre Frische verlieren und sind dann nicht mehr zu empfeh-

Gehaltvolle Weine können jahrzehntelang haltbar sein

len. Weine höherer Qualität hingegen erreichen ihr Optimum erst nach einer gewissen Reifeentwicklung. Gehaltvolle Sorten wie → Riesling, → Traminer oder Grauburgunder (→ Ruländer) kommen meist erst nach etwa dreijähriger Flaschenlagerung zu ihrem geschmacklichen Höhepunkt, Weine mit hohem → Gerbstoffgehalt (Tannin), wie z. B. Bordeauxweine mit hohem Anteil von → Cabernet Sauvignon, und gehaltvolle → Beeren- und → Trockenbeerenauslesen nach 10–20 Jahren. Sie haben dann zwar einen leichten Sherryton (→ Firne), wirken aber immer noch lebendig und ansprechend. Rotweine schmecken im Alter im allgemeinen besser als in ihrer Jugend, bei Überalterung verlieren sie aber rascher an Frische als Weißweine. Am besten haltbar sind hoch → aufgespritete → Likörweine. Alkohol und Zucker bilden ein so stabiles Gerüst, daß ihnen ein paar Jahrzehnte Lagerung nichts anhaben können.

HANDGERÜTTELT
→ Rütteln

HANGLAGE
Hangrichtung und -neigung bestimmen die Wärmemenge, die eine Rebfläche aus der Sonneneinstrahlung aufnehmen kann. Die intensivste Einstrahlung herrscht an einem nach Süden gerichteten

Steilhang. An Südwesthängen trifft nach Mittag die höchste Tagestemperatur mit der intensivsten Sonnenstrahlung zusammen. Weinberge in Hanglagen sind zudem gut vor Frost geschützt, weil die Kaltluft in tiefere Täler und Mulden abfließt. In Deutschland befinden sich knapp 50 % der Weinberge in Hang- (5–20 % Gefälle) und 12 % in → Steillagen (über 20 % Gefälle).
Die Vorteile des Hanges erlauben es teilweise erst, auch in kühleren Klimazonen Ertragsweinbau zu betreiben. Die erschwerte Weinbergsarbeit in steileren Hanglagen kann jedoch die Wirtschaftlichkeit in Frage stellen, da die maschinelle Bearbeitung mit Kettenfahrzeugen und Seilzügen aufwendig und in extremen Steillagen sogar unmöglich ist. Auch die Erosionsgefahr nimmt mit dem Hanggefälle zu.

Steillagen an der Mosel

HARMONISCH
Bezeichnung für Weine, deren Geschmackskomponenten optimal aufeinander abgestimmt sind. Auch → kleine Weine können und sollen harmonisch sein.

HART
Unangenehmer Geschmackston mit leicht zusammenziehender Wirkung auf die Schleimhäute, verursacht durch zu hohen → Gerbstoffgehalt, teilweise auch zu hohe → Säure. In der Jugend hart wirkende hochwertige Weine können mit längerer Lagerung gewinnen, indem sie sich mit den Jahren abrunden und gefälliger werden.

HARZWEIN
Retsina, siehe → Griechenland.

HAUSMARKE
Sonderabfüllungen für Hotels, Clubs oder Handelsbetriebe, die mit einem speziellen Etikett versehen werden. Der Hersteller des Weines oder Schaumweines muß aber jederzeit feststellbar sein. In Deutschland gibt es rund 20 000 Hausmarken. Insbesondere namhafte Gastrono-

miebetriebe pflegen die Tradition der Hausmarke, vor allem im Sektbereich.

HAUSTRUNK
Aus → Trestern hergestellter Wein, der ausschließlich zur Selbstversorgung des Erzeugerbetriebes zulässig ist. Die Mengen müssen aus den Kellerbüchern ersichtlich sein, die Gefäße deutlich mit dem Schriftzug „Haustrunk" versehen werden. Die Weine sind → gerbstoffreich und eignen sich gut als Durstlöscher.

HEFE
Einzellige Mikroorganismen, die zur Gruppe der Pilze gehören und im → Most die alkoholische → Gärung bewirken. Bei den Weinhefen handelt es sich im wesentlichen um Vertreter der Art Saccharomyces cerevisiae, die sich äußerlich und biochemisch von den Bier-, Sherry- und anderen Hefen unterscheiden. Indem sich die Weinhefen im Most vermehren, wird durch ihren Stoffwechsel der darin enthaltende → Zucker in → Alkohol und → Kohlensäure umgewandelt (alkoholische Gärung), daneben entstehen → Bukettstoffe und andere Nebenprodukte. Mit zunehmendem Alkoholgehalt, spätestens bei 16 Vol.-% Alkohol, „vergiftet" sich die Hefe schließlich selbst, die Gärung kommt zum Erliegen und der fertige Wein kann vom → Bodensatz aus abgestorbenen Hefezellen abgezogen werden. Die Weinhefen haften von Natur aus auf den Beerenschalen und gelangen so in den Most, daneben aber auch sogenannte „wilde" Hefen und andere Mikroorganismen. Diese Kahmhefen, Schleimhefen, Schimmelpilze und Bakterien bilden unreine Geschmacksstoffe und flüchtige Säuren. Das sicherste Mittel zur Vermeidung von Fehlgärungen ist die → Pasteurisierung des Mostes zur Abtötung unerwünschter Organismen und anschließender Zusatz von Reinzuchthefen.

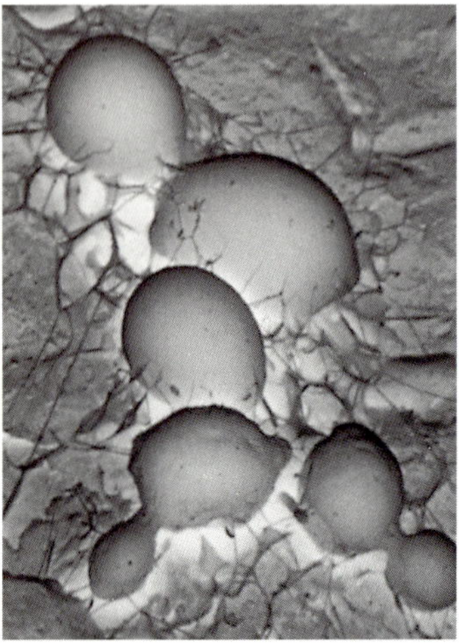

Hefezellen

HEFELAGER
Verweilen des Schaumweins „auf der Hefe“ nach Abschluß der zweiten Gärung. Während dieses bis zu mehrere Monate dauernden Reifelagers nimmt der Schaumwein → Aromastoffe aus der Hefe auf und gewinnt dadurch an Ausdruck.

HEFIG, HEFEGESCHMACK
Sobald der Wein durchgegoren ist und die Hefe sich am Faßboden absetzt, beginnt sie sich zu zersetzen. Trennt man den sich → klärenden Jungwein mittels → Abstich zu spät vom Hefegeläger, kann der Wein einen Hefeton aufnehmen. Ein dezenter Hefegeschmack im Jungwein wird akzeptiert. Er integriert sich meist in den ersten Wochen nach dem Abstich in das Geschmacksbild.

HEKTAR
Flächenmaß; 1 Hektar entspricht einem Quadrat von 100 x 100 Metern. 1 Hektar (ha) = 100 Ar (a) = 10 000 Quadratmeter (m^2). In Europa wird die Weinbergsfläche üblicherweise in Hektar, der Ertrag in Hektoliter pro Hektar (hl/ha) gelegentlich auch in Liter pro Ar (gleicher Zahlenwert) ausgedrückt.
1 Hektar entspricht 2,4 acres im englischen Sprachraum.

HEKTOLITER
Hohlraummaß; 1 Hektoliter (hl) = 100 Liter (l).

HERB
→ Gerbstoffhaltige, säurereiche Weine. In der Gastronomie verbreiteter Ausdruck für säurebetonte Weine mit wenig → Restsüße.

HERKUNFTSBEZEICHNUNG
Der Geburtsort prägt die Art des Weines. Je nördlicher er liegt, um so stärker wirkt sich der Einfluß von Mikroklima, Boden und Lage aus. In wärmeren Weinbaugebieten hat der Überfluß an Sonnenschein eine egalisierende Wirkung. 1756 grenzte man in Portugal erstmals in der Welt gesetzlich ein Herkunftsgebiet für eine bestimmte Weinart (Portwein) ab. In Frankreich wurden die ältesten Lagen für die Cru-classé-Weine des Médoc 1855 festgelegt.
Heute ist die Herkunftsbezeichnung in den einzelnen Weinbauländern unterschiedlich geregelt, in manchen gar nicht. Weltweit ist man aber bemüht, die Weingesetze international anzugleichen, dabei Althergebrachtes zu bewahren und den individuellen, herkunftsbezogenen Weinanbau und -ausbau zu pflegen.

Lage „Steingeröll“ bei Zwingenberg, Hessische Bergstraße

HEROLDREBE
Nach ihrem Züchter August Herold benannte Rotweinrebe, Kreuzung aus Portugieser x Lemberger aus der Staatlichen Lehr- und Versuchsanstalt Weinsberg. Bestockte Rebfläche in Deutschland: 200 ha. Spät reifend, ähnlich wie der → Spätburgunder. Bringt sichere, hohe Erträge und könnte als Ersatzsorte für den → Portugieser dienen. Meist rassige, frische → Weißherbst-Weine, Rotweine markant, dem → Lemberger ähnlich.

HERZHAFT
Kräftige, → kernige Weine mit angenehmer → Säure.

HESSISCHE BERGSTRASSE
Mit 450 ha eines der kleinsten deutschen Weinbaugebiete. Es umfaßt die Rebflächen zwischen Zwingenberg und Heppenheim und die „Odenwälder Weininsel" östlich von Darmstadt (zwei Bereiche – Starkenburg und Umstadt). Der Ertrag, überwiegend Nebenerwerbsbetriebe, entspricht etwa 0,4 % der deutschen Normalernte.
Der Odenwald schützt vor rauhen östlichen Witterungseinflüssen. Die süd- und westwärts gerichteten Weinlagen genießen beste Sonneneinstrahlung und während der Vegetationszeit ausreichende Niederschlagsmengen. Die nicht zu schweren Böden mit unterschiedlich hohem Lößanteil geben den Weinen ihren feinen Charakter. Sie sind blumig und duftig, von → saftig-herzhafter Art und dank ihrer feinen Säure sehr bekömmlich. Hauptrebsorten sind der → Riesling (56 %), der → Müller-Thurgau (15 %) und der → Silvaner (7 %).
Für Touristen: Siehe → Bergstraße.
Informationen:

Weinbauverband
Hessische Bergstraße
Kettelerstr. 29
64646 Heppenheim/Bergstr.
Tel.: 0 62 52 / 7 56 54
Fax 0 62 52 / 78 82 56

HEURIGER
Österreichische Bezeichnung für frischen jungen → Schoppenwein vom letzten Jahrgang. In der Gegend von Wien gilt ein Wein vom 11. November (Martini) eines Jahres bis zum Ende des folgenden als Heuri-

Heurigenwirt in Wien. Mit dem Stechheber wird eine Probe aus dem Faß entnommen

ger. Lokale, Gartenwirtschaften, Weinstuben und Buschenschenken in der Nähe Wiens werden ebenfalls als „Heurige" bezeichnet. Die Schänken sind durch einen Busch (Besen, Strauß) am Eingang gekennzeichnet.

HL/HA
→ Ertrag

HOCHFARBIG
Fachausdruck für Weißweine mit fehlerhafter, gelber bis gelbbrauner Farbe, meist verursacht durch zuwenig Schwefel und zuviel Luft.

HOCHGEWÄCHS
Qualitätsbegriff für Weine besonderer Güte. Offiziell definiert in der Bezeichnung → Riesling Hochgewächs für reine Riesling-Weine, die nach festgelegten Kriterien (insbesondere Alkoholgehalt und amtliches Prüfergebnis) qualitativ über dem Durchschnitt des Anbaugebietes liegen.

HOCK
Englische Bezeichnung für Rheinwein. Das Wort ist durch eine entstellte und verkürzte Wiedergabe von „Hochheimer" entstanden.

HOLZ
→ Rute

HOLZFASS
Das Weinfaß ist altes Kulturgut. Während die Griechen und Römer für die Aufbewahrung ihrer Weine Gefäße aus Stein oder Ton verwendeten, benutzte man in Gallien schon das Holzgefäß.
Die Faßform ist rund oder oval. Am besten eignet sich Eichenholz für die Weinlage-

Holzfässer im Gewölbekeller

rung. Die ständige Reinigung, Pflege und Konservierung der Leerfässer sind mit relativ großem Arbeitsaufwand verbunden. Trotz dieser technischen Nachteile ist das Holzfaß aber gerade für den → Ausbau hochwertiger Weine unentbehrlich. In ihm baut sich der Wein rascher aus, da durch die Poren des Holzes Sauerstoff aufgenommen werden kann. (Siehe auch → Barrique.) Andere Behälter (→ Tanks) sind gasdicht und eignen sich daher vor allem für die längere Lagerung. Im → Stahltank lagert der Wein wie in einer großen Flasche, er bleibt darin länger frisch und spritzig.

Anbaugebiet	Bezeichnung	Liter
Beaujolais	Pièce	212
Bordeaux	Barrique	225
Burgund	Pièce	228
Chablis	Feuillette	136
Champagne	Pièce	200
deutsche Gebiete		
außer Mosel	Stück	1 200
	Halbstück	600
	Viertelstück	300
Elsaß	Foudre (Fuder)	1 000
Jerez	Bota	574
Kalifornien	Puncheon	605
Mosel	Fuder	1 000
Portugal (Portwein)	Pipe	574
Tokaj	Gönez	144

Die gebräuchlichsten Faßgrößen sind in den einzelnen Weinbaugebieten verschieden, wie die Tabelle links zeigt. Das größte Faß in Deutschland (210 000 Liter) ist im Heidelberger Schloß zu besichtigen. Große Fässer stehen noch im Schloßkeller Tübingen, im Schloßkeller Ludwigsburg und in der Hofkellerei der Würzburger Residenz. Das Dürkheimer Faß mit einem Inhalt von 1,7 Millionen Litern wurde nie mit Wein gefüllt, es dient als Restaurant und hat ein „Fassungsvermögen“ von 500 Personen.

HOLZIG, HOLZGESCHMACK
Weine, die längere Zeit in neuen, ungenügend vorbereiteten → Holzfässern gelagert haben, können Gerb- und andere Stoffe aus dem Eichenholz aufnehmen und schmecken dann oft fremdartig → hart und holzig. Der Holzgeschmack ist nicht zu verwechseln mit dem Faßgeschmack, der von schlecht gereinigten alten Holzfässern herrührt.

Huxelrebe

Huxelrebe
Süße, weiße Rebsorte; eine → Neuzüchtung der Landesanstalt für Rebenzüchtung, Alzey. Die Kreuzung aus Weißem Gutedel x Courtillier Musqué hat in den letzten Jahren zunehmende Verbreitung gefunden. Der Name bezieht sich auf den Winzer Fritz Huxel aus Westhofen bei Worms, der als erster den Wert dieser Sorte erkannte und durch seine weiteren Anbauversuche zu ihrer Verbreitung beitrug. In Deutschland sind 1 500 ha bestockt, vor allem in Rheinhessen und der Pfalz. Der Wein präsentiert sich reif, rassig, mit Muskatbukett; die Traube eignet sich besonders zur Herstellung von Dessertweinen. Wenn die Huxelrebe ertraglich nicht überfordert wird, liefert sie auch höhere Qualitäten bis hin zu fruchtigen, vollen → Auslesen.

Hybriden
Kreuzungen aus Europäer- und → Amerikanerreben. Die angestrebte Züchtung schädlingsresistenter Sorten ist nicht geglückt. Wegen ihrer geringen Weinqualität ist ihr Anbau in der EU untersagt.

I

IMBOTTIGLIATO ALL'ORIGINE
Ital. → Erzeugerabfüllung.

IMPRÄGNIEREN
Zusatz von Kohlensäure unter Druck zur Herstellung von billigen Schaumweinen. Das Verfahren ist deklarierungspflichtig, z. B. durch die Angabe „mit zugesetzter Kohlensäure". Bei anderen Schaumweinen entsteht die Kohlensäure durch eine zweite Gärung auf natürliche Weise (vgl. → Flaschengärung).

ISRAEL
Seit der Staatsgründung 1948 betreibt Israel ausgedehnten, modernen Weinbau. Heute werden auf einer über das ganze Land verstreuten Gesamtrebfläche von ca. 5 000 ha etwa 127 000 hl Wein gewonnen. Hauptrotweinsorten sind Malbec und → Cabernet Sauvignon, die Weißweine werden aus → Muscat, → Sémillon und Clairette Blanche erzeugt. Schon in biblischen Zeiten blühte in Israel die Weinkultur, die aber im Laufe der Jahrhunderte infolge von Kriegen und Machtkämpfen fast völlig zum Erliegen kam.

ITALIEN
Mit über 900 000 ha Rebfläche liegt Italien neben Frankreich an der Spitze der Weinbauländer. Ernte: 60 Mio. hl Wein, davon 17 Mio. hl. Export; Pro-Kopf-Verbrauch 63 l.
Der italienische Weinbau kann auf eine klassische Vergangenheit zurückblicken. Bereits die Griechen bezeichneten den Süden der Halbinsel als Weinland „Oïnotria". Römische Dichter wie Horaz und Ovid haben den Wein besungen.
Die Italiener zählen mit einem jährlichen Pro-Kopf-Verbrauch von 63 Litern zu den größten Weinkonsumenten der Welt; in Maßen und fast nur zum Essen getrunken, gehört der Wein zum Alltag. Bei der Beurteilung eines italienischen Weines ist es wichtig, ihn im Zusammenhang mit der vielseitigen Küche des Landes zu sehen.
Von den Alpen bis zur Südspitze Siziliens, über Breitengrade hinweg, von Meereshöhe bis zu 1 000 Höhenmetern (Ätna und Südtirol) werden in ganz Italien Reben angebaut. Ein Drittel aller Rebstöcke steht in Mischkulturen zusammen mit Feldfrüchten und

Obstbäumen (bei der statistischen Berechnung der Rebfläche werden die Mischkulturen nur mit 25 % berücksichtigt).
Nach den gesetzlichen Regelungen zum Schutz der → Herkunftsbezeichnungen wird zwischen drei Qualitätskategorien unterschieden:

Vino da Tavola, → Tafelwein; jeder Wein, der nicht unter die DOC-Bestimmungen fällt.
Vino con Indicazione Geografica: Entspricht etwa dem französischen → Vin de pays. Einfache Weine, die typisch für ihr Herkunftsgebiet sind.
Denominazione di Origine Controllata (DOC), „kontrollierte Ursprungsbezeichnung“. Weine, die aus einem genau umgrenzten Anbaugebiet stammen und nach einem bis ins einzelne festgelegten Produktionsverfahren hergestellt werden. Vorgeschrieben sind Traubensorten und Charaktereigenschaften, Mindestalkohol-

und Säuregehalt und die zulässigen zusätzlichen Prädikate, wie *classico* (bestimmten Gemeinden im Herzstück eines traditionellen Anbaugebietes vorbehalten), *superiore* (Mindestlagerzeit vorgeschrieben, durchschnittlich 1 Jahr; höherer Alkoholgehalt) sowie *riserva* und *riserva speciale* (noch längere Mindestlagerzeit).
Denominazione di Origine Controllata e Garantita (DOCG), „kontrollierte und garantierte Ursprungsbezeichnung". Bei dieser höchsten Güteklasse, die 1984 eingeführt wurde, handelt es sich um Weine, die höchsten Qualitätsansprüchen genügen müssen und ein staatliches Garantiesiegel erhalten. Bisher 13 Weine, darunter → Barolo, → Barbaresco, Brunello di Montalcino, → Chianti, Vino nobile u. a.
Mit Ausnahme von Spitzenweinen gewinnen italienische Weine nicht durch das Altern. Traditionell werden sowohl Weiß- als auch Rotweine jung getrunken.
Die wichtigesten Anbaugebiete Italiens von Norden nach Süden:
→ **Trentino-Südtirol (ital. Trentino-Alto Adige)**
Aostatal (ital. Valle d'Aosta), das kleinste italienische Anbaugebiet, eine Berglandschaft im äußersten Nordosten des Landes, an der Grenze nach Frankreich und zur Schweiz gelegen. Weinbau verstreut in günstigen Hanglagen. Aufgrund der Höhenlage unterscheiden sich die Weine mit der DOC-Bezeichnung *Valle d'Aosta* von den anderen italienischen Weinen.

→ **Piemont**
Die **Lombardei** mit Zentrum Mailand. Das Klima wird wesentlich durch die Höhenlage und die Größe der Wasserfläche der norditalienischen

Seen (Comer See, Gardasee) mitbestimmt. Bekannte Weine aus der Lombardei sind → Lugana, → Riviera del Garda Bresciano, → Valtellina.

Friaul-Julisch Venetien (ital. Friuli-Venezia Giulia), beiderseits des Tagliamento am Fuß der Venezianischen und Julischen Alpen an der Grenze nach Slowenien, Zentrum Udine. Das meist gebirgige kleine Gebiet hat ein mildes Klima, doch bringt die Bora häufig empfindlich kalte Temperaturen.

Venetien (ital. Veneto), die Weinregion östlich von Venedig. Der nördliche Teil ist gebirgig, der südliche reicht bis in die fruchtbare Po-Ebene mit Weinplantagen, Zuckerrüben- und Obstbau. Aus Venetien kommen der → Bardolino und der → Valpolicella.

Die **Emilia-Romagna** südlich des Po vom Apennin bis zur Adria mit Mittelpunkt und gastronomischem Zentrum Bologna. Der größte Teil der Rebfläche ist flach, nur bei San Marino gedeihen Reben auch an steilen Hängen. Die Weine sind weder herausragend noch besonders vielfältig, doch passen sie gut zur deftigen einheimischen Küche. Bedeutend im Export und deshalb weithin bekannt ist der rote → Lambrusco.

Ligurien, Küstenlandschaft an der Riviera mit Zentrum Genua, die zweitkleinste Weinbauregion Italiens nach dem Aostatal. Vier DOC-Weine, darunter *Cinque Terre* im Süden und *Rossese di Dolceacqua* im Westen. Bekannt sind ferner der *Coronata* aus dem Hinterland von Genua, *Pigato* aus den Provinzen Savona und Imperia und der weiße *Vermentino* aus beiden Provinzen. Der einfache Tischwein kommt unter dem Namen *Nostralino* in den Handel.

→ **Toskana**

Latium am Tyrrhenischen Meer mit Zentrum Rom. Es gibt vier Hauptanbaugebiete: die Castelli Romani südöstlich von Rom, die Umgebung des Bolsenasees, den Küstenstreifen bei Cerveteri und die Hügel um Olevano und Piglio. In den fruchtbaren Tälern gedeihen Obst und Getreide, auf den Hügeln stehen Reben und Olivenbäume. Bekannte Weine sind → Est! Est!! Est!!! di Montefiascone und → Frascati.

Kampanien (ital. Campania), das Weinbaugebiet bei Neapel. Das Gros der Weine ist preiswert und einfach, aber vorzüglich zur gebietstypischen Küche, deren international bekanntestes Element die Pizza ist.

Apulien (ital. Puglia), gemeinsam mit Sizilien größte Weinbauregion Italiens. Das Klima wird bestimmt durch warme Winter und sehr heiße Sommer. Die Weine haben meist einen hohen Alkoholgehalt und werden oft zu Verschnittzwecken benutzt.

Sardinien. Weinbau gibt es bereits seit dem Altertum, als die Phönizier das Land besiedelten. Der Wein ist kräftig und ländlich wie die Küche. Zentrum des Anbaus ist die Provinz Cagliari im Süden der 23 813 km² großen Insel.

Sizilien, zusammen mit Kampanien größtes Anbaugebiet Italiens. Außer Reben gedeihen in dem heißen, aber ausgeglichenen Klima auch Oliven, Datteln, Feigen und Granatäpfel, besonders in der Umgebung von Marsala und in der sogenannten „Conca d'oro" (goldene Schale) um Palermo. Bekannt sind vor allem die → Likörweine, wie → Marsala und Malvasier.

J

JAHRGANG
Nördlich der Alpen hat der Witterungsverlauf erheblichen Einfluß auf die Art des Weines. Die Jahrgänge unterscheiden sich nicht nur durch den unterschiedlichen Reifegrad der Trauben, sondern jeder zeigt seine Eigenheit und spezifische Note, je nachdem, wie Hitze, Wärme und Kühle, Nässe und Trockenheit über das Jahr verteilt waren und die Rebe beeinflußt haben. Ältere Jahrgänge sind im Fachgeschäft und auf → Versteigerungen erhältlich. Außergewöhnliche Jahrgänge werden gern als „Jahrhundertjahrgang" bezeichnet, wobei dieser Begriff in den letzten Jahren aufgrund der allgemeinen Klimaerwärmung etwas überstrapaziert wurde. Die Definition ist nicht eindeutig – es kann das Gesamtergebnis eines Landes gemeint sein oder auch der Anteil an Spitzenweinen; beides muß keinesfalls zusammentreffen. Als Spitzenjahre des 20. Jahrhunderts in Mitteleuropa gelten gemeinhin die Jahre 1911, 1920, 1921, 1937, 1945, 1949, 1953, 1959, 1971, 1976, 1979, 1985, 1991–93, 1995. Die Bedeutung des Jahrganges darf aber nicht überschätzt werden. Ein guter Jahrgang ist keine Garantie für einen guten Wein, und auch in bescheideneren Jahrgängen gibt es ausgezeichnete Weine.

Der Gescheinsansatz (Blütenstand der Rebe) läßt erste Rückschlüsse auf den möglichen Ertrag des Jahrgangs zu

JAPAN
25 000 ha Rebfläche; Jahresproduktion 500 000 hl Wein; Import 900 000 hl Wein; jährlicher Pro-Kopf-Verbrauch 0,9 l.

Es werden hauptsächlich Tafeltrauben angebaut. Die Zentren sind Jamanaschi, Osaka, Jamagata und Nagano auf der Hauptinsel Hondo. Obwohl der Beginn des japanischen Weinbaus auf das 12. Jahrhundert zurückgeht, hat die Weinbereitung sich erst im 19. Jahrhundert entwickelt. Früher wurde Wein hauptsächlich als Trägerstoff für Arzneimittel verwendet. Nach dem zweiten Weltkrieg hat die Weinindustrie dann schlagartig an Bedeutung zugenommen. Die Einfuhr europäischer Weine stieg sprunghaft an, und der Ausbau der einheimischen Weinwirtschaft wurde forciert. Die hohe Luftfeuchtigkeit erschwert den Weinbau. Rebsorten, die vor den heftigen Septemberregenfällen reifen, werden bevorzugt. Japan ist eines der wenigen weinbautreibenden Länder, in denen europäische, amerikanische und asiatische Rebsorten angebaut werden. Dank der modernen Kellertechnik sind die Weine sauber und fehlerfrei, erreichen aber selten die Eleganz ihrer klassischen europäischen und kalifornischen Vorbilder.

JEROBOAM
Riesenweinflasche mit einem Fassungsvermögen von 4,5 l, also sechs Normalflaschen.

JOHANNISBERG
Einziger Bereich des Anbaugebiets → Rheingau, von Lorchhausen am Rhein bis Flörsheim am Main.

JOHANNISBERGER
Bezeichnung für den → Silvaner im Kanton Wallis, → Schweiz. In den USA wird der → Riesling auch Johannisberg genannt.

JUNG
Frischer, lebendiger Geschmackseindruck beim Verkosten junger Weine. Bei einfachen Trinkweinen und → Schoppenweinen ist dieser Ausdruck positiv zu verstehen. Bei hochwertigeren Weinen kann er auch negativ gemeint sein, da diese in allen Geschmacksnuancen ausgereift erscheinen und jugendliche Unarten abgelegt haben sollen.

JUNGFERNWEIN
Wein aus der ersten Lese eines neubepflanzten Weinbergs, die meist im dritten Jahr nach der Neuanlage eingebracht wird. Nach vier Jahren Standzeit wird mit dem ersten vollen Ertrag gerechnet.

Aus dem noch zuckerhaltigen, trüben Federweißen geht nach Abschluß des Gärprozesses der Jungwein hervor

JUNGWEIN
Nach der → Gärung entsteht aus dem → Federweißen der spritzige Jungwein mit seinem typischen Gär- oder Jungweinbukett. Er ist noch nicht oder gerade erst von den Hefen abgetrennt und enthält noch gelöste Gärungskohlensäure.

JURA
Bergkette und Weinbaugebiet (Côtes du Jura) im Osten Frankreichs an der Schweizer Grenze; Weinbauzentrum ist Arbois. Hervorzuheben sind vor allem die Rotweine aus Poulsard und Trousseau, daneben werden auch Weiß-, Rosé sowie → Stroh- und Schaumweine produziert.

K

KABINETT
Nach dem deutschen Weingesetz die niedrigste Stufe der Qualitätsweine mit Prädikat. Elegante, ausgereifte Weine der gehobenen Güteklasse, die bestimmten gesetzlichen Anforderungen bezüglich → Mindestmostgewicht, Lese, Rebsorten, Geschmack usw. entsprechen und eine → amtliche Prüfungsnummer tragen müssen. Kabinettweine dürfen nicht → angereichert werden, sie wirken daher oft zarter, schlanker als ein Qualitätswein ohne Prädikat.
Der Qualitätsbegriff → Cabinet erschien zum erstenmal 1730 im Rheingau auf einem Etikett. Der „Cabinetkeller" befindet sich in Kloster → Eberbach im Rheingau; er gilt als Namensgeber der Bezeichnung Kabinett.
In Österreich ist der Kabinett kein Prädikatswein, sondern ein gehobener Qualitätswein. Er muß außer den für Qualitätsweine geltenden Kriterien ein → Mindestmostgewicht von 17° KMW (84° Oe) aufweisen, nicht mehr als 13 Vol.-% Alkohol und max. 9 g/l Restsüße enthalten und darf nicht angereichert sein.

KAHMIG, KAHMGESCHMACK
Durch unsachgemäße Behandlung können sich im Wein kahmbildende Hefepilze vermehren, die an der Oberfläche eine grauweiße Kahmhaut bilden und im Wein einen schalen, muffigen Kahmgeschmack erzeugen. Außerdem verringern sie den Alkohol- und → Extraktgehalt des Weines.

KAISERSTUHL
Halbkreisförmig nach Westen geöffnetes Bergland in der Oberrheinischen Tiefebene nordwestlich von Freiburg im Breisgau, bis 557 m hoch. Herzstück des Weinbaugebietes Baden (Bereich → Kaiserstuhl-Tuniberg) mit besonders mildem Klima (Temperaturjahresmittel 9,5° C, 600 bis 740 mm Jahresniederschlag). Auf dem fruchtbaren vulkani-

Flurbereinigung am Kaiserstuhl

Veinlandschaft von Menschenhand: Neugestaltete Rebterrassen am Kaiserstuhl

schen Untergrund mit einer bis zu 25 m dicken → Löß-Decke wachsen hervorragende Weine. Zu den bekanntesten Weinorten zählen Achkarren, Bickensohl, Breisach, Ihringen, Oberbergen, Oberrotweil und Bischoffingen.

KAISERSTUHL-TUNIBERG
Bereich des Anbaugebiets → Baden, nordwestlich von Freiburg. Auf fruchtbarem vulkanischem Untergrund wachsen glutvolle, blumige → Ruländer, → Silvaner und → Gewürztraminer. Der gehaltvolle → Spätburgunder gedeiht vor allem im südlichen Teil und wird zu Rotwein und Weißherbst verarbeitet. Seit dem 7. Jahrhundert ist der Weinbau hier zu Hause.

KALIFORNIEN
Bundesstaat der USA mit idealem Weinbauklima. Unter den kalifornischen Weinen (90 % der US-Erzeugung) sind alle klassischen Weintypen Europas vertreten (Burgundy, Claret, Rhine-Wine, Sauterne), sie zeigen jedoch aufgrund des wärmeren Klimas weniger → Säure und Frische, dafür mehr → Körper und Fülle. Die höheren und nördlichen Lagen gelten als Weingebiet der Zukunft. Kalifornische Spitzenerzeugnisse sind großen europäischen Weinen ebenbürtig.
Überwiegend werden zur Weinbereitung europäische Rebsorten angebaut, wie → Sémillon Blanc, → Sauvignon Blanc,

Oakville, Napa Valley, Kalifornien

→ Pinot Chardonnay, im → Pinot Blanc, → Rheinriesling, → Silvaner, → Traminer, → Grenache, → Cabernet Sauvignon, → Pinot Noir, → Gamay und → Zinfandel. Weiß- und Rotweinsorten halten sich etwa die Waage (54 % weiß, 46 % rot). Die Anbaufläche ist nach Wärmezahlen in fünf Zonen von kühl bis heiß eingeteilt, wobei die Gebiete an der Küste zur gemäßigten, die im Landesinnern zur wärmsten Zone gehören: Zur Zone 1 nördlich von San Francisco zählt vor allem das **Napa Valley**, wo ausschließlich Qualitäts- und Spitzenweine europäischen Stils produziert werden. In der Zone 3 **Great Central Valley** werden in der flachen, heißen, fruchtbaren Ebene zwischen Madera und Bakersfield Konsum- und → Likörweine erzeugt. Die sehr heiße Zone 5 unweit von Los Angeles ist weitgehend der Rosinen- und Tafeltraubenproduktion vorbehalten.

KALTE ENTE
Eine Sonderform der → Bowle, die auch fertig abgefüllt in Flaschen gekauft werden kann.

Wein wird mit Perlwein oder Schaumwein gemischt und mit Zitronensaft versetzt. Nach gesetzlicher Vorschrift muß der Anteil des Schaumweins im fertigen Getränk mindestens 25 % betragen; für den Hausgebrauch wird die Kalte Ente nach persönlichem Geschmack angesetzt. Am besten läßt man hauchdünne Zitronenschalen 15 Minuten im Wein ziehen und füllt dann mit sehr kühlem Schaumwein auf.

KALTERER SEE
Weinbaugebiet in → Südtirol südlich von Bozen. An den westlichen und nördlichen Uferhängen wächst auf fruchtbarem Moränenboden ein süffiger, milder, hell- bis rubinroter Rotwein auf der Grundlage der Schiava-Grossa-Traube. Er hat ein charakteristisches Bukett, das nach Bittermandeln riecht. Gehobene Qualitäten heißen *Kalterer See classico* oder *Kalterer See Auslese*.

KAMM, RAPPEN
Stielgerüst der Traube. Bei der Rotweinbereitung trennt man die Kämme wegen ihres hohen → Gerbstoffgehaltes von den Beeren ab, damit bei der → Maischegärung nicht zu viel Gerbstoffe in den Wein gelangen. Auch bei der Bereitung guter Weißweine empfiehlt sich das → Abbeeren (Entrappen) vor dem Keltern. Nach dem Auspressen können die Kämme als Viehfutter oder organischer Dünger für den Weinberg verwendet werden.

KAMPTAL-DONAULAND
1985–1993 Name eines Anbaugebietes in → Niederösterreich.

KANADA
6 000 ha Rebfläche; Jahresproduktion 250 000 hl Wein, Weinimport 1,5 Mio. hl; jährlicher Pro-Kopf-Verbrauch 8,3 l.
Der kanadische Wein wächst zu 90 % auf der Niagara-Halbinsel in Süd-Ontario und zu 10 % im Okanagan-Valley von British Columbia. Das Klima unterliegt extremen Schwankungen mit winterlichen Durchschnittstemperaturen um −5° C einerseits und sommerlicher Hitze andererseits. → Verschnitte von verschiedenen Jahrgängen und Lagen herrschen vor. Der Wein- und Spirituosenhandel ist staatlich lizenziert und wird vom Liquor Control Board überwacht. Die Qualität der Weine hat sich dank des Rückgangs des → Hybriden-Anbaus und der Modernisierung der Kellerwirtschaft merklich erhöht.

Kanarische Inseln
Gegenüber früheren Zeiten, als der kanarische Wein vor allem in England getrunken wurde, ist die Jahresproduktion auf den spanischen Atlantikinseln heute erheblich zurückgegangen und erreicht nur noch ca. 60 000 hl. Die Weine DO Tacoronte-Acentejo, → Malvasia de Lanzarote y Tenerife, Blanco de Tenerife und neuerdings ein Gran Canaria vom Weingut Justus Frantz werden auf den Inseln von Touristen konsumiert.

Kanzler
Neugezüchtete Weißweinrebe der Landesanstalt für Rebenzüchtung, Alzey, von 1927; Kreuzung aus Müller-Thurgau x Silvaner. Bestockte Rebfläche in Deutschland unter 100 ha. Der Name ist als Hinweis auf die hochrangige Weinqualität dieser Sorte zu verstehen. Sie bringt hohe → Mostgewichte und mittlere → Säurewerte. Die Weine präsentieren sich gehaltvoll, fruchtig und sind von überwiegend neutraler Art, reifen → Silvaner-Weinen ähnlich; → Spätlesen sind leicht zu erreichen.

Kapsel
Hülle zum Schutz des → Flaschenverschlusses, häufig farbig, manchmal mit Firmenaufdruck versehen. Die meisten Kapseln bestehen aus PVC (70 %), Aluminium oder Polyethylen, wobei letzteres als umweltverträglichste Alternative gilt. Höhere Qualitäten werden mit Zinnkapseln ausgestattet.

Flaschenhals mit Kapsel

Zum Öffnen wird die Kapsel, wenn sie keine Lasche besitzt, über der Verdickung am Flaschenhals sauber durchgeschnitten.

Karaffe
Geschliffene, meist bauchige Glasflasche, in der Wein serviert wird.

Karl der Grosse (frz. *Charlemagne*)
König der Franken und römischer Kaiser. Der Weinbau in Deutschland verdankt ihm sein Wiederaufleben nach der Völkerwanderung, und die Einführung der → Straußwirt-

schaften wird ihm zugeschrieben. Der erste Weinberg auf dem Johannisberg soll auf seine Veranlassung hin angelegt worden sein, nachdem er von seiner Pfalz in Ingelheim aus beobachtet hatte, daß auf diesen Hängen der Schnee zuerst schmolz. Gleiches wird von einem Weinberg in → Burgund berichtet, der noch heute Corton-Charlemagne heißt.

Kasachstan
Aufgrund der klimatischen Bedingungen sind nur Randzonen im Süden und Südosten des Landes für den Weinbau geeignet. Weinerzeugung 280 000 hl von ca. 17 000 ha Rebfläche. Neben einheimischen sind auch westliche Rebsorten wie → Pinot Noir, → Aligoté, → Cabernet Sauvignon u. a. vertreten. Bedeutende Schaumweinproduktion.

Weinbau mit Buscherziehung in Penedés, Katalonien

KATALONIEN
Landschaft im Nordosten Spaniens mit den Anbaugebieten Prioratio, Alella, Penedés und Tarragona. Die Weine (überwiegend Rotweine) sind meist → schwer und trocken, die Schaumweine vollmundiger. Vor allem Penedés ist bekannt für seine großen Schaumweinkellereien.

KATER
Komplexe Gesundheitsstörung mit Kopfschmerzen, Benommenheit, Schwindel, Magenverstimmung und Kreislaufstörungen, die nach übermäßigem Genuß alkoholischer Getränke auftritt. Ursache sind meist Fuselöle, Aldehyde und Ketone, ätherische Öle, flüchtige Säuren und Ester, die nicht vertragen wurden. Es kommt an Hypophyse und

Nebennieren zu hormonellen Störungen, die sich auf Wasser- und Salzhaushalt, Eiweiß- und Kohlenhydratstoffwechsel auswirken. Das typische Durstgefühl kann nicht durch Wassertrinken allein beseitigt werden. Abhilfe bringen osmotisch wirksame Substanzen wie Salzheringe gegen Kochsalzverlust oder Traubenzucker, um den abgesunkenen Blutzuckerspiegel anzuheben. Zu weiteren medizinischen Aspekten des Weingenusses siehe → Gesundheit und Wein.

KELLER
Ein guter Weinkeller soll eine gleichmäßige Temperatur von 12–17° C aufweisen, gut gelüftet, trocken und dunkel sein. Da der Wein durch den → Korken atmet, sollten in seiner Nähe keine scharf riechenden Lebensmittel oder Lösungen aufbewahrt werden. Zu warm gelagerte Weißweine verlieren rasch an Frische. Rotweine und → Likörweine benötigen keinen kühlen Keller.

KELLEREI
Weinproduzierender Betrieb, der im Gegensatz zum → Weingut meist nicht über eigene Rebflächen verfügt, sondern → Most oder Wein von Traubenerzeugern aufkauft.

Abfüllanlage einer Weinkellerei

KELLERMEISTER
Alte Berufsbezeichnung für den Handwerksberuf des Weinküfermeisters. Nach einer dreijährigen Lehrzeit kann der Auszubildende sich bei der zuständigen Industrie- und Handelskammer der Küfergehilfenprüfung unterziehen und nach weiteren drei Jahren Praxis die Weinküfermeisterprüfung ablegen. Für die Arbeiten im Weinberg wird die Laufbahn des „Winzermeisters" eingeschlagen.

KELLERSCHIMMEL, SCHWARZER
In Weinkellern wachsender Schimmelpilz (Cladiosporium cellare), der an Wänden, auf Flaschen und Faßlagern graugrüne bis schwarze Rasen bildet. Er ernährt sich von in der Kellerluft enthaltenen flüchtigen Stoffen des Weines, wie Alkohol, Essigsäure und Estern. Im Gegensatz zu anderen Schimmelpilzen bildet er keine unangenehmen Geruchsstoffe. Man schätzt ihn, da er regulierend auf die Luftfeuchtigkeit wirkt, was besonders für die Lagerung von → Holzfässern wichtig ist. Das Gedeihen des Kellerschimmels zeigt an, daß ideale Verhältnisse für den → Ausbau und die Lagerung von Wein herrschen.

Kellerschimmel

KELTER
Presse zum Ausdrücken des Saftes aus der Traubenbeere. Der → Most läuft dabei je nach Preßdruck mehr oder weniger vollständig aus der → Maische ab; zurück bleibt der → Trester. In alten Zeiten wurden zur Mostgewinnung die Trauben mit den Füßen getreten. Die Griechen und Römer verwendeten bereits mächtige → Baumkeltern, bei denen ein

Pneumatische Willmes-Presse

riesiger Baumstamm als Hebel und Gewicht zur Erzeugung des Druckes diente. Heute sind mechanische Keltern gebräuchlich, die man nach der Art ihrer Druckwerke als Schnecken-, Spindel-, hydraulische oder pneumatische Pressen bezeichnet. Angestrebt ist eine möglichst rasche, aber schonende Pressung mit wenig Luftkontakt des Preßgutes.

KERNER
Weiße Rebsorte, erfolgreiche → Neuzüchtung (Kreuzung Trollinger x Riesling) der Staatlichen Lehr- und Versuchsanstalt in Weinsberg von 1929; regulärer Anbau seit 1969. Der Name erinnert an den schwäbischen Dichter Justinus Kerner (1786–1862). Der Kerner ist als früher reifende und höhere → Oechslegrade bringende → Riesling-Ergänzungssorte gedacht. Er zeichnet sich aus durch Frosthärte, Genügsamkeit in bezug auf den Boden und herzhafte, frische, stoffige und rieslingähnliche Weine mit leichtem Muskatbukett. Anbaufläche in Deutschland 7 700 ha, vor allem in der Pfalz, in Rheinhessen, Württemberg und im Anbaugebiet Mosel-Saar-Ruwer; zunehmende Verbreitung auch in Südtirol und in der Ostschweiz.

KERNIG
Stoffige, feste, nicht zu → schwere Weine mit ansprechender → Säure und spürbarem, aber harmonischem → Gerbstoffgehalt.

KEUPER
Tiefgründige, meist tonhaltige, sehr fruchtbare Böden, auf denen in Württemberg und Ostfranken (Steigerwald) blumige Weine mit bukettbetontem Sortencharakter wachsen. Keuperböden haben ein gutes Wasserhaltevermögen, was in heißen, trockenen Weinjahren von großem Vorteil ist.

KLÄRUNG
Entfernen von → Trübungen; Ziel ist ein glanzheller, haltbarer Wein. Neben der „Selbstklärung“ durch Absinken von Schwebstoffen (Bodensatz, → Depot) stehen zwei Methoden zur Verfügung, die → Schönung und die → Filtration. Beide Verfahren bringen bei richtiger und zeitgerechter Anwendung vollen Erfolg, oft werden beide kombiniert.

KLEIN
→ Extrakt- und alkoholarme, anspruchslose Weine, denen es an → Aroma und Charakter mangelt, meist aus weniger guten Jahrgängen oder von Massenträgern.

Klima und Weinbau

Die wichtigsten klimatischen Einflüsse, die Geschmack und Qualität des Weines prägen, sind Sonneneinstrahlung, Temperatur, Luftfeuchtigkeit, Niederschlagsmenge und -zeitpunkt. Weine aus nördlichen Weinbauländern entwickeln in einem ausgeglichenen und gemäßigten Klima besonders feine Geschmacksnuancen. Viel Sonne führt zu alkoholreichen, → wuchtigen, oft süßen Weinen, wie wir sie aus südlichen Ländern kennen. Bei den → Weinbauzonen der EU ist diese Tatsache durch die unterschiedliche Höhe der → Mindestmostgewichte berücksichtigt.

Der Weltweinbau beschränkt sich mit wenigen Ausnahmen auf die Zonen zwischen dem 30. und 50. Grad nördlicher und dem 30. und 40. Grad südlicher Breite (siehe S. 178 u.). Der 50. Breitengrad verläuft durch Mainz und Winnipeg.

Der heißeste und als Ausnahme weit außerhalb der südlichen Anbauzone liegende Weinberg gehört der katholischen Missionsstation in Windhuk (Südwestafrika) am 23. südlichen Breitengrad mit 20° C Jahresdurchschnittstemperatur (Rheingau: 9,5° C). Die Weinberge mit den bittersten Frösten (um –30° C) dürften in der turkmenischen oder kirgisischen Steppe liegen.

Die Rebe benötigt nicht viel Regen. Auf trockenen Standorten holt sie sich als Tiefwurzler das Wasser aus bis zu zehn Metern Tiefe. Das Niederschlagsminimum für den Ertragsweinbau liegt bei etwa 450 mm, das Optimum bei 600 mm; entscheidend ist aber auch die Verteilung der Nieder-

Hochgebirgsweinbau bei Visperterminen im Wallis

schläge über das Jahr. In den mitteleuropäischen Weinbaugebieten fallen die Hauptniederschläge im Sommer, also während der Zeit, wenn die Reben sie am meisten brauchen. Ein Mangel an Sommerregen ist für die meisten Weinbaugebiete des Mittelmeerraums charakteristisch. In Trockenheit und Hitze gereifte Trauben haben reichlich Alkohol und Farbe, es mangelt ihnen aber an → Säure, feiner Frucht und Eleganz.

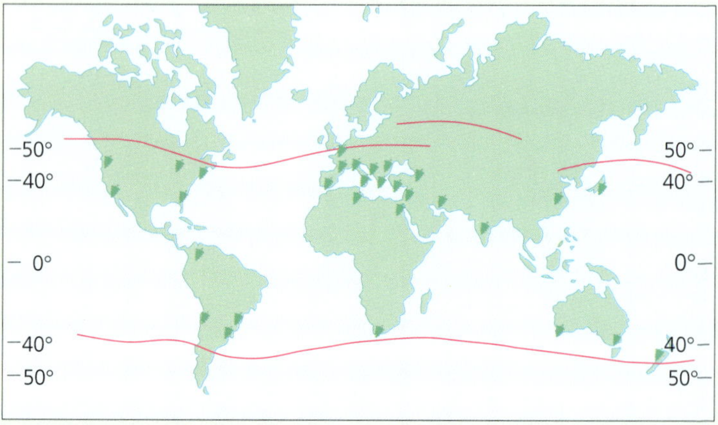

Grenzen des Weinbaus

Lanzarote: Bodenmulden schützen die Reben vor austrocknenden Winden

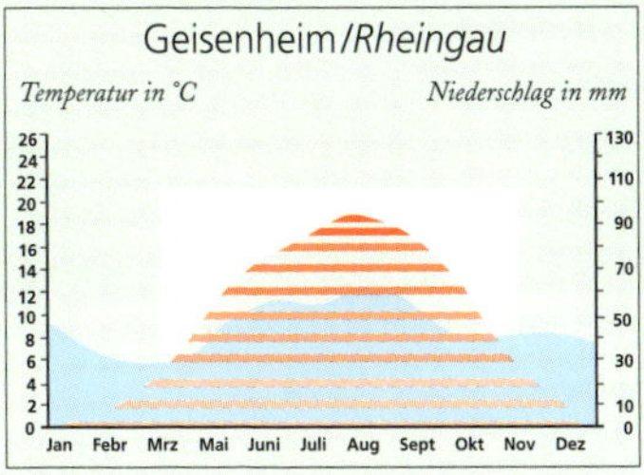

In Deutschland sind Sonnenschein und Niederschläge relativ gleichmäßig über die Vegetationsperiode verteilt – ideale Bedingungen für die Rebe. Die Trauben wachsen und reifen langsam, dadurch bleibt ausreichend → Säure erhalten und verleiht den Weinen ihre typische frische, fruchtige Art.

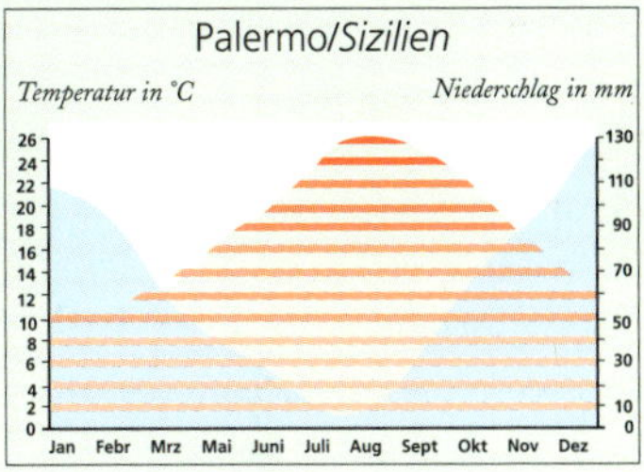

Im Mittelmeerraum fallen die Niederschläge überwiegend in den Wintermonaten, während der Vegetationsperiode im Sommer herrschen Hitze und Trockenheit.

Klingelberger
Synonym für den → Riesling in Baden.

Klon
Die durch vegetative, d. h. durch Stecklingsvermehrung entstandene Nachkommenschaft eines einzigen Mutterstockes. Alle Reben eines Klones haben also die gleiche Gen-Ausstattung. Die Klonenselektion ist eine Auslesezüchtung mit dem Ziel, gesunde, leistungsstarke Reben mit guter Anpassung an Boden und Klima zu vermehren.

Klosterneuburg
Bedeutender Weinort im Anbaugebiet Donauland, → Niederösterreich, Sitz der österreichischen Bundeslehr- und Versuchsanstalt für Wein- und Obstbau.

Klosterneuburger Mostwaage (KMW)
Senkspindel zum Messen des Zuckergehalts von → Most, die im österreichischen und italienischen Weinbau (hier „Babo" genannt) angewendet wird. Sie wurde vom ersten Direktor des k. u. k. Önologisch-Pomologischen Instituts in Klosterneuburg, August Wilhelm Freiherr von → Babo, 1861 eingeführt. Die Skala zeigt den Zuckergehalt des Mostes in Prozent (g/100 g) an. 1° KMW entspricht 4,86° Oechsle. Alkohol in g/l = KMW x 4,7.

KMW
→ Klosterneuburger Mostwaage

Kneipwein
Einfacher, leichter, süffiger → Schoppenwein, der dank seines niedrigen Alkoholgehaltes ohne unangenehme Nachwirkungen auch in größeren Mengen konsumiert werden kann.

knochig
Kräftiger Wein mit übermäßig hervortretender, jedoch nicht spitzer → Säure, unangenehm, grob und kantig im Geschmack.

Kochen mit Wein
Als Faustregel gilt: Helle Suppen und Soßen, helles Fleisch und Fisch werden mit Weißwein zubereitet, dunkle Speisen mit Rotwein. Beim Erhitzen verflüchtigt sich ein Großteil des Alkohols, so daß nur das Aroma übrigbleibt. Bei warmen Fruchtsuppen oder Obstkaltschalen soll die Hälfte der Flüssigkeit aus Wein bestehen. Fischsuppen vertragen einen Weinanteil von einem Drittel, während Fleisch- und Wildsuppen meist nur mit einem Schuß Wein gewürzt werden.

KOCHER-JAGST-TAUBER
Bereich des Anbaugebietes → Württemberg, von Bad Mergentheim im Osten bis Neudenau an der Jagst.

KÖRPER, KÖRPERREICH
Der Körper ist die innere Substanz des Weines. Als körperreich bezeichnet man Weine, die reichlich → Extrakt, → Alkohol und eine angenehm betonte → Säure aufweisen. Ähnliches drücken auch die allgemein geläufigen Begriffe kräftig und vollmundig aus. Gegenteil: → leicht, körperarm.

KOHLENSÄURE (CO_2)
Entsteht in großen Mengen bei der alkoholischen → Gärung und entweicht in Gasform als Kohlendioxyd (CO_2). Der CO_2-Gehalt ist für den anregenden, belebenden Weingeschmack mitbestimmend. Wie lange ein Wein frisch bleibt, hängt nicht unwesentlich von seinem Gehalt an Kohlensäure ab. Man ist daher bestrebt, dem Wein einen Kohlensäurerest zu erhalten. Normale Weine enthalten 0,2–0,7 g CO_2/l, spritzige Weißweine, wie Mosel und einige Schweizer Weine, 1 g/l (→ Schaumwein, → Perlwein). CO_2-Gas ist schwerer als Luft und füllt den Keller allmählich von unten her. Da es zur Erstickung führen kann, sollten Gärkeller im Herbst nur mit einer brennenden Kerze betreten werden. Beim Verlöschen der Flamme ist der Raum sofort zu verlassen.

KORKBRAND
Firmenstempel auf der Längsseite des → Korkens. Korkbrand sagt nichts über die Qualität eines Weines aus. Er wird lediglich als zusätzliches Kontrollzeichen betrachtet und muß den Namen des Abfüllers oder seine Betriebsnummer (→ AP-Nummer) angeben.

KORKEN (IN DER SCHWEIZ: ZAPFEN)
Aus der Rinde der Korkeiche (Quercus suber) hergestellter Flaschenverschluß. Ein guter

Geschälte Korkeiche

Flaschenkorken sollte elastisch sein, wenig Poren, einwandfreie, glatte Außenflächen und mehr als sechs Jahresringe aufweisen. Die Korkenlänge ist handelsüblich festgelegt und richtet sich nach der Qualität der Weine – die besten Weine haben die längsten Korken. Der Flaschenkorken ist weitgehend gas- und wasserdicht, schließt den Flascheninhalt aber nicht hundertprozentig vom Luftsauerstoff ab und ermöglicht so einen minimalen Gasaustausch, der dem Prozeß der Flaschenreifung förderlich sein kann. Normalerweise haben selbst die besten Korken keine längere Lebensdauer als 20 Jahre. Bei längerer → Lagerung müssen Weinflaschen liegend aufbewahrt werden, da der Korken austrocknet, wenn er nicht mit Wein benetzt wird; er schrumpft dann und wird luftdurchlässig. Obwohl es heute noch andere brauchbare Verschlüsse gibt, wie → Schraubverschlüsse, Kronkorken, Preßkorken, Kunststoffstopfen (siehe S. 111), hat sich der traditionelle Korken als Weinflaschenverschluß bisher nicht verdrängen lassen.

T-Korkenzieher mit Pinsel

Sommerlier-Korkenzieher

Schmetterling (hier ohne „Seele“, sondern mit „Bohrer“)

Der Korkenzieher

Im einfachsten Falle eine Metallspirale mit Griff, hat der Korkenzieher mittlerweile viele raffinierte und mehr oder weniger zweckmäßige Abwandlungen erfahren.

Ein guter Korkenzieher darf nicht einem Bohrer ähneln, sondern muß die Gestalt einer offenen Spirale haben, durch deren innere Windung (Seele) ein Streichholz gesteckt werden kann. Er soll eine scharfe Spitze aufweisen, die dem Lauf der Spirale folgt und nicht zentriert ist. Entkorker, die den Stopfen mit Luft- oder Gasdruck aus der Flasche treiben, haben sich nicht durchsetzen können.

Screwpull

T-Korkenzieher

Ent- und Verkorker

T-Korkenzieher

T-Korkenzieher

korkig, Korkgeschmack
Normalerweise verhält sich Kork dem Wein gegenüber völlig gschmacks- und geruchsneutral. Vereinzelt zeigen Flaschenweine aber einen sogenannten Korkgeschmack, verursacht durch Pilze, die den Kork bereits am Baum geschädigt haben, oder durch einen schimmligen Flaschenkorken.

Korkmotte
Kleinschmetterling, der seine Eier in Holzspalten oder in die Porengänge von → Korken ablegt. Die schlüpfenden Räupchen fressen sich in den Kork hinein, so daß Wein ausfließen und Luft in die Flasche eintreten kann. Man erkennt das Schadbild an feinem Korkstaub und zentimeterlangen „Bärten", die von der Flaschenmündung herabhängen. Der Befall ist zunehmend auch in Privatkellern mit Holzregalen festzustellen. Zur Bekämpfung verwendet man Räuchertabletten oder Strips, die in Drogerien erhältlich sind. Die günstigste Bekämpfungszeit liegt während des Mottenflugs im Juli bis August.

kräftig
Charaktervolle, → kernige, herzhafte Weine mit viel → Extrakt, → Gerbstoff und → Säure.

Kräuterwein
Mit Kräutern → aromatisierter Wein, der nach dem deutschen Weingesetz mindestens 70% Weinanteile enthalten muß. Kräuterweine sind appetitanregend und fördern die Bekömmlichkeit von Speisen (→ Aperitifs). Schon die weinbautreibenden Völker der Antike und des Mittelalters setzten ihren herben Weinen vielerlei Geschmacksstoffe zu, wie Honig, Süßholz, Safran, Muskat, Zimt, Ingwer, Wermut, Wacholder, Salbei, Fenchel, Rosmarin oder Majoran. Diese Weine wurden häufig auch als Medizin verwendet.

Krankheiten des Weines
Im Wein lebende Mikroorganismen können bestimmte Weinbestandteile zersetzen und dadurch neue, unerwünschte Stoffe bilden. Der betroffene Wein wird dadurch in Geruch, Geschmack, Farbe, Klarheit oder Konsistenz nachteilig verändert und letztlich ungenießbar. Häufig kommt es zu schleierartigen → Trübungen. Typische Krankheiten sind beispielsweise → Essigstich, → Kahmgeschmack, Mäuseln und Milchsäurestich. Das Auftreten von Krankheiten (nicht gleichzusetzen mit → Fehlern eines Weines) wird häufig durch bestimmte Män-

gel begünstigt, z. B. durch zu geringen Alkohol- oder Säuregehalt.

KRATZIG
Weine, die „im Hals kratzen". Sie enthalten meist Spuren von → Essigsäure oder zuviel freie → Schweflige Säure und sollten beanstandet werden.

KREMSTAL
Weinbaugebiet in → Niederösterreich um die gleichnamige Stadt. Hauptsorte ist der Grüne → Veltliner.

KRESZENZ
„Wachstum", Gewächs (lat. *crescentia*). Früher Bezeichnung für naturreinen, unverbesserten Wein. Der Ausdruck ist seit dem deutschen Weingesetz von 1971 offiziell nicht mehr zulässig, in Wort und Schrift aber immer noch sehr gebräuchlich für hochwertige Weine edler Herkunft. Bedeutungsmäßig verwandt dem französischen Lagenbegriff → *cru*.

KRETZER
Milder Roséwein aus dem deutschsprachigen Südtirol. Der → Most aus den blauen Trauben wird sehr früh vom → Trester abgepreßt. Am bekanntesten ist der Lagrein-Kretzer, der aus der gleichnamigen Rotweintraube gekeltert wird. Er ist rosa bis hellrubinfarben und hat einen frischen, leicht prickelnden Geschmack.

KREUZNACH
Bereich des Anbaugebietes → Nahe, überwiegend am linken Ufer der unteren Nahe.

KREUZUNG
Bei der → Rebenzüchtung bedient man sich der künstlichen Kreuzung von zwei verschiedenen Rebsorten, um Nachkommen mit neuen Eigenschaften zu erhalten. Eine Rebe wird als Mutter, die andere als Vater verwendet; die Pollen der Vatersorte werden auf die Narben

Entfernen der Staubblätter

der Muttersorte gebracht. Bei zwittrigen Rebsorten entfernt man vorher die Staubblätter, um eine Selbstbefruchtung zu verhindern. Aus den Samen der Beeren wachsen Pflanzen heran, die Eigenschaften der Elternpflanzen in sich vereinen. Der Formenreichtum dieser Nachkommen ist enorm. Die so gezüchteten Rebsorten müssen mehrere Jahrzehnte auf ihre Eignung für den praktischen Weinbau überprüft werden. Aus derselben Elternkombination können verschiedene neue Rebsorten hervorgehen, z. B. Silvaner x Riesling: → Rieslaner, → Scheurebe. Im Laufe der letzten hundert Jahre sind durch Kreuzung eine Reihe erfolgreicher neuer Sorten geschaffen worden, wie z. B. → Müller-Thurgau (Riesling x Silvaner, 1882), → Scheurebe (Silvaner x Riesling, 1916) oder → Morio-Muskat (Silvaner x Weißburgunder, 1928).

KROATIEN
Rebfläche 53 000 ha, Jahresproduktion 2,5 Mio. hl. Weinbaulich ist Kroatien in zwei Regionen gegliedert: In *Kontinentalkroatien,* östlich von Zagreb, werden vorwiegend Weißweine erzeugt; den besten Ruf genießt hier das Donaugebiet mit Qualitätsrebsorten wie → Welschriesling, Sauvignon, → Traminer, → Sémillon und Weißem → Burgunder. In der bedeutend kleineren *Küstenregion* ist vor allem Dalmatien

Kroatien, alte Rebstöcke im Kalksteingeröll

(an der Adriaküste von Rijeka bis Dubrovnik) bekannt. Im milden Mittelmeerklima wachsen auf anstehendem Kalkgestein vollsüße, sirupähnliche, nicht → aufgespritete → Likörweine – Grk aus Korčula, Bogdanusa aus Hvar, Vugava aus Vis, Dingač aus Peljesac sowie der Prosek –, aber auch ansprechende Weißweine sowie Rotweine der Rebsorte Plavac.

KUNSTWEIN
Ein „Weinimitat", das nicht aus Trauben hergestellt wurde. Vor allem im Mittelalter verbreitet, heute nach deutschem Weingesetz verboten. In Österreich werden auch Trester- und Malzweine dazugezählt.

KURZ
Bezeichnung für einen Wein, der beim → Abgang keinen nachhaltigen Geschmack hinterläßt.

KURZZEITERHITZUNG
Verfahren zur sterilen Abfüllung von Wein. Je kürzer erhitzt wird, desto geringer ist die Gefahr einer geschmacklichen Veränderung.

L

LAGE
Bezeichnung eines Weinberges, dessen Name und Umgrenzung gesetzlich erfaßt und geschützt ist. Lagen gibt es in Deutschland, Österreich (hier → Riede genannt), Luxemburg, der Schweiz und Frankreich, wo sie in → Burgund → Climat oder → Clos heißen; in → Bordeaux tragen sie den gleichen Namen wie das → Château, zu dem sie gehören.
Nach dem deutschen Weingesetz ist eine Lage eine bestimmte Rebfläche (*Einzellage*) oder die Zusammenfassung solcher Flächen (→ Großlage), aus deren Erträgen gleichwertige Weine gleichartiger Geschmacksrichtung hergestellt werden können. Name und Umgrenzung der Lagen sind in der amtlichen → Weinbergsrolle verzeichnet. Bei Qualitätsweinen müssen 85 % des Flascheninhalts aus der Lage stammen, die auf dem Etikett angegeben ist. Die Einzellage umfaßt mindestens 8, im Durchschnitt 40 ha und ist oft durch natürliche Umgrenzungen wie Wege oder Bergrücken auch optisch erkennbar. Die Lagennamen, die den Flurnamen der allge-

Einzellage an der Mosel

meinen Landwirtschaft entsprechen, sind meist jahrhundertealte und etymologisch, wein- und kulturgeschichtlich sehr aufschlußreiche Bezeichnungen. Sie wurden nicht künstlich geschaffen, sondern gehören mit ihren praxisnahen Aussagen zur engsten Lebenswelt des Winzers.
In Österreich und der Schweiz ist bei höheren Qualitäten die Angabe der Lage üblich, offizielle Lagenverzeichnisse gibt es aber nicht.

LAGERFÄHIGKEIT
→ Haltbarkeit

LAGERTEMPERATUR
Die idealen Kellertemperaturen liegen zwischen 12 und 17° C und sollten so konstant wie möglich sein. Deutsche Weine sind heute haltbarer als früher und vertragen für kürzere Zeit auch höhere Temperaturen, wenn sie nicht gerade neben der Heizung liegen. Bei längerer Lagerzeit gilt jedoch: je höher die Temperatur, desto rascher → altert der Wein.

LAGERUNG
Wein sollte bei gleichbleibender → Lagertemperatur aufbewahrt werden. Wichtig ist, daß die Flaschen bei längerer Lagerung flach liegen. Der Wein umspült dann den → Korken und hält ihn feucht; andernfalls würde er schnell eintrocknen und luftdurchlässig werden.
Hochwertiger Wein soll erst getrunken werden, wenn er nach dem Transport einige Tage kühl gelagert hat. Unmittelbar nach Erschütterungen verkostet sich ein Wein gestört, verschlossen.

LAGREIN-KRETZER
→ Kretzer

LAMBRUSCO
Italienische Rotweinrebe und roter, manchmal leicht schäumender (→ frizzante) DOC-Wein aus der Emilia-Romagna. *Lambrusco di Sorbara:* rubinrot, trocken oder halbtrocken; *Lambrusco Salamino de Santa Croce:* rubinrot, trocken bis halbsüß; *Lambrusco Grasparossa di Castelvetro:* trocken oder angenehm süß, manchmal leicht schäumend.

LANDWEIN
Nach EU-Recht ein qualitativ gehobener → Tafelwein mit gebietstypischem Charakter und landschaftsbezogenem Namen. In Deutschland 17 Bezeichnungen: *Ahrtaler, Starkenburger, Rheinburgen-Landwein, Landwein der Mosel, Landwein der Saar, Nahegauer, Altrheingauer, Rheinischer, Pfälzer, Fränkischer, Regensburger, Bayerischer Bodensee-Landwein, Schwäbischer, Unterbadischer, Südbadischer, Anhaltiner und Sächsischer Landwein.* Als engste geographische Bezeichnung sind auch die Namen von Bereichen zugelassen.
Der Landwein muß ausschließlich aus Trauben gekeltert sein, die in dem umschriebenen Raum gewachsen sind. Der natürliche Mindestalkoholgehalt muß mindestens um 0,5 Vol.-% höher liegen als der Wert für Tafelwein (6,0 Vol.-%), der → Restzuckergehalt darf den Höchstwert für „halbtrocken“ (18 g/l) nicht übersteigen.
In Frankreich: → Vin de pays.

LANGENLOIS
Österreichisches Qualitätsweinbaugebiet im Kamptal, nordöstlich von Krems. Die Stadt Langenlois ist mit 1 860 ha Rebfläche die größte Weinbaugemeinde Österreichs. Vorherrschende Rebsorte ist der Grüne → Veltliner.

LANGUEDOC-ROUSSILLON
Region in Südfrankreich; Verwaltungssitz ist Montpellier.

Banyuls, Roussillon

Das Weinbaugebiet umfaßt ca. 300 000 ha. Hier werden leichte, süffige Weine für den Alltagsgebrauch in riesigen → Winzergenossenschaften produziert. Daneben gibt es unter → AC- und → VDQS-Bezeichungen aber auch hervorragende leichte, meist trockene Rot-, Rosé- und Weißweine. Eine Spezialität dieser Mittelmeergebiete mit Zentrum Perpignan sind süße → Likörweine. Die zwei AC-Typen *Vin doux naturel* (VDN, „natürlicher Süßwein“) und *Vin de liqueur* (VDL, Likörwein) sind → aufgespritet, letzterer hat den höheren Alkoholwert. In dem etwas abseits von diesem Likörweinzentrum gelegenen Gebiet von Frontignan wird der besonders delikate *Muscat de Frontignan* erzeugt.

LATE HARVEST
Engl. → Spätlese

LAY (GRIECH. *LAIOS*)
Wortbestandteil in deutschen Lagennamen, bedeutet „Felsen“. Vor allem an der Mosel verbreitet, z. B. Layenberg, Laykaul, Gold-, Falk-, Buss-, Bienenlay, aber auch in anderen Anbaugebieten.

LEBENDIG
Bezeichnung für ausdrucksvolle, meist jugendliche Weine mit fruchtiger → Säure und etwas Kohlensäure.

LEHM
Tonhaltige Böden mit Beimengungen von Quarzsand. Nährstoffe und Wasser werden gut festgehalten, bei Bedarf aber auch an die Pflanze abgegeben, so daß Lehmböden als fruchtbar und hochwertig gelten. Sie bringen kräftige Weine hervor, die Zeit zur Entwicklung brauchen und sich zu längerer Lagerung eignen.

LEICHT
Bezeichnung für einen → kleinen, alkohol- und → extraktarmen Wein, der sich aber durchaus harmonisch probiert und daher als Durstlöscher sehr geeignet ist. Gegenteil von → körperreich.

LEMBERGER
Wahrscheinlich aus Österreich stammende Rebsorte, die in Deutschland (800 ha) fast nur in Württemberg angebaut wird. In Österreich ist die hier Blaufränkisch genannte Traube mit rund 2 700 ha die dritthäufigste rote Rebsorte. In Tschechien sind 1 500 ha bestockt. Die Weine von herzhafter, voller Art stehen geschmack-

lich dem → Spätburgunder nahe; in guten Jahren bringt der Lemberger nicht selten hochrangige Spitzenweine. Synonyme: Blauer Limberger, Blaufränkisch (Österreich), Crna frankovka (Kroatien).

Lese

Traubenernte. In Mitteleuropa findet die Weinlese Ende September bis Ende Oktober statt, in südlichen Ländern ein bis drei Wochen früher. Die Ernte von → Spät- und → Auslesen zieht sich bis Mitte November hin. → Eisweine können nur nach dem ersten Frost bei −8° C gelesen werden, der oft erst im November oder Dezember eintritt.

Bei der Handlese werden die Trauben mit einer Traubenschere vom Weinstock geschnitten und in kleinen Bütten aus Holz oder Kunststoff gesammelt. Mit großen → Butten (Logeln, Legeln, Hotten) werden sie dann aus dem Weinberg getragen, meist gleich gemahlen und ins Kelterhaus gefahren.

Eine vollmechanisierte Traubenernte, wie sie mittlerweile weltweit praktiziert wird, hat den Nachteil, daß die Zeilenabstände groß sein müssen und keine Vorsortierung nach der Qualität des Lesegutes möglich ist.

Weinlese an der Mosel

Libanon
Auf 30 000 ha Rebfläche werden neben Tafeltrauben 180 000 hl Wein pro Jahr erzeugt. Hauptanbaugebiet ist Ksara auf der Hochfläche zwischen Libanon und Antilibanon, wo Rotwein aus französischen Rebsorten wie Cinsault, → Carignan und Aramon gewonnen wird. In der Küstenregion vorwiegend Tafeltraubengewinnung.

Liebfrauenmilch, Liebfraumilch
Ein Qualitätswein, dessen abgegrenzter Herkunftsraum die → bestimmten Anbaugebiete → Nahe, → Rheinhessen und → Pfalz umfaßt. Der Name des Anbaugebietes, aus dem der Wein stammt, ist auf dem Etikett angegeben. Mindestens 60° Oechsle, Geschmacksrichtung lieblich bis süß (18 bis 40 g/l Restsüße). Liebfrauenmilch muß überwiegend aus den Rebsorten → Müller-Thurgau, → Kerner, → Silvaner oder → Riesling hergestellt und geschmacklich von diesen Rebsorten bestimmt sein.
Die Bezeichnung ist vom Wormser Liebfrauenstift abgeleitet. Im Inland genießt der Wein keine besondere Hochachtung, im Ausland dagegen gilt er leider als Synonym für *den* deutschen Weißwein.

Liebfrauenstrasse
Linksrheinische Touristenstraße. Sie zweigt von der Bundesstraße 9 bei Guntersblum ab und führt über Alsheim, Mettenheim und Osthofen bis Worms. Diese Kreisstraße ist nicht speziell als Weinstraße ausgeschildert. Der Name nimmt Bezug auf das Ursprungsland der → Liebfrauenmilch.

Lieblich
Milde, nicht zu säurereiche, → abgerundete Weine mit harmonischer Süße.

Liechtenstein
Die Rebfläche des Fürstentums umfaßt nur wenige Hektar; im Durchschnitt werden rund 100 000 Flaschen Wein produziert. Klimatisch gehört dieser Abschnitt des Rheintals zu den sogenannten Föhntälern, in denen Mais und Wein zur Reife gelangen. An südseitigen Hängen mit steinigem Rüfeschutt und Dolomitkalk als Unterlage wächst der bekannteste Wein des Landes, der *Vaduzer*. Hauptrebsorte ist Blauer → Spätburgunder, weniger → Müller-Thurgau u. a. Weißweinsorten. Die Rotweine sind kräftig, herzhaft, meist trocken, während der Süßdruck, auch „Kretzer“ genannt, etwas leichter und

spritziger ist. Liechtensteiner Weine sind außerhalb des Landes recht selten zu bekommen.

Likör

1. Süßer Trinkbranntwein oder süßer Fruchtschnaps.
2. In der Sektherstellung versteht man unter *Liqueur* den aus Wein und Kandiszucker bestehenden Zusatz (→ Dosage), mit dem der Schaumwein nach der zweiten Gärung geschmacklich abgestimmt wird.
3. *Vin de liqueur* ist ein → aufgespriteter Dessertwein (→ Likörwein).

Likörwein

Weine mit erhöhtem Alkoholgehalt (mindestens 17,5, maximal 22 Vol.-% Gesamtalkoholgehalt), in der Regel süß; wurden früher meist als Dessertweine bezeichnet. Bei der Herstellung wendet man besondere Verfahren an, um einen höheren Alkohol- und Zuckergehalt zu erzielen, wie z. B. Eindicken des → Mostes oder Zusatz von Alkohol und Trockenbeeren. Dadurch erhalten die Weine einen besonders aromatischen Geschmack. Bekannte Likörweine sind beispielsweise → Portwein, → Sherry, Samos, Malaga, → Madeira.

Limberger

→ Lemberger

Löss

Nährstoffreiche, gut durchlüftete, tiefgründige Böden aus lockerem, mergeligem Sand, vermischt mit Lehm, Kalk und Silikatsplittern; fruchtbare Weinbergsböden. Sie entstanden nach dem Rückgang des Inlandeises, als die Winde aus den zutage getretenen Geschiebemergelflächen die feinkörnigsten Bestandteile herausbliesen und andernorts wieder ablagerten.

Loire

Längster Fluß Frankreichs (1 012 km) mit verschiedenen AC-Gebieten, die sich durch Boden- und Klimaverhältnisse unterscheiden. Im **Pays Nantais** und in **Sèvre et Maine** (um Nantes) werden trockene und bukettreiche → Muscadet-Weine gewonnen. In der Gegend von **Ancenis** liefert die

Weinschloß an der Loire

Kamp-Bornhofen mit den Burgruinen Sterrenberg und Liebenstein, Mittelrhe

→ Gamay-Traube einen vollmundigen Rotwein. **Anjou** ist für frische Weißweine aus der Rebsorte Pineau de la Loire bekannt. Ausgesprochene Rotweindörfer sind **Bourgueil** und **Chinon** (→ Cabernet Franc). In **Pouilly** und **Sancerre** an der oberen Loire gedeiht der → Sauvignon, der den bekannten *Pouilly-Fumé* liefert, und aus der Chasselas-Traube (→ Gutedel) wird der *Pouilly-sur-Loire* erzeugt.

LORELEY-BURGENSTRASSE Touristenstraße; rechtsrheinische Höhenstraße am → Mittelrhein. Sie beginnt in Kamp-Bornhofen mit der Kreisstraße 103 und führt vorbei an den Burgen Liebenstein und Sterrenberg zum Loreleyfelsen. Von der Spitze des Felsens und der nahe gelegenen Freilichtbühne hat man herrliche Ausblicke ins Rheintal und zum Taunus. Die Straße endet in Kaub. Gut ausgestattete Park-

plätze und gekennzeichnete Rundwanderwege laden zur Rast und zum Spaziergang ein.

LUFTTON
Wein, der im Verlauf seines → Ausbaus oder seiner Lagerung zuviel mit Luft in Berührung kam, etwa in angebrochenen Fässern oder auch Flaschen, verliert an Frische und → Bukett und nimmt einen eigenartigen, breiten Geschmack und Geruch an. Der Fremdton entsteht durch eine allmähliche → Oxydation von → Bukettstoffen und von Alkohol zu Acetaldehyd. Er kann durch eine stets spundvolle Lagerung im Faß, ausreichende → Schwefelung und rechtzeitige Flaschenfüllung vermieden werden. Ein stärkerer Luftgeschmack kann durch Einleiten von Kohlensäure oder Verschnitt mit jungem, spritzigem Wein gemildert werden.

Der freie Raum unter dem Verschluß von Weinflaschen soll bei → Stillwein möglichst klein sein. Bei Schaumweinflaschen beträgt er etwa 15 Kubikzentimeter, damit die Kohlensäure sich bei Erwärmung ausdehnen kann, ohne die Flaschen zu sprengen.

LUGANA
Italienischer Weißwein aus der Lombardei, südlich des Gardasees. Harmonisch, frisch und angenehm im Geschmack.

LUXEMBURG
Das rund 1 000 ha große Weinbaugebiet Luxemburgs, die Luxemburger Mosel (La Moselle luxembourgeoise), läßt sich in zwei Regionen unterteilen: Im südlichen Teil (Kanton Remich) überwiegen → Keuper-Mergel-Böden, die Landschaft ist hügelig, die Weine der Rebsorten Rivaner (→ Müller-Thurgau), → Weißburgunder und → Ruländer sind kernig-mild. Der nördliche Teil (Kanton Grevenmacher) mit steilen, an die deutsche Mosellandschaft erinnernden Hängen und Terrassenweinbau hat Dolomit-Kalk-Böden; bei höherem → Riesling-Anteil sind die Weine rassig, spritzig.
Mit Abstand an erster Stelle unter den Rebsorten steht der Rivaner (→ Müller-Thurgau) mit 45 % der Rebfläche; 19 % → Elbling (leichte, → kernige, etwas neutral erscheinende

Weinberge bei Ahn, Luxemburg

Tafelweine), 10 % → Riesling (rassig, elegant), 10 % → Auxerrois (zart, mild), 5 % Pinot Blanc (→ Weißburgunder; spritzig, kernig) und 5 % Pinot Gris (→ Ruländer; vollmundig).
Die Weine sind meist völlig → durchgegoren und wirken dadurch manchmal etwas → hart. Nach einer amtlichen Prüfung kann ihnen die Qualitätsbezeichnung Marque Nationale zuerkannt werden. Je nach der bei der Sinnenprüfung erreichten Punktzahl werden folgende Prädikate verliehen: *Marque Nationale* (entspricht deutschem Qualitätswein), *MN Vin classé, MN Premier cru, MN Grand premier cru* (entsprechen deutschen Qualitätsweinen mit Prädikat). Die Marque Nationale wird durch eine → Halsschleife (*collette*) mit Prüfnummer gekennzeichnet.
Auf den Etiketten erscheint neben Rebsorte und Ortschaft häufig auch die → Lage. Es gibt deren schätzungsweise hundert. Sie haben meist deutschsprachige Namen, wie beispielsweise Goldberg, Fels, Stencheswengert, Vogelsang usw. Als bekannte Renommierlagen gelten beispielsweise Wormeldinger Koeppchen und Wintriger Felsberg.

LUXUSWEIN (ITAL. *VINO DI LUSSO*)

In der Schweiz Bezeichnung für natursüße Weine mit einem Alkoholgehalt von mehr als 13 Vol.-%. Sie sind mit den deutschen und österreichischen → Spätlesen zu vergleichen.

M

MÂCONNAIS
AC-Gebiet in → Burgund mit welliger Hügellandschaft, die von einzelnen gigantischen Felsen (Solutré) überragt wird. Klassifizierung: *Mâcon:* Rot- und Weißweine aus der gesamten AC-Fläche; *Mâcon supérieur:* Rot- und Weißweine bestimmter ausgesuchter Gemeinden; *Mâcon-village:* nur Weißweine aus bestimmten ausgesuchten Gemeinden; Spitzen-Weißweingebiet Pouilly-Fuissé, Vinzelles, Loché, Saint-Vérand: kräftige, elegante Weißweine der Rebsorte → Chardonnay, hell, frisch, mit feinem Haselnußduft.

Felsen von Solutré, Mâconnais

MADEIRA
Portugiesische Vulkaninsel im Atlantik, 740 km², bis 1892 m hoch. Der goldbraune Madeira ist ein → aufgespriteter Dessertwein, dessen einzelne Jahrgänge miteinander verschnitten werden. Vor Beendigung der → Gärung gibt man dem → Most Weindestillat und mit Weindestillat stumm gemachten Most (Mistella) oder eingedickten Traubensaft zu, bis ein Alkoholgehalt von 17 bis 20 Vol.-% und die erwünschte Süße erreicht ist. Der typische Madeira-Geschmack entwickelt sich bei einer mehrmonatigen Lagerung in oberirdischen Kellern, den „Estufas", bei hohen Temperaturen.
Es gibt drei verschiedene Madeira-Typen: der *Sercial* ist hellfarben und trocken (englisch auch *Rainwater* genannt), der *Verdelho* halbsüß, *Bual* und *Malmsey* sind süß.
An den terrassierten Steilhängen der Inselnordseite wachsen kräftige, etwas herbe, dunkelrote Tischweine.

Mager
Bezeichnung für einen ausdruckslosen, → dünnen Wein.

Magnum
Große Flasche mit dem doppelten Fassungsvermögen (1,5 l) einer normalen Weinflasche. Man verwendet sie zum Lagern von hochwertigen Bordeaux- und Burgunderweinen und von Champagner.

Mahlen
Zerquetschen der Traubenbeeren in Traubenmühlen vor dem Pressen, damit auf der → Kelter der Saft schneller abfließt.

Traubenmühle

Main
1. Nebenfluß des Rheins, 525 km lang. In großen Schleifen und engen Flußtälern bahnt er sich seinen Weg durch den Steigerwald und Spessart. Der Weinanbau beschränkt sich auf die besten Sonnenlagen.
2. Tafelweingebiet, entspricht dem Anbaugebiet → Franken.

Maindreieck
Bereich des Anbaugebiets → Franken, von Homburg bis Schweinfurt.

Mainviereck
Bereich des Anbaugebiets → Franken, von Michelbach (nördlich von Aschaffenburg) bis Wertheim.

Maische
Gemahlene, zerquetschte Trauben vor der Kelterung. 100 Liter Maische ergeben im Durchschnitt 75 Liter Wein.

Maischeerhitzung
Verfahren der Rotweinbereitung. Der rote Farbstoff aus den Beerenschalen wird dabei nicht nur durch → Maischegärung entzogen, sondern auch durch vorsichtige Kurzzeiterhitzung der Maische.

Maischegärung
Die Farbstoffe, die dem → Rotwein die Farbe geben, stammen ganz überwiegend aus den Beerenschalen der blauen Trauben, der → Most ist weitgehend farblos. Um kräftig gefärbte Rotweine zu erzielen, beläßt man daher den Most eine gewisse Zeit in Kontakt mit der Maische, bevor man ihn abpreßt. Dabei setzt die Maischegärung ein, der entstehende Alkohol greift die Zel-

len der Beerenschalen an und zerstört sie, so daß der rote Farbstoff frei wird. Daneben werden auch → Gerbstoffe aus Schalen und Kernen gelöst, daher der erhöhte Gerbstoffgehalt bei den durch Maischegärung gewonnenen Rotweinen. Damit die Gerbstoffe nicht überhandnehmen, entfernt man vor der Gärung die Kämme.
Blaue Trauben, die nicht „auf der Maische“, sondern als Most vergoren werden, ergeben → Roséweine (Weißherbst, Bleichert, Klarettwein) von hellroter bis gelblichroter Farbe.

MÁLAGA
Süßer, → aufgespriteter Dessertwein aus der gleichnamigen spanischen Mittelmeerprovinz. Er wird aus vollreifen Trauben gewonnen, die zusätzlich nach der Ernte auf Strohmatten an der Sonne honigsüß „gebacken“ werden.

MALOLAKTISCHE GÄRUNG
→ Säureabbau, biologischer

MALTA
Abgesehen von geringfügigem Export nach England hat der Weinbau (4 000 ha Rebfläche, 29 000 hl Wein pro Jahr) nur lokale Bedeutung. Angeboten werden ein trockener Tafelwein und in geringen Mengen ein süßer Weißwein.

MALVASIER, MALVASIA (ITAL.), *MALVOISIE* (FRZ.)
Bezeichnung für verschiedenste Rebsorten und Weine mit meist lokalem Charakter, in zahlreichen Spielarten (weißen wie roten) vor allem in Italien als *Malvasia delle Lipari*, auf Madeira und in den östlichen Mittelmeerländern zu finden. Der Frührote Veltliner (Rote Malvasier) wird in Deutschland lediglich auf 12 ha angebaut, in Niederösterreich sind 1 200 ha bestockt. Die Weine sind mild, ohne ausgeprägten Sortencharakter.
Als Malvoisie wird er in Frankreich vorwiegend in Roussillon angebaut. Allerdings werden → aufgespritete Dessertweine (zum Beispiel Banyuls) ebenfalls als Malvoisie bezeichnet, wenngleich sie von der → Grenache stammen.

MARC
Französischer und Ostschweizer → Tresterbranntwein. Es gibt Marcs von hervorragender Qualität, die aus den Rückständen roter Edeltrauben gebrannt sind, wie *Marc de Bourgogne* (Burgund) und *Marc de Dôle* (Schweizer Wallis). Das italienische Pendant ist der → Grappa.

Marinade mit Wein
Fleisch und Fisch schmecken besonders delikat, wenn man sie vor der Zubereitung in eine Weinmarinade legt, die wie folgt zubereitet wird: Suppengrün, Pfefferkörner, Lorbeerblatt, etwas Thymian und

Raffiniert: die Weinmarinade

Majoran in wenig Wasser kurz aufkochen und kühl stellen. Nach dem Erkalten mit Rot- oder Weißwein und einem Löffel Öl auffüllen und Fleisch oder Fisch einlegen.

Markant
Ausdrucksvoller, meist kräftiger Wein mit typisch ausgeprägtem Charakter.

Markensekt
90 % der Sektproduktion sind Markensekte mit geschützten Handelsnamen, die durch Verschnitt (→ Cuvée) gleichbleibende Qualität garantieren. Qualitätssekte bestimmter Anbaugebiete mit Jahrgangs- bzw. Rebsortenbezeichnung nehmen aber an Beliebtheit zu.

Markenwein
Durch → Verschnitt in großen Mengen hergestellte Weine, die meist keine Lagenbezeichnung und keinen Jahrgang auf dem Etikett tragen. Güte, Beschaffenheit und Preis dieser Erzeugnisse sollen möglichst gleich bleiben; auch Schaumweine sind größtenteils Markenweine. Sie werden meist in Großkellereien von erfahrenen Kellerfachleuten hergestellt. Die Namen sind oft → Phantasiebezeichnungen.
Markenweine haben nur einen geringen Marktanteil, zeigen aber zunehmende Tendenz. In Österreich stellen viele renommierte Weingüter und Kellereien Markenweine gleichbleibender Qualität her. In der Schweiz haben Markenweine Phantasienamen, die in Verbindung mit der Rebsorte oder dem Herkunftsgebiet stehen. In Frankreich wird ein *Vin de marque* nie mit der Nennung des Weinguts oder einer Herkunftsangabe verkauft; → AC- oder → VDQS-Bezeichnungen gibt es für solche Weine nicht. In der Slowakei und Tschechien stellen Markenweine die untere, die Sortenweine die obere Kategorie dar. Die Markenweine sind hier allerdings typisch für eine Region.

Markgräfler
Bezeichnung für den → Gutedel im → Markgräflerland, zwischen Freiburg im Breisgau und Basel.

Markgräflerland
Bereich des Anbaugebiets → Baden, von Freiburg im Breisgau bis Weil an der schweizerischen Grenze. Auf warmen → Lehmböden wächst überwiegend der → Gutedel, der angenehm milde, säurearme Weine ergibt.

Marokko
Im Südosten der Hauptstadt Rabat und in der Ebene von Maknès und Fes werden auf einer Gesamtrebfläche von rund 50 000 ha Reben angebaut. Die Weine sind im allgemeinen alkoholreich, säurearm und von tiefroter Farbe.

Marsala
Süßer, goldgelber italienischer → Dessertwein, der auf Sizilien aus → Malvasia- und → Moscato-Trauben gewonnen wird. Er wird ähnlich wie → Madeira aus Weißwein, Traubenbranntwein und eingedicktem Süßmost hergestellt. Es gibt drei Klassen: den halbsüßen, einfachen *Marsala* mit einem Alkoholgehalt von 16 bis 17 Vol.-%, den honigsüßen *Marsala superiore* mit 18 Vol.-% Alkohol und den trockenen *Marsala vergini* mit mehr als 18 Vol.-% Alkohol.

Matt
→ Schal schmeckender Wein ohne Ausdruck und Frische.

Mavrud
Rebsorte in → Bulgarien.

Médoc
Halbinsel zwischen Atlantischem Ozean und Gironde/Garonne von 100 km Länge, selten mehr als 15 km breit, mit sandigem Boden, im AC-Gebiet → Bordeaux gelegen. Die nur ca. 3 km breite Weinbauzone liegt an der Gironde-Seite. Hier wachsen auf einer AC-Rebfläche von 9 000 ha mit einem durchschnittlichen Ertrag von 500 000 hl Spitzenrotweine aus → Cabernet Sauvignon mit geringeren Anteilen → Cabernet Franc, → Merlot, Verdot und Malbec.

Château im Médoc

Typische Médoc-Idylle: Rebfläche, Park und Château

Die Médoc-Weine sind von kernig-herber Eleganz, haben eine ausgeprägte Blume, ihre Farbe ist rubinrot.
Anläßlich der „Exposition Universelle de Paris" im Jahr 1855 wurden die 62 größten Gewächse des Médoc qualitativ in fünf → Cru-Klassen eingestuft. Die damalige Cru-Classé-Einteilung ist heute noch gültig.

MEHLTAU
Der sogenannte *Echte Mehltau* ist eine durch den Pilz *Oidium tuckeri* hervorgerufene Krankheit der Reben, bei der Weintrauben und Blätter wie von Mehl oder Asche bestäubt aussehen und langsam absterben. Die Krankheit wurde um die Mitte des vorigen Jahrhunderts aus Nordamerika nach Europa eingeschleppt, wo sie sich rasch ausbreitete und dem Weinbau empfindlichen Schaden zufügte. Heute wird der Echte Mehltau durch regelmäßige vorbeugende Spritzung mit schwefelhaltigen Mitteln erfolgreich bekämpft.
Der *Falsche Mehltau* (Blattfallkrankheit, *Peronospora*), eine sehr gefürchtete Pilzkrankheit der Rebe, wird hervorgerufen durch den Fadenpilz Plasmopara viticola, der ebenfalls aus Amerika im Jahre 1878 eingeschleppt wurde. Auch diese Krankheit zerstört Blätter, Blüten und Trauben des Weinstocks. Die lange als Bekämpfungsmittel angewandte Kupfervitriolkalkbrühe wird heute durch die weniger aggressiven organischen Fungizide ersetzt.

MELNIK
Rotwein aus → Bulgarien.

MERAN
Bekannter Luftkurort in Südtirol. Die an den Hängen von Schloß Tirol angebaute Rebsorte Groß-Vernatsch oder

Oidium (Echter Mehltau)

Peronospora (Falscher Mehltau)

Bergweinbau bei Meran, Südtirol

Blauer → Trollinger liefert rubinrote, frische, fruchtige Weine. Als Tafeltraube erfreut sie sich unter dem Namen „Meraner Kurtraube“ großer Beliebtheit.

MERLOT
Französische, aus dem → Bordeaux-Gebiet stammende Qualitätsrebsorte, aus der dunkelrote, farbstarke Rotweine von weicher, samtiger, oft feinedler Art hergestellt werden. Während der Merlot im Bordelais zur Abrundung mit → Cabernet verschnitten wird, bringt man ihn in der Südschweiz, in Italien, Bulgarien, Rumänien und in den Überseeländern auch → sortenrein auf die Flasche.

MESSWEIN
Zur Feier der Heiligen Messe dürfen seit 1972 alle deutschen Qualitätsweine mit und ohne Prädikat verwendet werden. Schärfere Bestimmungen gel-

Heilige Messe

ten für ausländische Meßweine, hier sind z. B. Leumundszeugnisse oder das Prüfungsergebnis einer amtlichen Untersuchungsstelle erforderlich.

METALLGESCHMACK
Eigenartiger, aufdringlicher Beigeschmack, der die übrigen Geschmackskomponenten des Weines überlagert. Dieser bittere, stumpfe Geschmacksfehler übt eine adstringierende (zusammenziehende) Wirkung auf Zunge und Gaumen aus. Er rührt daher, daß sich im Wein ein relativ hoher Gehalt an Eisen, Zink, Kupfer oder Zinn befindet, verursacht durch Geräte und Gefäße aus Metall, vor allem verzinktes Eisenblech, mit denen der → Most oder Wein in Berührung gekommen ist. Tritt durch die Verwendung von modernen Kunststoffen und Edelstahl heute nur noch selten auf.

MÉTHODE CHAMPENOISE
Klassisches Verfahren zur Herstellung von → Champagner mit den Abschnitten → Flaschengärung, → Rütteln und → Enthefen (Degorgieren). Wird heute weltweit angewendet, die Bezeichnung Méthode champenoise bleibt aber seit 1994 nach EU-Recht ausschließlich dem Champagner vorbehalten.

MÉTHODE RURALE (ASTI-METHODE)
„Ländliche Methode", altes Verfahren der Schaumweingewinnung, das auch heute noch in Südfrankreich (Blanquette de Limoux, Clairette de Die u. a.) und Italien (→ Asti Spumante) angewendet wird. Im Gegensatz zur → Méthode champenoise (→ Flaschengärung) stammt die Kohlensäure aus nur einer → Gärung, in der Regel ohne Zusatz von Zucker. Die Gärung, die langsam und bei niedrigen Temperaturen vonstatten geht und durch eine Filtration unterbrochen wird, erfolgt in Flaschen oder Drucktanks, so daß die Kohlensäure im Wein gelöst bleibt und das → Mousseux erzeugt.

METHUSALEM
Große Champagnerflasche mit einem Fassungsvermögen von 8 Normalflaschen.

MEXIKO
Wein wird im Norden des Landes an der Grenze zu Kalifornien angebaut. Den ersten Weinberg pflanzte Don Francisco de Urdinola 1593 in Parras als einen der ersten in der Neuen Welt. Parras, zwischen Monterrey und Torreón gelegen, ist noch immer das Weinbauzentrum des Landes.

Heute hat Mexiko 50 000 ha Rebfläche und erzeugt pro Jahr 2,4 Mio. hl Wein. Größere Kellereien produzieren alle Weintypen der Welt, wie „Sherry“, „Port“, „Sautern“, „Mosel“, „Rhein“. Auf den Etiketten erscheinen meist nur der Weintyp und die Art des Weines, wie *Vino de Fruta, Vino Dolce, Vermouth, Vino Blanco*. Der Weinkonsum im Lande ist mit einem mittleren Pro-Kopf-Verbrauch von nur 0,2 l/Jahr denkbar gering, obwohl der Weinbau staatlich gefördert wird, um den Genuß von Agavenwein (Pulque fuerte) einzuschränken.

MILD
Für Sekt und Schaumwein gleichbedeutend mit doux, sweet, dolce; bezeichnet einen Schaumwein mit einem → Restzuckergehalt von mehr als 50 g/l.

MINDESTMOSTGEWICHT
Für die einzelnen Qualitätsstufen (Q. b. A., Kabinett usw.) sind in Deutschland bestimmte Mindestmostgewichte (in → Oechslegraden, ° Oe) vorgeschrieben, d. h.: erst ab einem bestimmten Zuckergehalt im → Most darf der Wein sich später z. B. Spätlese nennen. Die Werte variieren abhängig von der Rebsorte (wegen der unterschiedlichen Zuckergehalte) und vom Anbaugebiet (wegen unterschiedlicher Klimaverhältnisse); für eine Spätburgunder Spätlese aus dem Rheingau beispielsweise sind mindestens 90° Oe vorgeschrieben, für eine Spätburgunder Spätlese von der Ahr nur 85° Oe, für eine Riesling Spätlese vom Mittelrhein 76° Oe. Auch in Österreich ist das Mostgewicht Grundlage für die Weinklassifizierung (→ Klosterneuburger Mostwaage).

MINERALISCHE DÜNGUNG
Liefert im Weinbau hauptsächlich Stickstoff, Phosphor, Kalium und Magnesium, dient der Einstellung eines günstigen Kalkgehaltes im Boden und einer ausreichenden Versorgung mit Spurenelementen wie Mangan, Zink, Kupfer, Eisen und Bor. In flachen Lagen und auf schweren Böden streut man den Mineraldünger (auch „Kunstdünger“ genannt) oft schon im Winter, auf leichten, durchlässigen Böden und in → Steillagen hingegen erst im Frühjahr, um eine Abschwemmung der Mineralstoffe zu vermeiden. Eine Ergänzung ist die → Blattdüngung in flüssiger Form bei akutem Nährstoffmangel.

Mineralstoffe
Natürliche Inhaltsstoffe von → Most und Wein, hauptsächlich Phosphate des Kaliums, Kalziums und Magnesiums sowie kleinere Mengen von Sulfaten, Chloriden, Silikaten und Spurenelementen. Sie gelangen über die Wurzeln in den Rebstock und verteilen sich in allen Pflanzenorganen, also auch in den Traubenbeeren. Rotwein, der durch → Maischegärung gewonnen wurde, enthält mehr Mineralstoffe als Weißwein. Der Gehalt beträgt im Most 3 bis 4 g/l, im Wein nur 1,5 bis 3 g/l, da die Hefe während der Gärung einen Teil der Mineralstoffe aufnimmt. Auch durch das Auskristallisieren von → Weinstein verringert sich der Gehalt an Kalium und Kalzium. Für das Geschmacksbild eines Weines sind Mineralstoffe von großer Bedeutung. Weine mit zu niedrigem Mineralstoffgehalt probieren sich → dünn und leer.

Minöségi bor
Ungarischer → Qualitätswein.

Mischsatz
Anbau verschiedener Rebsorten auf einem Weinberg. In früherer Zeit war der Mischsatz sehr verbreitet, die Trauben wurden alle zusammen gelesen und gekeltert. Heute nur noch gelegentlich in Österreich und einigen südlichen Ländern anzutreffen.

Mise en bouteilles au château (au domaine, à la propriété oder Mise du château)
Angabe auf den Etiketten französischer und Schweizer Gutsabfüllungen; entspricht der deutschen → Erzeugerabfüllung.

Misket
Weißwein aus → Bulgarien.

Mittelhaardt/ Deutsche Weinstrasse
Bereich des Anbaugebiets → Pfalz.

Mittelmosel
Kernstück des Weinbaugebietes an der Mosel, zwischen Trier und Bullay, mit gehaltvollen, rassigen Weinen (→ Bernkastel).

Mittelrhein
Deutsches Weinanbaugebiet auf beiden Seiten des Rheins, linksrheinisch von Trechtingshausen bis Koblenz, rechtsrheinisch von Kaub bis Königswinter. An den Südhängen erstrecken sich die Rebanlagen bis tief in die Seitentäler, so z. B. in das Lahntal. Die oft

Burg Stahleck bei Bacharach am Mittelrhein

steil terrassierten Weinberge liegen windgeschützt und werden von der Sonne gut erwärmt. Der Fluß wirkt wie ein Wärmespeicher und sorgt für Temperaturausgleich. → Schiefer- und Grauwackeböden herrschen vor.

Rebfläche: 630 ha; drei Bereiche: Siebengebirge, Rheinburgengau und Bacharach. 70 % Nebenerwerbsbetriebe mit weniger als 1 ha Rebfläche.

Rund 30 % der Ernte werden von Genossenschaften erfaßt. Unter den Rebsorten spielt der → Riesling die dominierende Rolle (75 % der Rebfläche); er liefert hier → kernige, oft überraschend blumige Weine. Der → Müller-Thurgau zeigt zunehmende Tendenz. Es folgen → Silvaner, → Kerner, → Ruländer und verschiedene → Neuzüchtungen. Rote Rebsorten wachsen nur auf 5 % der Fläche.

Für Touristen: Die rechtsrheinische B 42 führt vorbei an großartigen Aussichtspunkten und durch malerische Weinorte. Aber auch die linksrheinische B 9 ist unbedingt zu empfehlen, ebenso wie die zahlreichen Burgruinen. Einige Tips: Bacharach, Boppard, Braubach, Kaub, Koblenz, Leutesdorf, Oberlahnstein, Oberwesel, Rhens, Sankt Goar, Trechtingshausen, Unkel. Siehe auch → Loreley-Burgenstraße, → Rheingoldstraße. Informationen:

Mittelrhein-Wein e.V.
Am Hafen 2
56329 St. Goar
Tel. 0 67 41 / 77 12
Fax 0 67 41 / 77 23

MÖSLINGER-SCHÖNUNG
→ Blauschönung

MOLDAWIEN
Früher der größte Weinproduzent unter den Sowjetrepubliken – rund ein Viertel der gesamten SU-Weinerzeugung kam aus Moldawien –, verfügt das Land heute noch über rund 180 000 ha Rebfläche mit einer Jahresproduktion von rund 3,4 Mio. hl. Das Hauptanbaugebiet liegt im früher rumänischen Bessarabien mit seiner alten Weinbautradition. International geschätzte Rebsorten und westliche Kellermethoden haben in neuerer Zeit verstärkt Einzug gehalten. Neben hochprozentigen, meist roten Tafel- und Dessertweinen werden Grundweine für die Schaumwein- und Weinbrandproduktion erzeugt.
Auf den Etiketten ist oft ein Storch mit einer Traube im Schnabel abgebildet; er erinnert an eine Legende, nach der die in der Burg Gorodesti eingeschlossenen und fast verschmachteten Verteidiger dadurch gerettet wurden, daß ein Storch ihnen reife Trauben brachte.

MOLLIG
Fachausdruck für runde, volle, ansprechende Weine. Der Begriff wird hauptsächlich zur Charakterisierung von Rotweinen gebraucht. Steigerung von → samtig.

Morio-Muskat
Weiße, mittelfrüh reifende und ertragreiche Rebsorte, eine Kreuzung (Silvaner x Weißer Burgunder), die Landwirtschaftsrat Peter Morio, langjähriger Leiter der Bayerischen Rebenzüchtung in Neustadt, 1928 schuf. In Deutschland sind 1 720 ha mit dieser Rebe bestockt, vor allem in der Pfalz und in Rheinhessen; der Anbau ist rückläufig.
Weine aus reifen Trauben können → wuchtig sein und große Fülle aufweisen. Charakteristisch ist, daß sie ein ansprechendes, kräftiges Muskatbukett besitzen.

Moscato
→ Muskateller

Moscato naturale d'Asti
Italienischer Weißwein aus den Provinzen Cuneo, Asti und Alessandria in → Piemont. Er wird aus der weißen → Muskateller-Traube gekeltert, ist strohgelb, süß im Geschmack, mit einem charakteristischen würzigen Geruch.

Mosel-Saar-Ruwer
Deutsches Weinanbaugebiet, etwa 200 km entlang der Mosel und der beiden Nebenflüsse Saar und Ruwer, die bei Trier münden. Optimale Niederschlagsverhältnisse und schnelle Erwärmung der steilen Schieferhänge schaffen ideale Bedingungen für den Rebbau. An der Obermosel wachsen auf Triasgesteins-

Mosel-Weinberge bei Zeltingen

böden (→ Buntsandstein, Muschelkalk, → Keuper) → kernige, säurereiche Weine, an der Mittelmosel, Saar und Ruwer herrschen → Schieferböden mit spritzigen, feinfruchtigen Weinen vor, an der Untermosel neben Tonschiefern auch Grauwacken, die den Weinen Stoff und → Blume verleihen.
Rebfläche: 12 000 ha, 4 Bereiche: → Zell (Untermosel), → Bernkastel (Mittelmosel), → Saar-Ruwer, → Obermosel. Hoher Anteil an Kleinbetrieben durch starke Parzellierung der Rebfläche. Zahlreiche Großkellereien vertreiben den Wein im In- und Ausland. Etwa ein Drittel Direktverkauf.
Rebsorten: Überwiegend → Riesling (54 %), der → Müller-Thurgau steht mit 23 % an zweiter Stelle, gefolgt vom → Elbling (9 %), der hauptsächlich zur Sektherstellung verwendet wird, → Kerner, → Bacchus und anderen → Neuzüchtungen. Rote Rebsorten werden nur auf 1 % der Fläche angebaut.

Historisches: Die Römer brachten um Christi Geburt die Weinrebe aus Marseille mit. Vom 12. Jahrhundert an betrieben die Kirchenfürsten den Weinbau mit Hilfe der Klöster.
Touristische Tips: Alken, Beilstein, Bernkastel-Kues, Cochem, Ediger-Eller, Enkirch, Hatzenport, Kobern-Gondorf, Kröv, Pünderich, Saarburg, Traben-Trarbach, Trier, Zell.
Informationen:

Mosel-Saar-Ruwer Wein e.V.
Gartenfeldstr. 12 a
54295 Trier
Tel. 06 51 / 7 66 21
Fax 06 51 / 4 54 43

Most
Frisch abgepreßter Traubensaft, bei dem die → Gärung noch nicht eingesetzt hat. In Süddeutschland und der Schweiz Bezeichnung für Obstwein. Ein Mostgeschmack im Wein gilt als unerwünschter Fremdton.

Mostgewicht
Spezifisches Gewicht des → Mostes, nach dem der → Zuckergehalt berechnet wird. Siehe → Oechslegrade, → Mindestmostgewicht, → Mostwaage.

Mostwaage
Gerät zur Ermittlung des → Mostgewichtes. Das Prinzip beruht auf einer Senkspindel in einem zylindrischen Glaskörper; je geringer das Mostgewicht, um so tiefer taucht die Spindel ein, und der Wert kann an einer Skala abgelesen werden. In Österreich wird die → Klosterneuburger Mostwaage (Italien: Babo), in Deutschland, der Schweiz und Luxemburg die → Oechsle-Mostwaage, in Frankreich die Waage von Baumé und in den englischsprachigen Ländern die Balling-Waage verwendet. Siehe auch → Refraktometer.

Mousseux
Fachausdruck für das Perlen des Schaumweins (frz. *mousse* = Schaum). Je feiner die Perlen sind, je ruhiger das Schäumen

Sekt – festlich und beschwingend

beginnt und je länger es anhält, desto edler ist der Sekt. Grobperliges, nur kurz anhaltendes Mousseux hingegen ist ein Zeichen für einen Schaumwein minderer Qualität. → Imprägnierte Schaumweine erkennt man am unruhigen, flüchtigen Mousseux.

MÜLLER-THURGAU
Weiße Rebsorte, die früh reift und gute Erträge bringt. Sie gilt als eine Kreuzung Riesling x Silvaner und wurde 1882 von dem Schweizer Prof. Müller-Thurgau in Geisenheim gezüchtet. In Deutschland die meistangebaute Sorte (24 500 ha), vor allem in Rheinhessen, der Pfalz, in Baden, an der Mosel und in Franken. Weltweit ca. 50 000 ha.
Der Wein ist weich und ansprechend mit einem angenehmen Muskatton. Er verbindet die Milde des → Silvaners mit der Blume des → Rieslings. Müller-Thurgau-Weine sind vorwiegend leicht und schmecken daher jung getrunken am besten. Synonyme: Riesling x Sylvaner (Österreich, Schweiz, Luxemburg), Rivaner (Österreich, Deutschland, Luxemburg), Rizvanec (Kroatien, Slowenien).

MÜLLERREBE
→ Schwarzriesling

MUFFIG, MUFFTON
Unsauberer, an verschimmeltes, modriges Holz oder schlechte, stickige Kellerluft erinnernder Geruchs- und Geschmacksfehler.

MUSCADET
Leichte, trockene französische Weißweine aus dem → Loire-Gebiet, die aus der gleichnamigen Rebsorte hergestellt werden. Allen gemeinsam ist die blaßgelbe Farbe, das feine Bukett und die delikate Säure sowie ein feines Perlen, das der → Sur-lie-Abfüllung zu verdanken ist. Sie werden vorwiegend zu Fisch genossen, eignen sich aber auch gut als → Aperitif.

MUSCAT
→ Muskateller

MUSKATELLER, GELBER; *MUSCAT* (FRZ.), *MOSCATO* (ITAL.)
Eine der ältesten und verbreitetsten Rebsorten der Welt, wird heute in vielen Spielarten fast auf der ganzen Erde angebaut (in Deutschland auf 70 ha). Besonders gut gedeiht sie in den Mittelmeerstaaten auf warmen Sand- und Gesteinsböden. Die Muskatellertrauben liefern einen säurearmen und alkoholreichen, aromatischen Wein.

Der Muskateller bildet die Grundlage zur Bereitung zahlreicher alkoholreicher, süßer → Likörweine, wie z. B. Samos, Marsala, Malaga und Sherry. Die süßen, saftigen Trauben kommen auch als Tafeltrauben auf den Markt. Synonyme: zahlreiche Variationen wie Muskat, Muscadela (Kroatien, Slowenien), Moscatel usw.

MUSKAT-OTTONEL
Spielart der → Muskateller-Trauben mit leicht aromatischen Weinen. Die Rebsorte wird vielfach im → Burgenland in Österreich (Österreich gesamt: 900 ha) und im Südosten Europas angebaut; in Deutschland sind weniger als 50 ha, in Frankreich 400 ha bestockt.

N

Nachgärung

Nach dem Ende der → stürmischen Gärung erfolgt der Übergang zur stillen Nachgärung, die sich noch über Wochen hinziehen kann, bis die → Hefe durch den entstandenen Alkohol allmählich gelähmt wird, schließlich abstirbt und auf den Faßboden sinkt. Im Jungwein entstehen dabei noch wertvolle Geschmacksstoffe.
Die im Frühjahr auftretende Kohlensäureentwicklung wird ebenfalls als Nachgärung bezeichnet. Bei noch zuckerhaltigen Weinen kann es sich um eine nachträgliche Hefeentwicklung handeln, die Kohlensäure kann aber auch aus dem biologischen → Säureabbau stammen.
In der Flasche ist eine Nachgärung immer unerwünscht. Sie läßt auf mangelnde Sterilisation der Flasche bzw. des Korkens oder auf mikrobiologische Verunreinigung des Weines schließen.

Nahe

Deutsches Weinanbaugebiet; die Weinberge erstrecken sich von Bingen, der Mündung der Nahe in den Rhein, am linken Ufer (Sonnenseite) flußaufwärts bis in die Gegend von Kirn und in die Seitentäler der Alsenz, des Glan, des Gräfenbachs und des Guldenbachs. Die Höhen von Soonwald und Hunsrück bieten Schutz vor kalten Winden. Eine Vielzahl von Bodenarten – Quarzit- und Schieferböden, Sand, Lehm, Letten, Buntsandstein und Porphyr – sind Grundlage für eine große Vielfalt von Rebsorten und ihren Weinen. Rebfläche: 4500 ha in den zwei Bereichen Kreuznach und Schloß Böckelheim. Neben einigen größeren Weingütern herrscht der mittelständische bäuerliche Mischbetrieb vor. Etwa 40 % der Ernte werden direkt vermarktet, rund 20 % über Genossenschaften. Der Rest wird vom Handel übernommen, der hier häufig auch über eigene Rebflächen verfügt.
Die drei Hauptrebsorten sind → Riesling (25 % der Rebfläche), → Müller-Thurgau (24 %) und → Silvaner (11 %). → Scheurebe, → Ruländer, → Morio-Muskat, andere → Neuzüchtungen und Rotweinsorten haben nur lokale Bedeutung. Der Nahewein

Der 180 m hohe Rotenfels bei Bad Münster am Stein, Nahe

vereint das Fruchtig-Rassige des Rheinweins mit der spritzigen, belebenden Art des Moselweins.
Für Touristen: Das Nahetal gilt noch als Geheimtip für Liebhaber edler Weine und romantischer Orte, wie Bad Kreuznach, Bad Münster am Stein, Langenlonsheim, Meisenheim, Monzingen, Odernheim, Sobernheim, Waldböckelheim u. a.
Bei Bad Kreuznach beginnt die ausgeschilderte *Naheweinstraße*; sie führt über einen 130 km langen Rundkurs zu 50 Wanderparkplätzen. Ende August/Anfang September findet in allen größeren Weinorten das Weinfest „Rund um die Naheweinstraße" statt.
Informationen:

Weinland Nahe e.V.
Dessauer Str. 6
55545 Bad Kreuznach
Tel. 06 71 / 2 75 63
Fax 06 71 / 2 75 68

NAPA VALLEY
Bedeutendes Weinanbaugebiet in → Kalifornien.

NATURREIN
Frühere Bezeichnung für einen Wein, dessen → Most nicht mit Zucker verbessert (→ angereichert) war. Der Begriff ist nach dem deutschen Weingesetz heute nicht mehr zulässig, er wurde durch die Prädikatsbezeichnungen (vom Kabinettwein bis zur Trockenbeerenauslese) ersetzt.

NEBBIOLO
Italienische Rotweinrebe von hoher Qualität, die in → Piemont und in der Lombardei Spitzenweine wie → Barolo und → Barbaresco hervorbringt. Ihr Name soll auf „nebbia" (ital. Nebel) zurückgehen als Hinweis auf den von ihr bevorzugten Standort im italienischen Voralpengebiet mit häufigem Herbstnebel. Charaktervolle, kräftige und → kernige, sehr farbstarke Rotweine mit langer Lagerungsfähigkeit zeichnen sie aus.

NEBBIOLO D'ALBA
Italienischer DOC-Rotwein aus → Piemont, wird aus der → Nebbiolo-Traube gekeltert. Kräftig rubinrot, nach längerer Lagerung mit granatroten Reflexen; zarte, feine Blume, die an Himbeeren und Veilchen erinnert; halbtrocken, → körperreich, samtig und harmonisch im Geschmack.

Neckarschleife bei Mundelsheim, Württemberg

NECKAR
1. Nebenfluß des Oberrheins, bedeutend für den Weinbau → Württembergs. Von Rottenburg bei Tübingen bis Heidelberg wird im Tal des Neckar und seiner Nebenflüsse Rems, Murr, Enz, Kocher und Jagst Weinbau betrieben.
2. Tafelweinbaugebiet, geographisch identisch mit dem bestimmten Anbaugebiet → Württemberg.

NÉGOCIANT-ELEVEUR (FRZ. *NÉGOCIANT* HÄNDLER, *ÉLEVER* GROSSZIEHEN)
Weinkaufmann in → Bordeaux, der Jungweine von Weinbauern aufkauft und in seinem eigenen Keller bis zur Frühreife → ausgebaut.

NERVIG
Ausdruck für kräftige, ausdrucksvolle, säurebetonte Weine mit einer gewissen Finesse, meist Weißweine; zwischen rassig und → kernig einzuordnen.

NEUCHÂTEL (NEUENBURG)
Weinanbaugebiet in der → Schweiz.

NEUSEELAND
Aufstrebendes junges Weinbauland mit rund 6 000 ha Rebfläche (1960 nur 388 ha). Vornehmlich leichte, spritzige Weißweine, hauptsächlich vom → Müller-Thurgau, die dank des verhältnismäßig kühlen Klimas als „german style" charakterisiert werden. Sortenrein

werden auch → Gewürztraminer, → Silvaner, → Chardonnay und die Rotweinsorten → Cabernet Sauvignon und → Pinot Noir abgefüllt. 1829 wurden von Missionaren die ersten Reben gepflanzt, aber erst in den letzten Jahrzehnten entwickelte sich die Weinwirtschaft Neuseelands zu einer der modernsten der Erde.

Weinplantagen in Neuseeland

Neusiedl am See
Weinort im österreichischen → Burgenland; rund 400 ha großes Weinbaugebiet mit natursüßen → Ausbruchweinen.

Neuzüchtungen
Seit fast hundert Jahren bemüht man sich weltweit, durch systematische → Rebenzüchtung neue Sorten zu schaffen, die den Ausgangsformen in Merkmalen wie → Mostgewicht, früher Reife, Schädlingsresistenz u. a. überlegen sind. Nach jahrzehntelanger Erprobung weisen nun eine Reihe neuer Rebsortennamen auf den Flaschenetiketten den Erfolg dieser Arbeit aus. Als Käufer und Weintrinker möchte man gern wissen, welchem Wein unserer bekannten Standardsorten eine Neuzüchtung ähnelt. Die neuen Sorten lassen sich in Geschmacksgruppen einteilen, wie die Tabelle zeigt.

Riesling-ähnlich (rassig, fruchtig)	**Traminer-ähnlich (feines Bukett)**
Kerner	Scheurebe
Faber	Würzer
Ehrenfelser	Schönburger
Rieslaner	
Optima	**Bukettgruppe (starkes Bukett)**
Mariensteiner	Siegerrebe
Osiris	Septimer
Multaner	Morio-Muskat
Forta	Ortega
Kanzler	
Silvaner-ähnlich (neutral)	**Auslesegruppe (reif, edel)**
Freisamer	Kanzler
Nobling	Noblessa
Gloria	Albalonga
	Aris
Müller-Thurgau-ähnlich (leicht, blumig)	Optima
Bacchus	
Regner	
Huxelrebe	
Perle	
Reichensteiner	

Niederlande
Namen von Orten, Straßen und Hügeln erinnern daran, daß von den Römern bis zu Napoleon in Holland überall Freilandweinbau betrieben wurde, der aus handelspolitischen Gründen völlig verschwand. Holland besitzt aber seit 1967 wieder Freilandweinberge, „Apostelhoeve“ auf der Schloßterrasse Slavante an der

Maas bei Maastricht und bei Eijs. Angebaut werden → Müller-Thurgau, → Riesling, → Pinot Noir und → Auxerrois. Der Anbau von Tafeltrauben in Unterglaskulturen ist rückläufig, da sie mit den preiswerten Importtrauben aus Südeuropa nur schwer konkurrieren können.

NIEDERÖSTERREICH
Österreichisches Bundesland und mit 33 500 ha Anbaufläche größte Weinbauregion des Landes. 60 % der Gesamtproduktion entfallen auf Niederösterreich. Große Vielfalt von Weinen aufgrund verschiedenartiger Klimabedingungen und Böden, vom Urgestein über Schotter, Sand, Löß bis zum Lehm. Hier gedeihen alle Qualitäten vom leichten → Tafelwein bis zur erstklassigen Spitzenkreszenz.

Niederösterreich ist in erster Linie ein Weißweingebiet, mit Abstand wichtigste Rebsorte der Grüne → Veltliner; daneben findet man auch → Müller-Thurgau, → Rheinriesling, Weißen → Burgunder, → Traminer, Neuburger u. a. Vor allem in der Gegend um Bad Vöslau, Baden, Haugsdorf, Retz und Prellkirchen werden auch ansprechende Rotweine erzeugt.
Die Gliederung in Weinbaugebiete ist ein beredtes Beispiel für die Kurzlebigkeit gesetzlicher → Herkunftsbezeichnungen. Die Aufteilung wurde 1985 und 1993 geändert.
In der **Wachau**, einem traditionsreichen, qualitativ bedeutenden und landschaftlich reizvollen Weinbaugebiet an der Donau mit 1 400 ha Rebfläche, wachsen auf mineralreichen Urgesteinsböden besonders

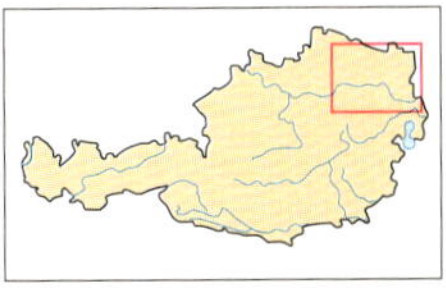

fruchtige, rassige Weißweine mit feinem Aroma, vor allem Weißer → Riesling und Grüner → Veltliner, aber auch → Müller-Thurgau und Neuburger.

Weinbauort Dürnstein, Wachau

In berühmten Weinorten findet man zahlreiche renommierte Güter.
An die Wachau schließt sich östlich das Anbaugebiet **Kremstal** an (vor 1985 Krems, von 1985 bis 1993 Teil des Weinbaugebietes Kamptal-Donauland; 2 400 ha), wo schon seit 450 n. Chr. Wein angebaut wird. Auf → Lößboden gedeiht der Grüne Veltliner zu Spitzenqualitäten. Aber auch andere Sorten, wie → Müller-Thurgau, Weißer → Riesling und Neuburger, ergeben blumige Weine.
Kamptal (vor 1885 Langenlois, von 1985 bis 1993 Teil des Weinbaugebietes Kamptal-Donauland; 4 000 ha Rebfläche). Reizvolles Weinbaugebiet mit dem Zentrum → Langenlois, der mit 1 900 ha größten Weinbaugemeinde Österreichs. Bekannte Weinorte sind auch Schönberg und Zöbing.
Traisental. Kleines Anbaugebiet mit 700 ha Rebfläche südlich des Donautales.
Donauland (3 000 ha). Der westliche, donauaufwärts von Wien gelegene Teil des früheren Weinbaugebietes (1985–1993) Donauland-Carnuntum. Führender Weinbauort ist Klosterneuburg, Sitz der Bundeslehr- und Versuchsanstalt für Wein- und Obstbau, deren erster Direktor, Freiherr von → Babo, die → Klosterneuburger Mostwaage erfand. Im gesamten Gebiet dominiert der Grüne Veltliner, der in Wagram besonders bukettreich und mild gerät.
Die **Thermenregion** (vor 1985 Gumpoldskirchen und Vöslau; 2 800 ha) im sanft gewellten Vorland der Thermenalpen südlich von Wien. Milde Temperaturen und schwere Kalkböden bestimmen den Charakter der Weine. → Weißburgunder und Neuburger erreichen hier hervorragende Qualitäten. Um Bad Vöslau wächst ein dunkler, samtiger → Portugieser-Rotwein, weitere Rotweinspezialitäten sind → Rotgipfler und → Zierfand-

ler aus Gumpoldskirchen, kräftige, ausdrucksvolle → extraktreiche Weine mit feinem Sortencharakter.
Carnuntum, seit 1993 der östliche, donauabwärts von Wien gelegene Teil des früheren Gebietes Donauland-Carnuntum; 1 000 ha Rebfläche. Bemerkenswert sind die Rotweine vom → Blaufränkisch und → Portugieser aus der Gegend um Prellenkirchen. Bei den Weißweinen überwiegen Veltliner und → Weißburgunder. Weitere bedeutende Weinorte des Anbaugetietes sind Göttelsbrunn und Höflein.
Weinviertel (bis 1985 Retz und Falkenstein). Größtes Österreichisches Weinbaugebiet mit 18 000 ha Rebfläche im Nordosten entlang der tschechischen Grenze. Trockenwarmes Kontinentalklima; vorherrschend → Lößböden. Um Falkenstein ist der Weinbau noch wichtigster Erwerbszweig der Bevölkerung. Die Weine sind leicht und frisch-fruchtig; Hauptsorten sind Grüner Veltliner, → Müller-Thurgau und → Welschriesling. Typische Rebsorten im Gebiet um Retz sind ebenfalls Grüner Veltliner, Müller-Thurgau, Weißer → Burgunder und → Riesling. Die Weine sind leicht und bekömmlich.

Niederschlag
1. → Depot, 2. → Klima (siehe S. 177 f.)

Nierstein
Bereich des Anbaugebiets → Rheinhessen.

Noblessa
Neugezüchtete Weißweinrebe der Bundesforschungsanstalt für Rebenzüchtung, Geilweilerhof; Kreuzung aus Madeleine Angevine x Silvaner. Reift sehr früh, bringt geringe Erträge, aber hohe → Mostgewichte, so daß nicht nur in Spitzenjahren → Auslesen erzielt werden können. Im Versuchsanbau.

Nobling
Neugezüchtete Weißweinrebe des Staatlichen Weinbauinstitutes Freiburg aus dem Jahr 1939; Kreuzung aus Silvaner x Gutedel. Der Name soll auf den noblen Charakter der Weine hinweisen. Die Sorte reift früh bis mittelfrüh. → Mostgewicht, → Säuregehalt und Ertrag liegen über denen der Kreuzungspartner. Die Weine sind fruchtig und → körperreich und eignen sich zur Gewinnung von → Spätlesen. In Deutschland auf 130 ha angebaut.

Nouveau
→ Vin nouveau

O

OBERMOSEL
Bereich des Anbaugebiets → Mosel-Saar-Ruwer, entlang der Mosel von der Saarmündung bis Perl. Auf tiefgründigen Muschelkalkböden wachsen leicht spritzige, in weniger guten Jahren säurebetonte Weine.

° Oe
→ Oechslegrade

OECHSLE
Christian Ferdinand (* 1774 bei Baiersbronn, † 1852 bei Pforzheim), Erfinder der nach ihm benannten → Mostwaage.

Oechslewaage

Als gelernter Goldschmied unterhielt er eine mechanische Werkstätte und machte eine Reihe von interessanten Erfindungen, u. a. das sogenannte „Lebensrad", einen Vorläufer des Kinematographen. Am bekanntesten wurde er durch die von ihm zusammen mit seinem Sohn Christian Ludwig konstruierte und verbreitete Mostwaage, mit der auch heute noch im deutschen, luxemburgischen und schweizerischen Weinbau das → Mostgewicht in Oechslegraden gemessen wird.

OECHSLEGRADE (° Oe)
Maßeinheit für das spezifische Gewicht von Trauben- und Obstsaft (Most), das mit Hilfe einer Oechslewaage bestimmt wird.
Wegen seines Gehaltes an → Zucker und anderen Inhaltstoffen liegt das spezifische Gewicht eines → Mostes immer über dem Wert 1,000 des Wassers. Die Zahl nach dem Komma gibt das spezifische Gewicht eines Traubenmostes in Oechslegraden an. Das spezifische Gewicht von 1080 beispielsweise entspricht also 80° Oe.

ŒIL DE PERDRIX
Wörtlich „Rebhuhnauge". Ins Bronzefarbene schimmernder Roséwein aus dem Schweizer Kanton Neuenburg, von der oberen Rhone u. a., der aus dem Pinot Noir (Blauer → Spätburgunder) hell gekeltert wird.

ÖKOLOGISCHER WEINBAU
→ Biowein

ÖNOLOGIE
Die Wissenschaft vom Wein (griech. *oinos* Wein und *logos* Wissenschaft).

ÖSTERREICH
Traditionsreiches, landschaftlich reizvolles Weinland mit einer Rebfläche von 57 000 ha und einer Weinproduktion von 2,6 Mio. hl pro Jahr; jährlicher Pro-Kopf-Verbrauch 31 l; Import 180 000 hl, Export 140 000 hl.
Das kontinental-pannonische Klima ist geprägt durch kalte Winter und heiße, trockene Sommer; eine lange Vegetationsperiode läßt die Reben voll ausreifen. Weinbaulich ist Österreich in vier Regionen gegliedert: → Niederösterreich (ca. 60 % der Gesamtfläche), das → Burgenland, die → Steiermark und → Wien.
Die österreichischen Weinlandschaften sind vielseitig und auf Besucher eingestellt. Weinstraßen und Weinwanderwege durchziehen idyllische Landschaften, → Buschenschenken (Straußwirtschaften) und → Heurigen sowie die Probierkeller in den „Kellertriften" (in den Berg getriebene Weinkeller ohne Gehöfte) laden zum Verweilen ein. Die Weine sind meist fruchtig, frisch und trocken. 80 % der Rebsorten sind weiß, 20 % rot. Typisch österreichische Sorten, die teilweise nur lokal angepflanzt werden, sind z. B. Grüner → Veltliner,

Kellerviertel von Breitenbrunn am Neusiedler See, Burgenland

Frühroter, Neuburger, → Zierfandler, → Rotgipfler, Blauer Wildbacher und → Zweigelt. Die mit 36 % der Gesamtrebfläche wichtige Weißweinsorte ist der Grüne Veltliner mit dem typischen „pfeffrigen" Bukett; er wird meist jung getrunken. Mit weitem Abstand folgen → Müller-Thurgau (8 %, vorwiegend Tafelweine) und → Welschriesling (9 %), die wichtigste Qualitätsweinsorte im → Burgenland und in der → Steiermark (bis zur → Trockenbeerenauslese), ferner → Weißburgunder, Neuburger und Weißer → Riesling (2 %). Rotweinsorten sind → Zweigelt (8 %), → Portugieser und → Blaufränkisch (je 5 %), → Saint-Laurent, → Spätburgunder, → Cabernet Sauvignon u. a.
In Übereinstimmung mit den EU- und den deutschen Regelungen unterscheidet das österreichische Weingesetz drei Güteklassen: → Tafelweine (einschließlich → Landwein), → Qualitäts- und Prädikatsweine; letztere werden als → Qualitätsweine besonderer Reife und Leseart bezeichnet. → Kabinett gehört hier nicht zu den Prädikaten, sondern gilt als gehobener Qualitätswein, der nicht „aufgebessert" (→ angereichert) werden darf. Besondere Prädikatsweinarten sind → Eiswein, → Strohwein (aus Beeren, die auf Stroh oder Schilf getrocknet wurden) und der → Ausbruch, der zwischen

Beeren- und Trockenbeerenauslese steht.
Zur Bestimmung des → Mostgewichtes wird in Österreich die → Klosterneuburger Mostwaage verwendet und der Wert in ° KMW angegeben.
30° KMW z. B. entsprechen 300 g natürlichem Zucker in 1 kg Traubenmost.
Dem Qualitätswein-Etikett sind folgende Angaben zu entnehmen: Herkunft (bei gehobenen Weinen mit Riede [→ Lage]), Jahrgang, Sorte, Qualitätsstufe, Name und Ort des Abfüllers, staatliche Prüfnummer, Alkoholgehalt, Restzucker und Füllvolumen. Die staatliche Prüfnummer setzt sich aus Ziffern und Buchstaben zusammen; E 241293 z. B. bedeutet: Eisenstadt als Sitz der Untersuchungsstelle, gefolgt von der Einreichnummer und dem Einreichjahr (die beiden letzten Ziffern).
Der Begriff „Original" ist nur zulässig, wenn die Trauben zu 100 % aus der entsprechenden Gemeinde kommen. Der Name der Riede darf nur verwendet werden, wenn die Trauben ausschließlich in dieser Riede geerntet wurden. Für hundertprozentig österreichische Tafelweine in Ein- und Zweiliterflaschen, die fehlerfrei, harmonisch und reintönig sind, hat das Österreichische Weininstitut die Tafelmarke mit dem Aufdruck „Wein aus Österreich – Kontrollierter Tafelwein" geschaffen. Das „Weingütesiegel Österreich" kann nach chemischer Analyse und → sensorischer Beurteilung durch eine Weinkostkommission Qualitätsweinen in der „Bouteille" (0,7 l), dem „Stifterl" (0,35 l) oder der Einliterflasche verliehen werden.
Außer diesen beiden bundesweit gültigen Gütezeichen gibt es noch verschiedene regionale Kennzeichnungen lokaler Weinbauorganisationen, die die Qualität, Herkunft und gebietstypische Art des geprüften Weines garantieren: Burgenlandkapsel, Kontrollmarke Niederösterreichischer Tischwein, Medaille der steirischen Landesweinkost, Wiener Weingütesiegel. Bei der Österreichischen Weinmesse in Krems können Weine zur Prämierung angestellt und mit Gold-, Silber- und Bronzemedaillen ausgezeichnet werden.
→ Weinseminare über das Weinland Österreich werden angeboten von der

Weinakademie Österreich
Hauptstr. 31
A-7071 Rust
Tel. 00 43 – 26 85 / 4 53
Fax 00 43 – 26 85 / 64 31

Oidium
→ Mehltau

OIV
Office International du Vin, Internationales Amt für Rebe und Wein mit Sitz in Paris.

Optima
Weißweinrebe, → Neuzüchtung der Bundesforschungsanstalt für Rebenzüchtung in Geilweilerhof bei Siebeldingen/Pfalz; Kreuzung aus (Silvaner x Riesling) x Müller-Thurgau. Erreicht in der Regel einen hohen Reifegrad und wird mit Vorliebe zu → Auslesen verarbeitet. In Deutschland 380 ha, vor allem an der Mosel, in Rheinhessen und der Pfalz.

organische Düngung
Dient der Verbesserung der Bodenstruktur und des mikrobiologischen Gleichgewichts im Boden. Die Bodenbakterien benötigen organische Substanzen als Hauptnährstoffe. Ihre Aufgaben sind die Bildung von Humus, die Umwandlung von gebundenem in pflanzenverfügbaren Stickstoff, Schaffung einer guten Bodengare und Durchlüftung des Bodens. Neben den mikrobiologischen Effekten bewirkt die organische Düngung auch eine Verminderung der Erosion. Der älteste im Weinbau angewandte Dünger ist der Stallmist; seine bodenverbessernde Wirkung ist unumstritten, aber der Winzer setzt ihn heute nur noch selten ein, weil die Beschaffung und Einbringung zu aufwendig ist. Zu den Bodenverbesserern zählen auch Torf, Stroh und Baumrinde. Teuer im Einkauf, aber leicht auszubringen sind organisch-mineralische Mischdünger.

organoleptische Prüfung
Prüfung des Weines mit den Sinnen (Auge, Nase, Mund), im Unterschied zur chemischen Analyse. Sie spielt bei der Weinbeurteilung und auch bei der → amtlichen Prüfung eine ausschlaggebende Rolle und wird von erfahrenen Experten ausgeführt.

Ortega
→ Frühreife weiße Rebsorte, eine → Neuzüchtung der Bayerischen Landesanstalt für Wein-, Obst- und Gartenbau in Veitshöchheim/Main aus dem Jahr 1948; Kreuzung aus Müller-Thurgau x Siegerrebe (Madeleine Angevine x Gewürztraminer). Diese Rebe gehört zur sogenannten Bukettgruppe. Sie wird in Deutschland auf 1 200 ha (1981) angebaut, vor allem in

Rheinhessen, der Pfalz und an der Mosel. Man kann von dem Wein ein feines Bukett und harmonische Fülle erwarten, zumal bei → Auslesen. Da er als lagerfähig gilt, baut er durch eine Flaschenreife seine Vorzüge noch aus.

ORTENAU
Bereich des Anbaugebiets → Baden, am Westrand des Schwarzwalds von Baden-Baden bis südlich von Offenburg (Bermersbach). An den Hängen der in den Schwarzwald eingeschnittenen geschützten Seitentäler steigen die Weinberge in Einzelfällen auf bis zu 400 m Höhe an. auf verwittertem Granit-Urgesteln wachsen elegante, herzhafte → Riesling-Weine, hier *Klingelberger* genannt, und würzige → Traminer, die hier *Clevner* heißen, sowie vollmundige → Spätburgunder-Weißherbste.

Weinbau allerwegen: bei Neuweier, Ortenau

OXYDATION
Chemischer Prozeß der Sauerstoffaufnahme. Da die Luft etwa 20 % Sauerstoff (O_2) enthält, sind Oxydationsprozesse allgegenwärtig und können auch im → Most oder Wein auftreten, sobald diese mit Luft in Berührung kommen. Dabei werden Farb-, Gerb- und → Bukettstoffe angegriffen und es kommt zu meist unerwünschten Veränderungen, die sich beispielsweise in → Hochfarbigkeit (Braun- oder → Rahnwerden), Luftgeschmack, einem Sherryton, Brotgeschmack oder → Firne zeigen. Der Wein verliert generell rasch an Frische und → altert schneller. Bei Kontakt mit Sauerstoff können sich zudem Essigbakterien, Kahmhefen und andere luftliebende Mikroorganismen vermehren, die den Wein letztlich ungenießbar machen. Aus diesem Grund dürfen Behälter (Fässer, Flaschen) mit Wein nicht im Anbruch liegen bleiben; → Flaschenverschlüsse sollten möglichst luftdicht sein. Eine gewisse Menge Sauerstoff ist aber andererseits für das Reifen des Weines unerläßlich. Bei Sherryweinen führt ein „oxydativer → Ausbau“ sogar zu dem erwünschten Geschmacksbild.

P

PAARL
Weinbaugebiet und Städtchen in → Südafrika, 70 km östlich von Kapstadt, mit großen Weingütern und Sitz der Genossenschaftszentrale „Kooperatieve Wijnbouwers Vereniging“ (KWV).

Repräsentativ: die KWV in Paarl

PAMID
Rotwein aus → Bulgarien.

PANADES
Englische Schreibweise für Penedés, → Spanien.

PARFÜMIERT
Bezeichnung für Weine aus stark aromatischen → Bukettsorten, deren Duft zu aufdringlich ist.

PASTEURISIERUNG
Sterilisationsverfahren, benannt nach dem französischen Chemiker Louis Pasteur. Durch Kurzzeiterhitzung auf 55–80° C werden Mikroorganismen (Hefen, Bakterien, Schimmelpilze) weitgehend abgetötet, → Most, Wein und andere Getränke dadurch keimfrei und haltbar gemacht.

PERLE
Weiße Rebsorte; → Neuzüchtung, entstanden 1927 aus der Kreuzung Gewürztraminer x Müller-Thurgau. Der Wein ist leicht, mild und blumig. Diese Neuzüchtung gilt als gute Sorte für ungünstige Lagen. In Deutschland wird sie auf 200 ha angebaut, hauptsächlich in → Rheinhessen.

PERLWEIN
Wein, der natürliche oder zugesetzte Kohlensäure enthält und bei 20° C einen Überdruck von 1,0 bis 2,5 Atmosphären aufweist. Kühl getrunken ein guter Durstlöscher.

PERONOSPORA
→ Mehltau

PERU
10 000 ha Rebfläche; Jahresproduktion 80 000 hl Wein; jährlicher Pro-Kopf-Verbrauch 0,5 l.
Bereits 1566 wurden von Francesco de Carabantes in Ica, südlich von Lima, Weinberge angelegt. Trotz der Äquatornähe ist das Klima in diesem Gebirgsland wegen der beträchtlichen Höhenlage für den Weinbau geeignet. Neben trockenen Weiß- und Rotweinen werden Sherry-, Port- und Madeiratypen nach spanischem Vorbild hergestellt.

PETIT CHABLIS
→ Chablis

PFAHLERZIEHUNG
Alte → Erziehungsart, die nur noch an der Mosel, in der Schweiz und vereinzelt in Österreich im Steillagenweinbau angewendet wird. An etwa 2 m langen Holzpfählen werden die Triebe jeweils eines Weinstocks angebunden. Die Arbeiten in diesen Anlagen sind zeitaufwendig, eine Mechanisierung ist nicht möglich.

PFALZ
Deutsches Weinanbaugebiet, linksrheinisch von Kirchheimbolanden, westlich von Worms bis an die elsässische Grenze,

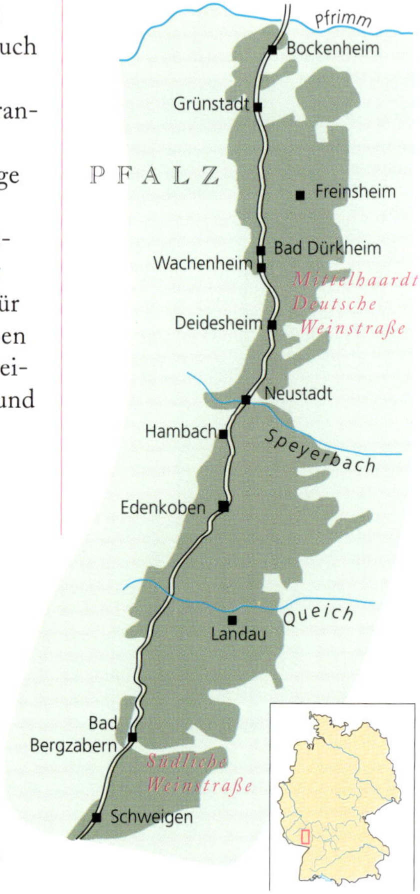

Neustadt/Weinstraße mit Haardtausläufern, Pfalz

entlang der → Haardt und des Pfälzer Waldes; 6–10 km breit, etwa 80 km lang.
Eine Vielfalt von Böden (→ Buntsandstein, Muschelkalk, Granit, Porphyr, Schiefer) und ein gemäßigtes Klima bringen würzige und gehaltvolle Weine hervor.
Rebfläche: 22 800 ha; zwei Bereiche (Mittelhaardt/Deutsche Weinstraße, Südliche Weinstraße). Aus der Pfalz kommt ein Viertel der gesamten deutschen Mosternte.
Etwa 30 % werden von Winzergenossenschaften verarbeitet, rund 20 % von den Weingütern vermarktet, der Rest an den Handel verkauft.
Rebsorten: → Müller-Thurgau (21 %), → Riesling (20,5 %), → Kerner (11 %), → Silvaner und → Morio-Muskat sind die bedeutendsten. Die Weinskala reicht vom anregenden → Schoppenwein bis zu Spitzengewächsen, die zu den edelsten und teuersten Weinen der Erde gehören. Wichtigste Rotweinsorte ist der → Portugieser (10 %); er liefert warme, milde Weine. Die Pfalz ist nach Württemberg und Baden das drittgrößte deutsche Rotweinanbaugebiet.
Für Touristen: Die → Deutsche Weinstraße führt durch malerische Weinorte, die den Pfälzer Wein weltbekannt gemacht haben. Einige Tips: Annweiler, Bad Dürkheim, Bockenheim, Deidesheim, Edenkoben, Freinsheim,

Grünstadt, Landau, Maikammer, Neustadt an der Weinstraße, Rhodt unter Rietburg, Sankt Martin, Schweigen, Wachenheim. In Weinstuben und Winzerlokalen kann man die Pfälzer Spezialitäten kennenlernen: Saumagen, Martinsgans mit Kastanien, Pfälzer Zwiebelkuchen und Weißer Käs.
Informationen:

Pfalzwein e.V.
Chemnitzer Str. 3
67433 Neustadt/Weinstraße
Tel. 0 63 21 / 91 23 28
Fax 0 63 21 /1 28 81

PFROPFREBE
Pflanzrebe, die aus der Verbindung von zwei Holzteilen verschiedener Rebarten entstanden ist. Dabei pfropft man ein etwa 3 cm langes *Edelreis* mit Hilfe besonderer Schnittformen auf ein etwa 20 cm langes, einjähriges Holzstück der *Unterlagsrebe* und läßt die beiden Teile miteinander verwachsen. Aus einem Auge (Knospe) des Edelreises entwickelt sich der oberirdische Teil, aus der Unterlage die Wurzeln des Rebstocks.
Anlaß zur Herstellung von Pfropfreben waren die vernichtenden Schäden durch die → Reblaus im europäischen Weinbau. Nachdem man erkannt hatte, daß amerikanische Rebarten an der Wurzel gegen die Reblaus unempfindlich sind, → Europäerreben wiederum an den oberirdischen Teilen nicht geschädigt werden, pfropfte man europäische Edelreiser auf amerikanische Unterlagsreben. Der Pfropfrebenanbau brachte durch die Verwendung von selektioniertem Pflanzgut auch eine Ertragssteigerung mit sich. Der Charakter des Weines wird durch das Pfropfen nicht beeinflußt.

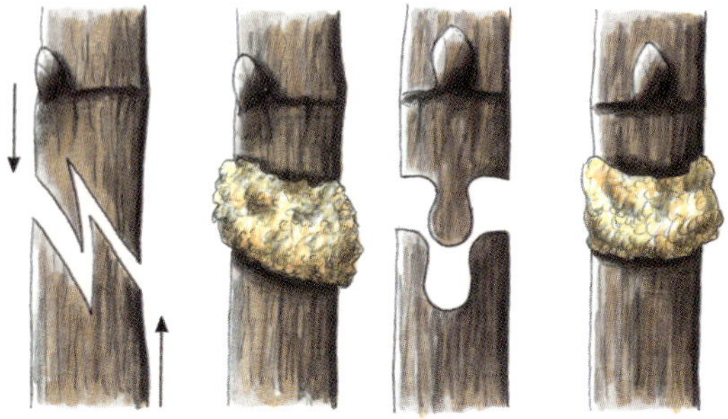

Veredelungsschnitte und sich bildende Wundgewebe (Kallusbildung). Links: Handveredelung, englischer Kopulatonsschnitt mit Gegenzunge. Rechts: Omega-Schnitt, nur maschinell ausführbar

Piemont – Weinlandschaft zu Füßen der Alpen

PHANTASIENAMEN
→ Markenweine werden oft mit Phantasienamen versehen, die den Konsumenten zum Kauf anregen sollen. Dem deutschen Weingesetz nach dürfen solche Bezeichnungen nicht den Eindruck einer Qualitäts- oder → Herkunftsbezeichnung erwecken (Irreführungsverbot). Man will dadurch die Lagenweine schützen. Geographische Hinweise (Moseltröpfchen, Rheingold) dürfen nur verwendet werden, wenn die gesetzlichen Voraussetzungen dafür (Herkunft des Leseguts) erfüllt sind.

PHYLLOXERA
→ Reblaus

PIEMONT (*PIEMONTE* ITAL. „FUSS DES BERGES")
Voralpenlandschaft im Nordwesten Italiens und bedeutende Weinregion mit hohem

Anteil hochwertiger Kreszenzen. 80 % der Weinberge und die qualitativ besten liegen im südlichen Teil des Gebietes in den Hügeln von Monferrato und Langhe, die an das → Beaujolais in Frankreich erinnern. Weinbauzentren sind Asti, Alessandria, Alba, Novara und Vercelli. *Strade del Vino*, ausgeschilderte Weinstraßen, führen den Touristen durch das Gebiet von Langhe. Grundlage der besten Rotweine von Piemont wie → Barolo und → Barbaresco ist der → Nebbiolo, andere wichtige Rebsorten sind Barbera, Bonarda, Grignolino, Dolcetto, Cortese und Freisa. Die Weißweine spielen qualitativ eine geringere Rolle, sind allerdings mengenmäßig in Gestalt des beliebten Schaumweins → Asti spumante sehr bedeutend. Weitere bekannte Weine aus Piemont sind → Barbera, → Moscato naturale d'Asti, → Nebbiolo d'Alba.

PIFFCHE
Glas mit 0,1 l Inhalt im Rheingau.

PIKANT
→ Elegante, lebendige, nicht zu → schwere Weine, die sich durch eine besonders feinfruchtige, ansprechende → Säure auszeichnen.

PINOT
→ Burgunder

PINOTAGE
Vielversprechende südafrikanische Rotweinrebe, → Neuzüchtung der Universität Stellenbosch aus dem Jahr 1925; Kreuzung aus Blauem → Spätburgunder (*Pinot* noir) x Cinsault (Hermi*tage*), daher Pinotage. Anbau im Kapland auf 5 000 ha mit steigender Tendenz; neuerdings Exportschlager. Bringt weiche, abgerundete, → füllige, aromatische Weine.

PINOT BLANC
Französische Bezeichnung für den Weißen → Burgunder.

PINOT CHARDONNAY
Irreführende Bezeichnung für die Sorte → Chardonnay, die nicht zur Pinot(→ Burgunder)-Familie gehört.

PINOT GRIS
Französische Bezeichnung für den → Ruländer.

PINOT MEUNIER
Französische Bezeichnung für die Müllerrebe, siehe → Schwarzriesling.

PINOT NOIR
Französisch für den Blauer Spätburgunder (→ Burgunder).

PLUMP
Bezeichnung für schwere, alkohol- und → extraktreiche Weine mit wenig → Säure und Charakter. Besonders gute Jahrgänge, die als Most viel Zucker und wenig Säure besitzen, neigen zu diesem geschmacklichen Mangel.

POLEN
Im Mittelalter gab es hier, hauptsächlich in der Nähe der Klöster, eine stattliche Anzahl von Weinbergen. Heute findet man Rebanlagen, insgesamt etwa 100 ha, nur noch bei Zielona Góra (Grünberg) in Westpolen.

PORTUGAL
Mit 360 000 ha Rebfläche, einer Jahresproduktion von 4,6 Mio. hl und einem Pro-Kopf-Verbrauch von 55 l Wein ist Portugal ein bedeutendes Weinland. Bedingt durch die Verschiedenartigkeit der Böden, die Vielzahl gebietscharakteristischer Rebsorten und unterschiedlicher Weinbereitungsmethoden sind in den Hauptanbaugebieten unterschiedliche Weintypen zu finden. 1756 grenzte man erstmals in der Welt gesetzlich ein Herkunftsgebiet (für Portwein) ab. Die Weine mit Ursprungsbezeichnung (Vinho de origem), die aus gesetzlich abgegrenzten Herkunftsgebieten stammen (Regiãos Demarcadas) und einer Kontrolle unterzogen werden, sind jeweils mit einem gebietsindividuellen Flaschensiegel (Selo de origem oder Selo de garantia) ausgestattet. Die Erträge sind im Vergleich etwa zu Deutschland (gleiche Erntemenge auf nur 100 000 ha) infolge der Trokkenheit, Terrassierung und der Mischkultur gering.
Aus dem **Douro-Gebiet** kommt der bekannteste portugiesische Wein, der → Portwein. Er ist nach der an

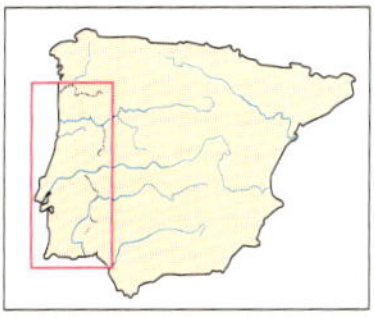

der Mündung des Douro gelegenen Stadt Porto benannt. Das **Vinho-Verde**-Anbaugebiet (seit 1929 Região Demarcada) befindet sich im regenreichen, immergrünen Norden des Landes in den Provinzen Minho und Douro Litoral. Die Reben wachsen oft in Obstanlagen und benutzen die Bäume als Klettergerüst. Der Name „grüner Wein" bezieht sich nicht auf die Farbe (25 % kommen als Rotwein in den Handel), sondern auf die frische, spritzige, an grüne Beeren erinnernde Art dieses säurereichen, leicht moussierenden Weintyps, der äußerst erfrischend ist, kühl getrunken wird und einen relativ geringen Alkoholgehalt von nur 8 bis 11 Vol.-% aufweist.
Dão. Das 1912 abgegrenzte Anbaugebiet liegt südlich des Douro im Landesinneren. Das Klima ist trocken und heiß. Was für Spanien der → Rioja, ist für Portugal der Dão. Der rote Dão ist kräftig, → tanninreich und meist trocken. Der weiße ist weniger originell, oft → breit und klotzig.
Colares. Diese kleine Região Demarcada liegt direkt an der Atlantikküste. Die in sandigem Boden zum Großteil noch → wurzelecht stehenden Reben bringen einen tiefroten, fast schwarzen, kräftigen Rotwein hervor, der erst nach längerer Lagerung sein optimales Geschmacksbild erreicht. Er gilt als der beste portugiesische Rotwein.
Carcavelos. Das 1908 abgegrenzte kleine Herkunftsgebiet umgibt den vornehmen Badeort Estoril bei Lissabon. Hier wächst ein süßer, bernsteinfarbener Weißwein mit durchschnittlich 19 Vol.-% Alkohol, der meist als → Aperitif gekühlt serviert wird.

Portugieser, Blauer

Rotweinrebe mit tiefblauen Beeren, die an Lage und Boden nur geringe Ansprüche stellt; frühe Reife. Liefert in mittleren und geringen Jahren angenehme, süffige → Schoppenweine, in guten Jahren bringt er auch tiefdunkle Weine mit Burgundercharakter. Mit 4 500 ha in Deutschland die zweitwichtigste blaue Rebsorte (nach dem → Spätburgunder); auch in Österreich von Bedeutung (ca. 3 000 ha).

Portwein

→ Likörwein oder → Aperitif aus dem Douro-Gebiet in → Portugal, er besitzt bis zu 25 Vol.-% Alkohol und kann je nach Typ süß oder trocken, rot oder weiß, alt oder jung sein. Portwein ist wie → Sherry ein → Verschnitt aus mehreren

Weinlese am Douro

Rebsorten und mehreren Jahrgängen, mit Ausnahme des Vintage Port. Die Angaben auf dem Etikett sind gesetzlich festgelegt, meist in englischer (traditionelles Importland), seltener in deutscher Sprache. Man unterscheidet folgende Weintypen:
Vintage Port (Novidade, Jahrgangsport). Überdurchschnittliche Weine eines guten Jahrgangs werden nach 2 Jahren Faßausbau auf Flaschen gefüllt. Der Wein muß mindestens weitere 5 Jahre auf der Flasche altern und verträgt jahrzehntelange Lagerung. Jahrgang und Fülldatum müssen auf dem Etikett vermerkt sein. Vintage Port ist süß im Geschmack, vollmundig, von dunkler Farbe. Da sich der Wein erst auf der Flasche → ausbaut, bildet sich darin ein Lager, eine Kruste, die beim unvorsichtigen Ausgießen bricht und ins Glas gelangt. Daher ist es notwendig, den Jahrgangsport vor dem Servieren zu → dekantieren.

Late bottled Vintage (LBV). Dieser besondere Typ des Vintage Port wird nach 4–6 Jahren Faßausbau auf Flaschen gefüllt. Bestimmungen wie Vintage Port. Da sich Wein im Faß rascher ausbaut als auf der Flasche, bildet sich nach dem Umfüllen in der Flasche kein → Depot mehr, und man kann diesen Port servieren, ohne ihn zu dekantieren. Er ist oft etwas → gerbstoffreicher, die Süße kommt weniger zum Ausdruck.

Portwine (Vinho de Porto, Portwein). Er unterscheidet sich vom Jahrgangsport dadurch, daß er als Folge des Ausbaus im Faß meist kein Depot auf der Flasche bildet und daß der Geschmackstyp dank der Verschnittmöglichkeit konstant gehalten werden kann. Folgende Ausdrücke werden zur Charakterisierung der normalen Verschnittportweine und zur Zuordnung zu einem bestimmten Typ verwendet:

extra dry	**extra secco**	**extra trocken**
very dry	secco	trocken
dry finish, medium finish	meio secco	halbtrocken
medium sweet, medium rich	meio-doce	halbsüß
rich, sweet	doce	süß
very sweet	lágrima, muito doce	sehr süß

Roter Port wird heller, je älter er ist, weißer Port dagegen dunkler. Die farbliche Entwicklung wird wie folgt angegeben:

full	**retinto**	**dunkelrot**
red, medium ful	tinto	rot
ruby, medium	tinto aloirado	rubinrot
tawny	aloirado	lohfarben
light tawny	aloirado claro	hell-lohfarben
pale white	branco pálido	mattweiß
straw coloured	branco palha	strohfarben
golden white	branco doirado	goldfarben

Postitschtraube, Blaue
Bezeichnung für → Schwarzriesling in der Steiermark.

Pouilly-Fumé, Pouilly-sur-Loire
AC-Weißweine von der Loire.

Pourriture noble
Frz. für → Edelfäule.

Prädikatswein
→ Qualitätswein mit Prädikat (Deutschland), → Qualitätswein besonderer Reife und Leseart (Österreich).

Prämierungen – Olympiaden für Spitzenweine

Nationale und internationale Weinwettbewerbe sind für ambitionierte Weinerzeuger ein willkommenes Forum, die Qualität ihrer Weine im fachkundigen Vergleich unter Beweis zu stellen. Önologen, Connaisseurs und Weinjournalisten stürzen sich in den letzten Jahren regelrecht auf diese für sie so reizvollen und fruchtbaren Veranstaltungen. Bei der Beurteilung spielen allerdings notgedrungen subjektive Vorlieben und Trinkgewohnheiten der Juroren eine gewichtige Rolle.

Es gibt offizielle, amtliche Weinwettbewerbe und private, regionale und internationale. Die Weine werden als → Blindprobe verkostet und die bestbewerteten in der Regel mit Gold-, Silber- oder Bronzemedaille prämiert; darauf setzt man zur Steigerung noch Superlative wie „Champion", „Double Gold", „Wine of the Year" oder „Diplome d'Honneur".

Deutsche Weinwettbewerbe unter behördlicher Aufsicht sind die → Bundes- und Landesweinprämierungen der → DLG. Weitere nationale Weinprämierungen sind bei den betreffenden Ländern erläutert.

Als Veranstalter internationaler Wettbewerbe spielen die deutschsprachigen Länder bisher eine untergeordnete Rolle, dies ist eher eine Domäne der englisch- und französischsprachigen Länder. Aus der Fülle des Angebotes hier einige der bekanntesten internationalen Weinwettbewerbe:

Bereits seit 1969 findet die weltweit renommierte **International Wine and Spirit Competition**, London, jährlich im April/Mai/Juni statt. Die Jury umfaßt ca. 100 Personen aus der internationalen Weinwelt, Importeure und Produzenten aus aller Welt reichen ihre Weine ein. Es werden „Trophys" in den einzelnen Kategorien sowie Gold-, Silber- und Bronzemedaillen verliehen.

Challenge International du Vin Blaye-en-Bourg, Gironde, Frankreich. Seit 1981 alle 2 Jahre im Zusammenhang mit der internationalen Weinmesse VINEXPO (Bordeaux).

Vinalies Internationales der Union Française des Oenologues, Vert le Petit, Frankreich. Alle zwei Jahre, erstmals 1993. Mit rund 50 Testern aus über 20 Nationen, davon zwei Drittel aus dem Ausland. Auszeichnungen: „Prix d'Excellence" und „Grand Prix d'Excellence". Der Wettbewerb mit internationaler Ausstrahlung steht unter dem Patronat des Internationalen Weinamtes → OIV.

Chardonnay du Monde, Chaintré, Burgund, Frankreich. Jährlich im März für alle Weinanbieter, seit 1994. Speziell für Weine der Rebsorte → Chardonnay; nach Herkünften werden Kategorien gebildet. Höchste Auszeichnung: Große Goldmedaille.

World Wine Championship, Chicago, USA. Jährlich, für Importeure, Broker, Produzenten; über 4 000 Weine aus 30 Nationen. Höchste Auszeichnung: Platinmedaille.

Tasters Guild International Wine Judging, USA (verschiedene Austragungsorte). Für Importeure und Produzenten. 1994 wurden rund 100 Weine aus 15 Ländern eingereicht. Auszeichnungen: Bronze-Band, Silber- und Gold-Plakette sowie „Double Gold"-Plakette.

Concorso Enologico Internazionale, Verona, Italien. Jährlich für Produzenten aus aller Welt. Jury: 16 Testergruppen mit in- und ausländischen Önologen und anerkannten Weinjournalisten. Höchste Auszeichnung: Große Goldmedaille.

Concorso Enologico Internazionale – Expo Food, Mailand, Italien. Teilnehmer: Importeure und Produzenten. In der Regel werden rund 150 Weine aus 10 Ländern angestellt. Begleitveranstaltung zur EXPO FOOD, seit 1981. Die Auszeichnung darf nach EU-Weinrecht auf der Flasche angegeben werden.

Concours International des Vins de Montagne, Aosta, Italien. Jährlich im September. Speziell für Produzenten von Weinen aus Steillagen und Bergregionen, u. a. aus Italien, Frankreich, Deutschland, Österreich, Spanien, Portugal, der Schweiz. Seit 1991; erster Wettbewerb unter OIV-Schirmherrschaft in Italien.

Proefschrift Wijnconcours, Amsterdam, Niederlande. Jährlich für Importeure und Produzenten aus aller Welt, seit 1989.

Sélections mondiales der Société des alcools du Québec, Kanada. Im zweijährigen Turnus, für Weinproduzenten aus 36 Ländern. Wettbewerb mit nationaler Bedeutung, wird von der Monopolbehörde in Québec seit 1983 durchgeführt.

Concours Mondial de Bruxelles, Belgien. Jährlich für Produzenten, Importeure und Distributeure aus aller Welt, seit 1994. Höchste Auszeichnung: Große Goldmedaille. International anerkannter Wettbewerb unter der Schirmherrschaft des OIV.

Internationaler Weinwettbewerb ÜRGÜP, Istanbul, Türkei. Jährlich seit 1987 für Produzenten und Weinimporteure aus über 20 Nationen. Unter der Schirmherrschaft des Internationalen Weinamtes OIV. Hier sind Weinbauländer des ehemaligen Ostblocks relativ stark vertreten.

(Quelle und weitere Informationen: Deutscher Wein Export 3/95, → DWI, Mainz)

PRIMEUR
Junger roter → Beaujolais aus der Rebsorte → Gamay Noir, der alljährlich ab 15. November kurz nach Abschluß der Gärung auf den Markt kommt. Mit Sportmaschinen und sonstigen schnellen Verkehrsmitteln wird in regelrechten Rennen der neue Wein transportiert. Ab dem 15. Januar wird der Primeur „Nouveau“ genannt.

PROSLAVA
Weißwein aus → Bulgarien.

PROVENCE
In diesem südöstlichen Teil Frankreichs gibt es nur drei kleinere AC-Gebiete: Bandol (Spitzenrotweine), Chassis (Weißweine) und Palette (rot und weiß). Die → VDQS-Gebiete Côtes de Provence und Coteaux d'Aix-en-Provence umfassen eine größere Anzahl von Weinbaugemeinden. Provence-Weine sind robust, kräftig und alkoholreich und meist trocken. Die weißen und die Rosés werden jung getrunken, hauptsächlich zu Fisch- und Krabbengerichten. Die kräftigen Rotweine sind eine ideale Ergänzung zu Wildbret.

PUGLIA
→ Italien, Apulien

Heiß und aromatisch – der Punsch

PUNSCH
Heißes Getränk aus mittelschwerem Wein, Orangensaft und Gewürzen (Zimt oder Nelken). Es können auch Spirituosen (z. B. Rum) zugegeben werden. Den Punsch nur erhitzen, nicht kochen lassen.

PUTTONYOS (UNG.)
→ Butten, in denen die Trockenbeeren für die Bereitung des → Tokajers eingemaischt werden. Je größer die Zahl der Puttonyos (2 bis 6), desto süßer und gehaltvoller ist der Tokajer.

Q

Q.b.A., QbA
→ Qualitätswein bestimmter Anbaugebiete

QUALITÄTSSCHAUMWEIN
Deutscher Qualitätsschaumwein darf auch „Sekt“ genannt werden. Er muß eine → amtliche Prüfungsnummer tragen. Vor dem Verkauf sind 9 Monate Lagerzeit vorgeschrieben; auf dem Etikett darf der Begriff → Flaschengärung nur erscheinen, wenn der Schaumwein ein mindestens sechsmonatiges → Hefelager hinter sich hat. Herkunftsgebiet, Jahrgang und Rebsorte dürfen bei einem jeweiligen Mindestanteil von 75 % angegeben werden. *Deutscher Qualitätsschaumwein (*oder *Sekt) b. A.* (bestimmter Anbaugebiete), die höchste Qualitätsstufe für Schaumweine in Deutschland, muß zu 100 % aus Grundwein hergestellt sein, der in einem der 13 → bestimmten Anbaugebiete in Deutschland gewachsen ist.

QUALITÄTSWEIN
Internationale Bezeichnung für Weine einer höheren → Güteklasse, die bestimmten gesetzlichen Mindestanforderungen entsprechen. Man ist bestrebt, die Qualitätsbestimmungen der Weinbauländer zu harmonisieren und einander anzugleichen, was aber durch die unterschiedliche historische Entwicklung in den einzelnen Ländern erschwert wird.
Deutschland: Qualitätsweine bestimmter Anbaugebiete

(Qualitätswein b. A., Q. b. A.) sind gehaltvolle, gebietstypische Weine für den täglichen Genuß. Sie müssen eine → amtliche Prüfung bestanden haben und auf dem Etikett die

→ amtliche Prüfungsnummer tragen. Qualitätswein muß aus einem der 13 → bestimmten Anbaugebiete stammen, er darf nur aus empfohlenen oder zugelassenen Rebsorten von genehmigten Rebanlagen gewonnen werden und muß bei Angabe einer Rebsorte für diese typisch sein. Mindestalkoholgehalt 7 Vol.-%. Der Wein muß in Aussehen, Geruch und Geschmack frei von → Fehlern sein. Erläuterung der Qualitätswein-Etiketten siehe Kasten S. 258.
Österreich: Qualitätsweine müssen mindestens 15° KMW (→ Klosterneuburger Mostwaage; entspricht 73° Oe) aufweisen, aus nur einem Weinbaugebiet stammen und aus einer zugelassenen Qualitätsrebsorte hergestellt sein. Der Most darf → angereichert werden. Ferner muß der Wein fehlerfrei und sortentypisch sein, einen geographischen Herkunftsvermerk tragen und bestimmte Mindestwerte bei den Inhaltsstoffen aufweisen. Ab 17° KMW (83° Oe) dürfen Qualitätsweine die Bezeichnung → Kabinett tragen, wenn sie nicht angereichert sind.
Schweiz: Hier gibt es besondere Weinspezialitäten, deren Namen geschützt sind und die kontrolliert werden. Sie sind daher den EU-Qualitätsweinen vergleichbar (→ Dôle, → Dorin, → Fendant, Salvagnin, Terravin). In der deutschsprachigen Schweiz gibt es Qualitätsweine mit den Prädikaten Auslese, Spätlese und Beerenauslese.
Frankreich: Die AC(→ Appellation contrôlée)-Weine und die Vins délimités de qualité supérieure (→ VDQS) gehören zu den EU-Qualitätsweinen. Bei den einfachsten AC-Weinen wird nur das Herkunftsgebiet genannt, bei den höheren Qualitäten stehen die Untergebiete, einzelne → Lagen oder → Châteaus mit auf dem Etikett, oder sie fallen unter die → Cru-Bewertung (Premier, Deuxième, Grand cru).
Italien: Die DOC- und DOCG-Weine (→ Denominazione di origine controllata bzw. controllata e garantita) ohne zusätzliche Prädikate sind EU-Qualitätsweine.
Slowakei, Tschechien: Die Weine mit Sortenbezeichnung sind von gehobener Qualität. Eine Anpassung an die EU-Bestimmungen ist in Arbeit.
Ungarn: Nach dem ungarischen Weingesetz heißt ein Qualitätswein Minöségi bor. Mindestens 12 Vol.-% Alkohol; Ort und Zeit der Abfüllung, Abfüller, Rebsorte, Jahrgang, Herkunft und Alkoholgehalt müssen angegeben sein.

Rumänien: Das Gesetz unterscheidet verschiedene Qualitätsweinstufen von Vin de călitate superioăra-VS (hochwertiger Qualitätswein) bis zu Vin de călitate superioăra cu Denumire de Origine şi trepte de călitate – VSOC (hochwertiger Qualitätswein mit Herkunftsbezeichnung und Qualitätsstufe).

Qualitätswein besonderer Reife und Leseart
In Österreich Bezeichnung für die höheren → Güteklassen (Prädikatsweine):
→ Spätlese: ab 19° KMW, das entspricht 93° Oe;
→ Auslese: ab 21° KMW/105 ° Oe;
→ Eiswein: Trauben müssen bei Lese und Kelterung gefroren sein, mindestens 25° KMW/127° Oe;
→ Strohwein: aus Beeren, die mindestens 3 Monate auf Stroh oder Schilf gelagert oder luftgetrocknet wurden, mindestens 25° KMW/127° Oe;
→ Beerenauslese: ab 25° KMW/125° Oe;
→ Ausbruch: ab 27° KMW/135° Oe;
→ Trockenbeerenauslese: ab 30° KMW/150° Oe.
Ein Zuckerzusatz zum Most (→ Anreichern) ist bei diesen Weinen nicht erlaubt.

Qualitätswein bestimmter Anbaugebiete
→ Qualitätswein, Deutschland

Was verraten deutsche Qualitätswein-Etiketten?
Die folgenden Beispiele zeigen, welche Informationen der Käufer von Qualitätswein dem Etikett einer Weinflasche entnehmen kann.

Beispiel für weitestmögliche Kennzeichnung:

Rheinhessen Qualitätswein *Amtliche Prüfungsnummer* *4 23 11002094* ***Rebenblut*** *Abfüller: Weinkellerei A* *in B-Stadt*

Das Etikett enthält den Namen des → bestimmten Anbaugebietes (Rheinhessen), die Bezeichnung → Qualitätswein sowie die → amtliche Prüfungsnummer.
Das gewählte Beispiel zeigt, daß dieser Wein Anteile aus verschiedenen Gegenden Rheinhessens enthält, daß aber kein Anteil mindestens 85% ausmacht. Deshalb durfte keine engere geographische Bezeichnung als der Name des bestimmten Anbaugebiets angegeben werden.
Neben der Pflicht zur geographischen Bezeichnung ist das Hinzusetzen von → Phantasienamen („Rebenblut") bei allen Weingruppen gestattet. Da Angaben über Rebsorte und Jahrgang fehlen, dürfte es sich um einen Jahrgangs- und Sortenverschnitt handeln.

Beispiel für engstmögliche Bezeichnung:

Mosel-Saar-Ruwer Qualitätswein *Amtliche Prüfungsnummer* *3 561 024 5 95* *1994* ***Graacher Himmelreich*** ***Riesling*** *trocken* *Erzeugerabfüllung Weingut A* *in B-Dorf*

Ist als engste geographische Bezeichnung der Name einer Einzellage (→ Lage) angegeben, dann müssen die verwendeten Weintrauben zu mindestens 85% in der betreffenden Einzellage gewachsen sein. Der Rest muß aus demselben Anbaugebiet stammen. Bei der Wahl einer Lagenbezeichnung sind Gemeinde oder Ortsteil anzugeben.
Wertvoll für den Weinkäufer sind vor allem die Angaben über Rebsorte und Jahrgang, da sie direkte Rückschlüsse auf den Geschmack des Weins zulassen. Hilfreich für die erste Orientierung ist auch der Hinweis auf die Geschmacksrichtung (trocken, halbtrocken, lieblich). Kleine Faustregel: Fehlt die Geschmacksangabe, dann ist der Wein meist nicht trocken.

QUALITÄTSWEIN MIT PRÄDIKAT
Höchste Qualitätsstufe bei deutschen Weinen. Die gesetzlichen Anforderungen sind entsprechend höher als bei den → Qualitätsweinen bestimmter Anbaugebiete. Prädikatsweine müssen aus einem einzigen → Bereich innerhalb eines der 13 → bestimmten Anbaugebiete stammen. Bei der Prüfungskommission muß eine Bestätigung über die Leseart und die Rebsorte eingereicht werden. Die → Anreicherung des Mostes mit Zucker ist nicht erlaubt. Die gesetzlichen → Mindestmostgewichte sind je nach Weinbaugebiet, Weinart (Rot- oder Weißwein) und Rebsorte (früh- oder spätreif) verschieden. Sechs Prädikate sind zugelassen: → Kabinett, → Spätlese, → Auslese, → Beerenauslese, → Eiswein und → Trockenbeerenauslese.
Die gesetzlichen Mindestanforderungen lauten (für die → Oechslegrade als Beispiel die Werte für den Rheingau-Riesling):
Kabinett: mindestens 73° Oechsle;
Spätlese: späte Lese der Weintrauben in vollreifem Zustand; mindestens 85° Oechsle;
Auslese: Auswahl und getrennte Kelterung nur vollreifer Trauben; mindestens 95° Oechsle;
Beerenauslese: Auswahl nur edelfauler oder überreifer Beeren, mindestens 125° Oechsle;
Eiswein: Weintrauben bei Lese und Kelterung zu Eis gefroren, mindestens 125° Oechsle (wie Beerenauslese);
Trockenbeerenauslese: Auswahl nur eingeschrumpfter, edelfauler Beeren; mindestens 150° Oechsle.
Für Österreich siehe → Qualitätswein besonderer Reife und Leseart.

R

RÄUSCHLING
Früher entlang des Rheins weitverbreitete Weißweinrebe, die am Zürichsee und am Oberrhein noch angebaut wird. Sie ist frosthart und liefert Weine mit kräftiger → Säure und langer Haltbarkeit. Synonyme: Zürichrebe, Thunerrebe, Offenburger, Welsche.

RAHN
Bezeichnung für einen Wein mit unangenehm → schalem Geschmack, verursacht durch zuviel Luftkontakt (→ Luftton, → Oxydation).

RAPPEN
→ Kamm

RASSIG, RASSE
Bezeichnung für einen herzhaften, lebendigen Wein mit fruchtiger, erfrischender → Säure. Charakteristisch für viele → Riesling-Weine.

RAUSCHER
Andere Bezeichnung für → Federweißer; so genannt, weil während der → Gärung durch die austretende Kohlensäure ein leichtes Rauschen hörbar wird.

REBE
Im botanischen System gehört die Rebe zur Familie Vitaceae, Gattung Vitis, Untergattung Euvitis, Species Vitis vinifera, Subspecies sativa. Bei Vitis vinifera werden wiederum mehrere Sortengruppen unterschieden. In Amerika sind 16 Arten der Gattung Vitis bekannt, die teils weltweit als → Unterlagsreben, teils als Ertragsreben (mit dem charakteristischen → Fuchsgeschmack) in Amerika genutzt werden.

REBENVEREDELUNG
→ Pfropfrebe

REBENZÜCHTUNG
Durch gezielte Zuchtwahl ist man bestrebt, neue Rebsorten zu schaffen, die den wirtschaftlichen und klimatischen Anforderungen besser genügen als die Ausgangsformen. Zwei Verfahren kommen dabei zur Anwendung: Durch → Kreuzung werden neue Rebsorten geschaffen, und durch vegetative Vermehrung von gezielt ausgelesenen → Klonen wird erreicht, daß erwünschte Eigenarten erhalten und gesteigert werden. Kräftiger,

Neue Rebsorte im Versuchsanbau

aufrechter Wuchs, gute Holzreife, sicherer Austrieb, Frosthärte, gesundes, robustes Laub, gute, sichere Ausreife und festes Stielgerüst der Trauben, → Botrytis-Resistenz und Harmonie der Geschmacksstoffe im Wein werden angestrebt. Die Erprobung von → Neuzüchtungen ist langwierig und durch gesetzliche Vorschriften detailliert geregelt (→ Sortenschutz). So haben sich bisher nur wenige neue Rebsorten durchsetzen können, beispielsweise → Müller-Thurgau, → Scheurebe, → Kerner und → Pinotage.

REBFLÄCHE
Für den Anbau von Reben genutzte Fläche. Man unterscheidet zwischen *Ertragsfläche* (Fläche, von der Trauben geerntet werden), *bestockter Rebfläche* (zusätzlich Jungfelder, die noch nicht im Ertrag stehen) und *Gesamtrebfläche* (einschließlich Weinbergsbrache). Gesamtrebfläche der Welt siehe Kasten „Weltweinbau“, S. 368/369.

REBLAUS (PHYLLOXERA)
Rebschädling, der im vorigen Jahrhundert im europäischen Weinbau zu dramatischen Verwüstungen geführt hat; man spricht daher regelrecht von der „Reblauskatastrophe“.
Mitte des 19. Jahrhunderts wurde die Reblaus aus Nordamerika nach Frankreich eingeschleppt und breitete sich von dort aus rasant über sämtliche europäische Weinbaugebiete aus („Reblausinvasion“). 1874 wurde sie erstmals in Deutschland festgestellt. Erst mit der Pflanzung von → Pfropfreben konnte die Gefahr gebannt werden. Heute gibt es weltweit im Ertragsweinbau nur noch wenige → wurzelechte, d. h. ungepfropfte Reben.
Der Lebenszyklus der Reblaus ist kompliziert, es treten sowohl rein unterirdisch lebende

Reblaus an der Wurzel

Wurzelrebläuse als auch oberirdische Blattrebläuse auf. Der Schaden, den die Reblaus anrichtet, beruht darauf, daß sie die Wurzeln anbohrt und der Rebe so ihre Nährstoffe entzieht. Die Blattreblaus schwächt das Wachstum, den Frucht- und Holzertrag und verzögert die Holzreife.

REBSCHNITT
Beim Rebschnitt im Winter werden rund 90 % der einjährigen Triebe (→ Ruten) entfernt. Der Winzer hat dabei die Möglichkeit, die Höhe des Ertrages der nächsten Ernte mitzubestimmen. Als Maß des Rückschnitts dient die Zahl der Augen (Knospen), aus denen die neuen, fruchttragenden Triebe im Frühjahr austreiben, pro Quadratmeter Standfläche. Jahrhundertealte Erfahrung und wissenschaftliche Versuche haben gezeigt, daß der Rebstock je nach Sorte und Standweite auf 8–12 Augen/m^2 zurückgeschnitten werden muß. Stärkerer Rückschnitt fördert das Wachstum des Stockes und hemmt seinen Fruchtansatz. Werden zu viele Knospen belassen, verschlechtert sich die Qualität des Lesegutes.

REBSORTEN
Spielarten der Gattung Vitis mit erblich fixierten Eigenschaften, die auf dem Wege der → Rebenzüchtung und Selektion entstanden sind. Es

Verjüngungs-Rebschnitt beim Doppelstrecker. Das alte Holz wird bis auf zwei Fruchtruten weggeschnitten

gibt weiße und rote, früh- und spätreifende, klein- und großbeerige Rebsorten und solche, die sich vorwiegend für die Erzeugung von Wein, Traubensaft, Tafeltrauben oder Rosinen eignen, klassische, traditionelle Sorten und → Neuzüchtungen. Die Rebsorte, deren Name auf dem Etikett verzeichnet ist, bestimmt den Grundcharakter eines Weines.
Das Rebsortiment der einzelnen Weinbauländer und selbst Anbaugebiete unterscheidet sich erheblich aufgrund unterschiedlicher klimatischer Bedingungen, aber auch abhängig von Traditionen und Trinkgewohnheiten einerseits und der gelegentlichen Verbreitung von „Modesorten" andererseits. Von den insgesamt rund 10 000 bekannten Rebsorten sind nur etwa 1 000 für den Anbau geeignet, der größte Teil davon für die Weinbereitung. In allen fortschrittlichen Weinbauländern wird das Rebsortiment gesetzlich kontrolliert. So dürfen in der EU nur zugelassene bzw. empfohlene Sorten angebaut werden.

REBSORTENSPIEGEL
Anteil der verschiedenen Rebsorten an der Rebfläche eines Weinbaulandes, Anbaugebietes oder auch einzelnen Betriebes.

REDUKTIV
Gegenteil von oxydativ (→ Oxydation). Reduktiv → ausgebaute Weine bleiben länger jung und frisch.

REFRAKTOMETER
Optisches Meßgerät zur Bestimmung des → Zuckergehaltes von Traubensaft. Das Prinzip beruht auf der unterschiedlichen Lichtbrechung von Lösungen je nach deren Konzentration. Die Meßergebnisse werden in → Oechslegraden abgelesen. Das Refraktometer arbeitet weniger genau als beispielsweise eine → Mostwaage, die kleinen Handrefraktometer sind aber sehr

Handrefraktometer

bewährt zur Bestimmung des Reifezustands der Trauben direkt im Weinberg.

REGINA
Mit 150 000 ha Anbaufläche weltweit zweitwichtigste weiße Tafeltraube nach Sultanina. Die Trauben sind groß, lockerbeerig, gut geformt mit goldgelben, knackigen Beeren von zartem Muskatgeschmack. Synonyme: Dattier de Beyrouth (Frankreich), Waltham Cross (Australien, Südafrika).

REGNER
Neugezüchtete weiße Rebsorte der Landesanstalt für Rebenzüchtung, Alzey; Kreuzung aus Luglienca Bianca x Gamay Früh aus dem Jahr 1929. Die Weine ähneln denen des → Müller-Thurgau. Bestockte Rebfläche in Deutschland 150 ha; zunehmend auch in England.

REICHENSTEINER
→ Frühreife weiße Rebsorte, → Neuzüchtung aus einer Kreuzung von Müller-Thurgau x (Madeleine Angevine x Weißer Calabreser). Der Sortenname bezieht sich auf die Burg Reichenstein bei Trechtingshausen/Rhein. Der Wein ist süffig und ansprechend. In Deutschland auf 330 ha, in England ca. 50 ha.

REIF, REIFE
Bezeichnung für einen Wein, der sich seinem optimalen Geschmacksbild nähert, also harmonisch und geschliffen wirkt. Bei edlen, hochwertigen

Reifes Lesegut ist eine Voraussetzung für hochwertige Spitzenweine

Weinen lohnt sich die → Lagerung bis zur Reife. Der Begriff Reife kann sich darüber hinaus auch auf das Lesegut beziehen. Der Reifegrad der Trauben bei der Lese hat deutlichen Einfluß auf die Qualität des Weines.

REIN, REINTÖNIG
Absolut → sauber, ohne Nebengeschmack oder -geruch.

REINER SATZ
Gegenteil von → Mischsatz. Es wird jeweils nur eine Rebsorte auf einem Rebareal angebaut.

Für Reserva-Weine sind längere Lagerzeiten vorgeschrieben

REMSTAL-STUTTGART
Bereich des Anbaugebiets → Württemberg.

RESERVA (SPANIEN, PORTUGAL), *RÉSERVE* (FRANKREICH), *RISERVA* (ITALIEN)
Bezeichnung für Weine, die qualitativ über dem Durchschnitt liegen. In Spanien, Portugal und Italien eine weinrechtlich definierte Qualitätsbezeichnung mit Festlegung von zusätzlichen Anforderungen wie höherem Alkoholgehalt oder Mindestlagerzeiten in Faß oder Flasche. Auf französischen Weinetiketten dagegen hat die Bezeichnung *Réserve* oder *Grande Réserve* reinen Werbecharakter ohne rechtliche Bedeutung, mit Ausnahme des Elsaß, wo die *Réserve exceptionelle* einen höheren Alkoholgehalt aufweist.

RESTZUCKER, RESTSÜSSE
Der → Zuckeranteil, der nach abgeschlossener oder auch künstlich unterbrochener → Gärung im Wein zurückbleibt. Die Bezeichnung ist unglücklich gewählt, denn auch ein völlig → durchgegorener Wein kann „Rest"-Zucker aufweisen, wenn er nach der Gärung mit → Süßreserve versetzt wird. Die Menge an Restsüße, insbesondere das Alkohol-Restzucker-Verhältnis, ist nicht willkürlich, sondern gesetzlich geregelt. Ein

gewisser Restzuckergehalt gibt vor allem dem säurereichen Wein eine angenehme Abrundung, während zuviel Restsüße seine feineren Geschmackskomponenten überdeckt.

Retsina
Geharzter Weißwein aus → Griechenland.

Retz
Weinort in → Niederösterreich.

Rheinburgengau
Bereich des bestimmten Anbaugebiets → Mittelrhein zwischen Unkel und Kaub.

Rheinfront
Der qualitativ wichtigste Teil des Anbaugebietes → Rheinhessen, an den zum Rhein hin abfallenden Hängen zwischen Bingen und Worms; fast ausschließlich mit → Riesling bestockt.

Rheingau
Deutsches Weinanbaugebiet am rechten Rheinufer von Lorchhausen bis Flörsheim am Main, etwa 40 km lang. Überwiegend Südhanglagen, die im Norden durch den Taunus abgeschirmt werden; die südliche Grenze bilden der Rhein und der Main. Milde Winter und warme Sommer begünstigen das Wachstum der Reben. Die durchschnittliche Jahrestemperatur liegt bei 9,5° C; etwa 550 mm Niederschlag; überdurchschnittlich hohe Zahl an Sonnentagen. Der Rhein dient als zusätzlicher Wärmespeicher. Die vom Rhein aufsteigenden Herbstnebel fördern die Entwicklung des → Edelfäulepilzes.
Auf Quarzit- und → Schieferböden in den höheren Lagen wachsen rassige, elegante, auf den Lehm-, Löß- und Tonböden der Tallagen vollmundige, würzige Weine. Die Phyllitschiefer in der Gegend um Assmannshausen bringen feinfruchtige → Burgunder hervor.

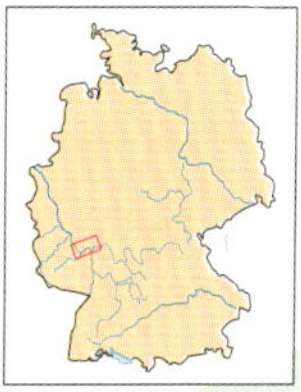

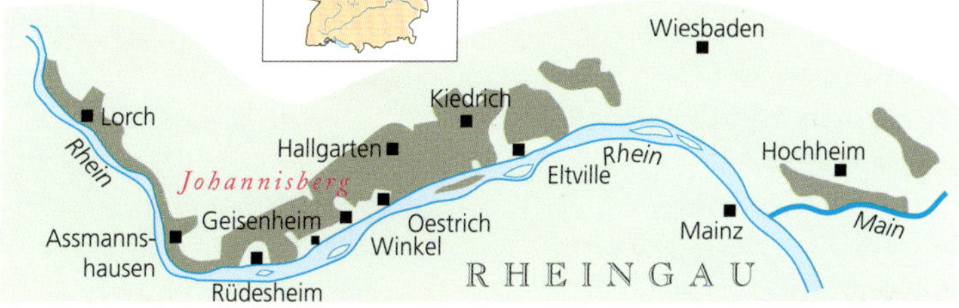

Rebfläche: 3 200 ha; das geschlossene Weinbaugebiet umfaßt nur einen Bereich, Johannisberg. Rund 300 hauptberufliche Winzer und mehrere bekannte Weingüter bringen ihre Produkte selbst auf die Flasche. Nebenerwerbswinzer liefern das Lesegut an die sieben Winzergenossenschaften. Verkauf in rund 200 Gutsschenken und → Straußwirtschaften; etwa 20 % der Ernte übernimmt der Handel. 10 % gehen in den Export. Im Frühjahr und Herbst finden im Kloster → Eberbach berühmte Weinversteigerungen statt.
Rebsorten: Vor allem der → Riesling findet hier ideale Bedingungen (2 700 ha, 80 % der bestockten Rebfläche); Würze, Eleganz und fruchtige Säure machen ihn zu einem der edelsten Weißweine der Erde. Daneben werden → Müller-Thurgau (120 ha), → Ehrenfelser (50 ha), → Kerner (34 ha) u. a. angebaut. Hoher Anteil von Spitzenweinen. Hauptsächlich auf einer kleinen Anbauinsel um Assmannshausen wächst → Spätburgunder (300 ha).
Historisches: Früh widmeten sich in diesem Gebiet Klöster und Adelshäuser dem Qualitätsweinbau. Der 1730 eingerichtete „Cabinetkeller" im Kloster Eberbach war Namensgeber für die heutigen → Kabinettweine. Im Kloster Johannisberg soll 1775 durch Zufall die erste Spätlese eingebracht worden sein (→ Spätlesereiter).
Für Touristen: Wohlhabende Winzergemeinden, Weinschlösser, Klöster und Baudenkmäler liefern auf engstem Raum ein Beispiel für jahrhundertealte Weinkultur, so z. B. in Assmannshausen, Eltville, Erbach, Geisenheim, Hallgarten, Hattenheim, Hochheim, Johannisberg, Kiedrich, Kloster Eberbach, Lorch, Oestrich-Winkel, Rauenthal, Rüdesheim.
Die Touristenstraße *Rheingauer Riesling-Route* durchzieht den Rheingau in einer Länge von 70 km von Lorchhausen über Wiesbaden bis Flörsheim am Main und führt den Besucher zu den abseits gelegenen Weinbauorten und Weinklöstern. Sie ist gut ausgeschildert (hellgrün-weiße Schilder mit gekröntem Rheingauer Römerglas).
Informationen:

Gesellschaft für Rheingauer Weinkultur e.V.
Im Alten Rathaus
65366 Geisenheim/ Johannisberg
Tel. 0 67 22 / 9 95 40
Fax 0 67 22 / 99 54 40

Schloß Johannisberg mit Rieslingreben im Rheingau

RHEINGOLDSTRASSE
Landschaftlich schöne Touristenstraße durch Weinberge und Wälder des → Mittelrheins links des Flusses. Sie beginnt bei Rhens südlich von Koblenz und endet in Rheindiebach südlich von Bacharach. Von der A 14 und der B 9 im Rheintal ist sie über zahlreiche Zufahrten bequem zu erreichen. Entlang der Straße sind Aussichtspunkte und Parkplätze mit Rundwanderwegen angelegt.

RHEINHESSEN
Größtes deutsches Weinanbaugebiet, linksrheinisch zwischen Bingen, Mainz, Worms und Alzey. Taunus und Odenwald halten die kalten Winde zurück. Das Mainzer Becken, eine früher vom Meer bedeckte Erweiterung des Rheintalgrabens, hat die verschiedenartigsten Böden. Löß macht überall den Hauptanteil aus. Feinsandiger Mergel tritt in bis zu 50 m mächtigen Schichten auf. Quarzit- und Porphyrverwitte-

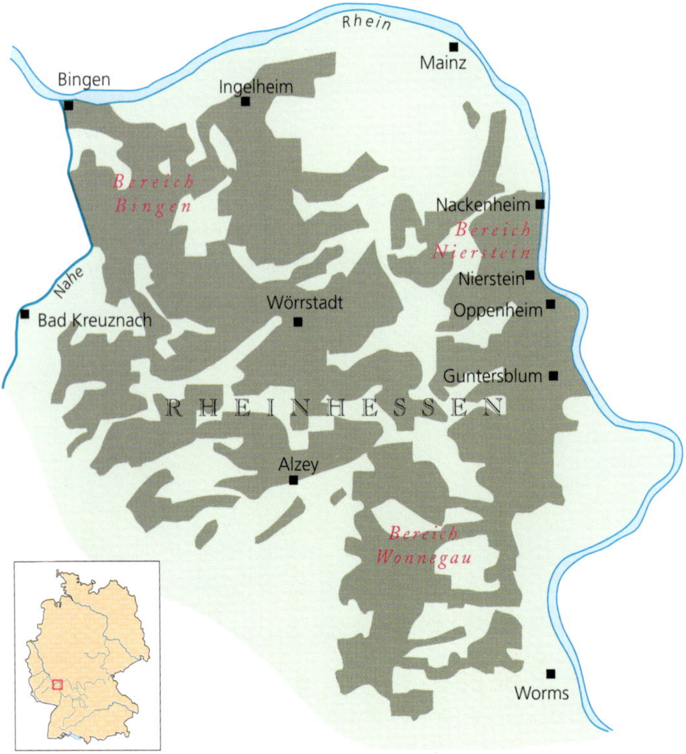

rungsböden beschränken sich auf den Westen des Gebiets. Alle Böden geben den Weinen eine milde, blumige Art. Rebfläche: 25 400 ha in den drei Bereichen Bingen, Nierstein und Wonnegau. Vorherrschend ist der bäuerliche Mischbetrieb, daneben gibt es große Weingüter, bedeutende Handelskellereien und Winzergenossenschaften.
Der → Müller-Thurgau (23 % der bestockten Rebfläche) ist heute die am meisten angebaute Rebsorte und hat den früher führenden → Silvaner (13 %) auf den zweiten Platz verdrängt. Auf den schweren Mergelböden wachsen → kernige und rassige → Riesling-Weine (9 %). Bedeutung haben aber auch die Alzeyer → Scheurebe und der → Morio-Muskat. Der → Portugieser liefert gefälligen Weißherbst oder süffige Rotweine. Stark vertreten sind auch → Neuzüchtungen wie → Faber, → Bacchus, → Huxelrebe, → Kerner, → Perle u. a.
Historisches: Etwa im 2. Jahrhundert brachten die Römer den Weinbau nach Rheinhessen. Bereits im 8. Jahrhundert gab es eine Anzahl wohlgehegter Weinberge. Karl der Große trug dann wesentlich zur Verbreitung des Rebbaus bei, vor allem in der Gegend seiner Pfalz in Ingelheim.

Oppenheim, Rheinhessen

Für Touristen: Die längs des Rheins verlaufende B 9 führt durch bekannte Weinorte, an sehenswerten Denkmälern und reizvollen Plätzen vorbei. Einfache Gasthäuser mit deftigen Gerichten und preiswerten → Schoppenweinen laden ein. Einige Tips: Alzey, Bingen, Bodenheim, Dalsheim, Guntersblum, Ingelheim, Laubenheim, Mainz, Nackenheim, Nierstein, Oppenheim, Osthofen, Worms.
Informationen:

Rheinhessenwein e.V.
An der Brunnenstube 33–35
55120 Mainz-Mombach
Tel. 0 61 31 / 99 68–0
Fax 0 61 31 / 68 27 01

RHEINRIESLING
Synonym für den Weißen → Riesling.

RHINE WINE
Der deutsche Wein vom Rhein ist im Ausland zum Inbegriff leichter, fruchtiger Weine geworden. Einheimische Weine dieser Art werden daher in den USA, Australien, Neuseeland und Südafrika gern als Rhine Wine bezeichnet.

RHÔNE
Weltweit bekannte Weine wachsen an der Rhône in Südostfrankreich zwischen Vienne und Avignon. Es sind tiefdunkle, geschmacksintensive Rotweine und Weißweine von goldener Farbe. Im Gegensatz zu Burgunder werden sie meist aus mehreren (bis zu einem Dutzend) verschiedenen Rebsorten hergestellt, die roten hauptsächlich aus dem → Syrah. Sie brauchen eine längere Lagerungszeit, bevor sie ihr optimales Geschmacksbild erreichen.
Die Klassifizierung der AC-Gebiete der Rhône unterscheidet drei verschiedene Qualitätsstufen: Appellation *Côtes du Rhône:* Rot-, Weiß- und Roséweine aus rund 130 Gemeinden. Ein Dutzend ausgesuchte Orte im südlichen Abschnitt darf seine Weine *Côtes du Rhône Villages* nennen. Ein weiteres Dutzend Ortschaften hat das Privileg, eine eigene Appellation führen zu

Im Tal der Rhône, Südfrankreich

dürfen, wie beispielweise Côte Rôtie, Condrieu und Crozes-Hermitage.
Châteauneuf-du-Pape ist die bekannteste → Appellation contrôlée des Rhônetals, zwischen Avignon und Orange gelegen. Der dunkelrote Châteauneuf-Wein hat den höchsten Mindestalkoholgehalt (12,5 Vol.-%) aller französischen Weine. Eine Weißweinrarität ist *Château-Grillet*, ein winziges, nur wenige Hektar großes AC-Gebiet südlich von Lyon.
Die Schweizer Rhônetalweine (z. B. → Dôle, → Johannisberger) werden nicht unter dem Namen „Rhône" vermarktet.

RIEDE
Österreichische Bezeichnung für den Begriff → Lage.

RIESLANER
Spätreifende, rieslingartige weiße Rebsorte mit markanter Säure. → Neuzüchtung aus einer Kreuzung von Silvaner x Riesling, durchgeführt 1921 in der Rebenzüchtungsanstalt Würzburg. Anbaufläche in Deutschland 60 ha. Der Wein ist gehaltvoll und rassig. Um → Riesling-Qualität zu erreichen, braucht er aber ein relativ hohes → Mostgewicht, d. h. gute Reife.

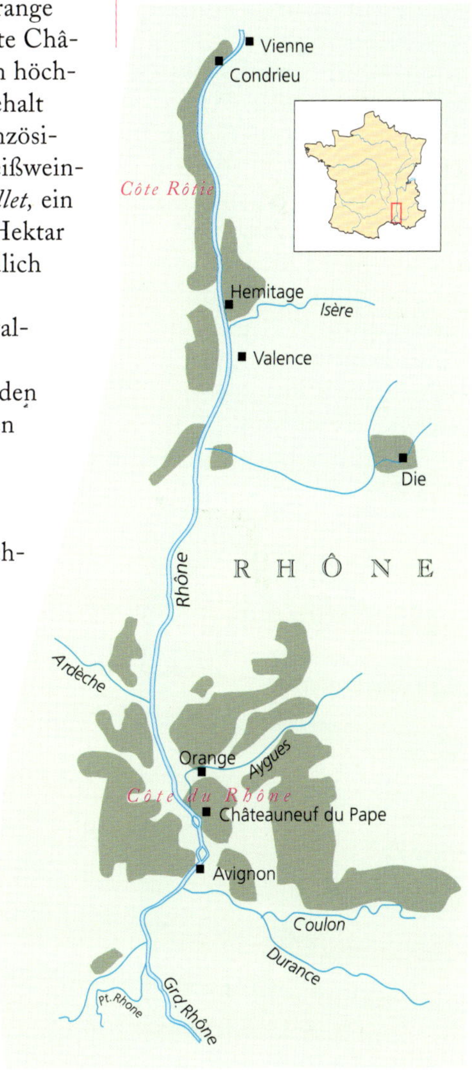

RIESLING, WEISSER
Eine der wertvollsten Weißweinsorten der Erde für alle Qualitätsklassen. Der Riesling hat kleine, unscheinbare, spät reifende Beeren. In den nördlichen Anbaugebieten bringt er feine, rassige Weißweine hervor. Edelgewächse haben ihm zu Weltruf verholfen. Nicht ein hoher Alkoholgehalt, sondern die fruchtige, erfrischende → Säure, die ihm die anregende, → elegante, spritzige Art gibt, macht ihn so begehrt. Der Riesling eignet sich zu langer Lagerung. Spitzenweine bleiben jahrzehntelang frisch. Deutschland besitzt mit 24 000 ha die größte Riesling-Rebfläche aller Weinbauländer.

Weißer Riesling

An erster Stelle steht die Mosel (6 800 ha), gefolgt von der Pfalz (5 000 ha), dem Rheingau, Württemberg, Rheinhessen, der Nahe und den anderen Anbaugebieten. Auch im Elsaß, in Österreich, Südtirol, der Schweiz und sogar in Südafrika, Australien, Kalifornien und Chile ist diese Sorte zu finden. In südlichen Ländern ergibt sie jedoch nicht die im Norden gewohnten Qualitäten.
Der Riesling stammt wahrscheinlich von der Wildrebe (Vitis vinifera silvestris) ab, die auch heute noch in den Auwäldern des mittleren Oberrheins heimisch ist. Daher gedeiht er hier an der nördlichen Weinbaugrenze besonders gut. Roter und Blauer Riesling sind seltene Knospenmutationen. Synonyme: Rheinriesling, Johannisberg (USA), Riesling Renano Bianco (Italien), Ryzlink rynsky (Slowakei und Tschechien).

RIESLING HOCHGEWÄCHS
Seit 1987 zulässige besondere Bezeichnung für reine → Riesling-Qualitätsweine, die bereits bei der Lese durch ein Kontrollverfahren erfaßt wurden, mindestens 7° Oechsle mehr aufweisen als den vorgeschriebenen Grenzwert und bei der → amtlichen Prüfung minde-

stens 3 (statt 1,5) Punkte erzielt haben. Zweck dieser Regelung ist die Förderung des Riesling-Anbaus, insbesondere im Steillagenweinbau von → Mosel-Saar-Ruwer; sie gilt aber für alle Anbaugebiete.

Weinlese in Rioja

RIESLING ITALICO (RIESLING ITALIEN)
→ Welschriesling

RIESLING RENANO BIANCO
Italienische Bezeichnung für Weißer → Riesling.

RIESLING X SYLVANER
Bezeichnung für den → Müller-Thurgau in der Schweiz.

RIOJA
Renommiertes spanisches Weinanbaugebiet im Hochland des Ebro, das in die Spitzenkategorie einer *Denominación de origen calificada* eingestuft wurde. Zentren sind Haro und Logroño. Der Rioja ist ein eleganter, feiner, nicht zu → schwerer Rotwein. Das Gebiet **Rioja Alta** (hochgelegen, kühl, feucht) bringt die zartesten und fruchtigsten Weine hervor, **Rioja Alavesa** etwas kräftigere und **Rioja Baja** (trocken, warm) schwere und alkoholreiche. Die Rioja-Spitzenweine verlangen eine längere Lagerungszeit im Eichenholzfaß.

RISERVA (ITAL.)
→ Reserva

RIVANER
Bezeichnung für den → Müller-Thurgau in Luxemburg.

Riviera del Garda Bresciano
Italienische Rotweine aus der Lombardei, Provinz Brescia, westlich des Gardasees. *Chiaretto:* kirschrot mit rubinroten Reflexen, frisch und angenehm; *Rosso:* kräftig rubinrot, gehaltvoller, leicht bitterer Nachgeschmack.

RM
Abkürzung für frz. *récoltant manipulant*. Angabe auf den Flaschenetiketten von selbstproduzierenden und -vermarktenden Winzern in der → Champagne, die etwa 20 % der gesamten Champagner-Herstellung bestreiten.

Römer
In Mitteleuropa beliebtes Weinglas von 0,2 oder 0,25 Liter Inhalt mit bauchigem, apfelförmigem Kelch auf einem sich nach oben verjüngenden dicken Stiel mit solidem Fuß. Der Römer wird gern im Rheingau als das gebietstypische Glas verwendet. Die Herkunft des Namens ist unklar. Mit den Römern hat er auf alle Fälle nichts zu tun, sondern ist in der Frührenaissance aus dem deutschen Noppen- oder Warzenglas (der Stiel war mit gläsernen Warzen verziert) entstanden. (Siehe auch „Weingläser“ S. 361.)

Roséwein
Hellroter Wein, der aus hellgekeltertem Most von Rotweintrauben hergestellt wird. Der Saft der meisten blauen Traubensorten ist weiß, da die Farbstoffe in der Beerenschale eingeschlossen sind. Erst während der → Gärung färbt sich der Most dunkler, weil sich die Farbstoffe aus den Schalen lösen. Bei der Roséweinherstellung werden – im Gegensatz zur → Rotwein-Bereitung – die Schalen schon vor oder kurz nach eintretender Gärung vom Saft getrennt, so daß der Wein nur einen mehr oder weniger zarten Rotton erhält. Im Gegensatz zum Rotwein trinkt man den Rosé gut gekühlt.
Besondere Roséweintypen in Deutschland sind → Weißherbst, → Rotling und → Schillerwein. In Österreich wird der Rosé *Gleichgepreßter* genannt, in der deutschsprachigen Schweiz allgemein *Süßdruck*, in Neuenburg und Genf bezeichnet man einen Rosé vom → Spätburgunder als → Œil de Perdrix. Die bekanntesten französischen Rosés kommen von der → Loire, aus der → Provence und dem → Beaujolais. In Italien sind vor allem der *Chiaretto* (→ Riviera del Garda, → Bardolino) und der Lagrein- → Kretzer bekannt.

Aus Portugal wird der Markenwein „Mateus“ in die ganze Welt exportiert.

ROTBERGER
Neugezüchtete Rotweinrebe des Instituts für Rebenzüchtung der Fachhochschule Geisenheim; Kreuzung Trollinger x Riesling. Anbaufläche in Deutschland ca. 30 ha. Die Sorte ist trollingerartig, von starkem Wuchs, spät reifend, mit großen blauen Trauben, zeichnet sich aber durch höheres → Mostgewicht, etwas weniger → Säure und bessere Frosthärte aus. Die oft hellen Rotweine sind kräftig, stoffig.

ROTGIPFLER
Österreichische weiße Rebsorte, die zusammen mit dem → Zierfandler die berühmten Gumpoldskirchner Weine liefert. Den Namen hat sie von den roten Spitzen der Triebe. Die Weine sind gehaltvoll mit kräftiger Säure.

ROTLING
Hellroter Wein, der durch → Verschnitt von Weiß- und Rotweintrauben oder deren → Maische hergestellt wird. Fertige Weiß- und Rotweine dürfen nach dem deutschen Weingesetz nicht miteinander verschnitten werden (→ Schillerwein).

ROTWEIN
Wein aus blauen Rebsorten. Rotweine sollen vollmundig, mild und samtig sein. Die deutschen Rotweine sind zarter und feinfruchtiger als die südländischen, die → körperreicher, farbstärker und voluminöser sind und mehr Alkohol aufweisen. Rotweine werden im allgemeinen wärmer getrunken als Weißweine und in eigens dafür bestimmten großen, bauchigen Weingläsern serviert.
Die Hauptanbaugebiete für Rotwein liegen in den warmen und heißen Weinbauländern

Schon die Farbe ist ein Genuß

entlang des Mittelmeers, in Nord- und Südamerika, in Südafrika und in Australien. In Deutschland sind knapp 20 000 ha, das sind rund 18 % der Rebfläche, mit blauen Rebsorten bepflanzt, hauptsächlich in → Württemberg, → Baden, der → Pfalz, → Rheinhessen und an der → Ahr. Das einzige reine Rotweingut nördlich der Alpen ist das Staatsweingut Assmannshausen im → Rheingau mit 24 ha Rebfläche. Die Rotweinherstellung unterscheidet sich von der Weißweinbereitung. Die dunkle Farbe ist bei den Rotweintrauben in den Beerenhäuten eingeschlossen. Bei sofortiger Kelterung würde man auch aus blauen Trauben Weißmost gewinnen. Erst nach Aufschluß der Beerenhülsen während der mehrtägigen → Maischegärung werden die eingeschlossenen Farbstoffe frei. Mit zunehmendem Alkoholgehalt steigen auch Farb- und → Gerbstoffgehalt. Daher ist es üblich, Rotweine abzupressen, wenn zwei Drittel des ursprünglich vorhandenen Zuckers durch die → Hefe in → Alkohol umgewandelt wurden. Erwärmt man die Maische vor der Vergärung, wird die Farbausbeute erhöht. Als klassische Gärgefäße dienen offene Bottiche, damit der Tresterhut (→ Trester) leicht mehrmals am Tage untergestoßen werden kann. Dabei wird auch der Farbstoff aus den Beerenhülsen herausgelöst. Am sichersten ist es, die Rotweinmaische in geschlossenen → Stahltanks zu vergären. Das erforderliche Durcharbeiten der Maische geschieht durch periodisches Rundpumpen.

ROTWEINWANDERWEG
→ Ahr

RÜCKENETIKETT
Zweites Etikett auf der Rückseite der Flasche, das Angaben über Geschmack, Serviertemperatur und historisch Interessantes über den betreffenden Wein enthalten kann. Auch die Angaben für Diabetiker stehen auf diesem Etikett.

RÜTTELN (FRZ. *REMUAGE*)
Vorgang zur Vorbereitung des → Enthefens von Rohsektflaschen nach der traditionellen → Flaschengärung (Méthode champenoise). Die Schaumweinflaschen werden zunächst waagerecht auf das → Rüttelpult, ein Pult- oder dachförmiges Brettergestell mit Löchern, „aufgesteckt“. Beim täglichen Rütteln, das über mehrere Wochen erfolgt, werden die Flaschen mit stoßartiger Bewegung ein wenig um die

Handrütteln am Rüttelpult

Längsachse gedreht und dabei jeweils etwas steiler gestellt. Die Hefe aus der zweiten Gärung, die sich an der Wand der liegenden Flasche abgesetzt hat, wandert so auf spiralförmigem Weg langsam in den Flaschenhals und sammelt sich über dem Korken der zum Schluß kopfstehenden Flasche, wo sie dann eingeeist und entfernt wird. Ein guter Rüttler bewegt bis zu 30 000 Flaschen am Tag.

RÜTTELPULT (FRZ. *PUPITRE*)
Pult- oder dachförmiges Brettergestell, in das die Rohsektflaschen nach der → Flaschengärung zum Handrütteln eingesteckt werden. Siehe → Rütteln.

RULÄNDER (GRAUER BURGUNDER, FRZ. *PINOT GRIS*, ITAL. *PINOT GRIGIO*)
Weißweinrebe mit mittelgroßen Trauben von graurötlicher Farbe, liebt warme, tiefgründige Böden; mittelfrühe bis späte Reife. Der Ruländer soll auf eine Knospenmutation des Blauen → Spätburgunders zurückzuführen sein; ein Hinweis darauf ist auch sein zweiter Name, Grauer Burgunder. Die deutsche Bezeichnung ist auf den Kaufmann Johann Seeger Ruland aus Speyer zurückzuführen, der um 1711 den Anstoß zur Verbreitung dieser Rebsorte gab.
Das Hauptverbreitungsgebiet ist Deutschland mit 2 500 ha,

Gewölbekeller mit Rüttelpulten

Ruländer

hauptsächlich in Baden (1 600 ha) und hier vor allem am Kaiserstuhl; Anbau des weiteren im Elsaß (600 ha), in der Champagne, in Burgund und in geringem Maße in Ungarn und Österreich. Ruländer gehören zu den Spitzengewächsen, insbesondere die → Spätlesen und → Auslesen. Sie sind vor allem bei Weintrinkern beliebt, die keine säurereichen, sondern → saftige, kompakte, weiche Weine mögen. Früh gelesen, zeigt er sich spritzig, leicht. Unter der Bezeichung „Grauer Burgunder“ kommt er trocken auf den Markt.
Weitere Synonyme: Tokay d'Alsace (Elsaß), Malvoisie (Westschweiz).

RUMÄNIEN
Staat in O-Europa. Auf einer Rebfläche von 250 000 ha werden vollmundige, → körperreiche Weine erzeugt (Jahresproduktion 5,5 Mio. hl). Fruchtbare Böden und das vorwiegend kontinentale Klima mit ausgewogenen Niederschlägen, warmen Sommern und langen trockenen Herbsten garantieren hohe → Mostgewichte, reife → Säure und einen hohen Anteil von → Bukettstoffen.
Rumänien ist eines der ältesten Weinbauländer Europas. Homer (8. Jh. v. Chr.) erwähnt in der Ilias die Weine Thrakiens, und Herodot (gest. ca. 425 v. Chr.) beschreibt den Weinhandel der griechischen Kolonisten an der Schwarzmeerküste. Eine Belebung erhielt der Weinbau in Transsilvanien (Siebenbürgen) durch die deutschen Siedler, die 1145–1165 ihrer bis heute bewahrten Mundart nach zu schließen aus dem moselfränkischen Raum (heutiges Luxemburg) kamen, aber „Sachsen“ genannt werden. Im Banat gaben die im 18. Jahrhundert von Kaiserin Maria Theresia ins Land gerufenen „Banater Schwaben“ dem Weinbau neue Impulse. Durch die sozialistische Wirtschaftsplanung wurde nach dem

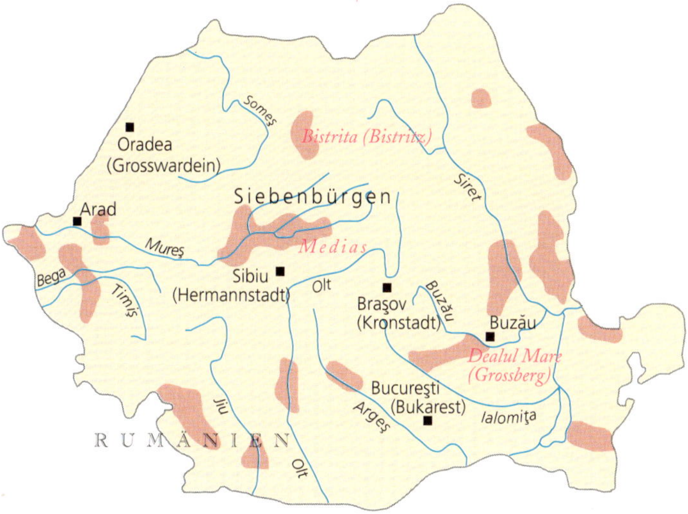

Zweiten Weltkrieg der private Weinbergbesitz in staatliche Güter oder in genossenschaftlich geführte Kombinate zusammengefaßt. Daran hat sich bis heute nicht viel geändert.

Die einzelnen Weinbaugebiete, die meist an den Hängen der Karpaten liegen, sind:

→ **Siebenbürgen.**

Banat. Südlich des Flusses Mures zwischen den Karpaten und der Westgrenze gelegen. Hauptsächlich leichte Weißweine mit zartem Bukett aus den Sorten Creata oder Riesling de Banat (Zackelweis), Steinschiller, Pinot Gris oder Rulanda (→ Ruländer), Feteasca (Mädchentraube) u. a. sowie Rotweine aus Cadarca, → Cabernet und Pinot Noir (→ Spätburgunder).

Südausläufer der Karpaten. Das Gebiet liegt zwischen Karpaten und Donau. Die bekanntesten Weinanbauorte der kleinen Walachei sind Mehedinti, Turnu-Severin, Oravita, Craiova, Dragasani und Simburesti. Es gedeihen herbe bis süße Weine aus den weißen Rebsorten Tamiiosa (Weihrauchtraube), → Sauvignon, Riesling Italian (dem → Welschriesling) sowie den roten Rebsorten → Cabernet und Pinot Noir (→ Spätburgunder).

In der Großen Walachei folgen die Zentren Arges mit Stefanesti und Golesti (Weinmuseum), das Weinbaugebiet

Dealul Mare. Neben natursüßen Weißweinen findet man hier hervorragende → körper- und bukettreiche Rotweine, die aus den gleichen Sorten wie in den benachbarten Weinbaugebieten hergestellt werden.
Moldau. Zwischen Ostkarpaten und dem Fluß Prut (seit 1945 die Ostgrenze), mit den drei Weinanbaugebieten Odobesti, Iasi und Cotnari. Im Karpatenbogen um die Stadt Odobesti befindet sich das größte geschlossene Weinbauareal Rumäniens mit Großkellereien in Focsani, Cotesti, Panciu, Nicoresti und Odobesti. Wuchtige, → kernige Weißweine werden aus den Rebsorten Galbena de Odobesti (Orangentraube), Riesling Italian (→ Welschriesling), Pinot Gris (→ Ruländer) und Feteasca (Mädchentraube) bereitet, → körperreiche, → feurige Rotweine aus Pinot Noir (→ Spätburgunder), → Cabernet Sauvignon, Babeasca (Altweibertraube) und Feteasca negra (Schwarze Mädchentraube).
Die Weine aus dem Gebiet Iasi sind leichtere, zuweilen trockene Weißweine.
Das Weinbaugebiet Cotnari, mit Staatskellerei und einigen alten Kellereien sowie den Schlössern von Cirjoaia und Paraclis, war bereits im Mittelalter ein berühmtes Spitzenanbaugebiet Rumäniens. Die Cotnari-Weine sind ölige, natursüße Weißweine mit einem Honigton und harmonischer Säure aus den Rebsorten Grasa und Feteasca (Mädchentraube).
Dobrudscha. Dieses jüngste Weinanbaugebiet Rumäniens entstand in seiner jetzigen Gestalt und Ausdehnung erst nach dem zweiten Weltkrieg am Schwarzen Meer mit Zentrum Murfatlar. Die Murfatlar-Weine sind aromatisch und sehr → körperreich, oft vollsüß mit hohem natürlichem Zuckergehalt, die Rotweine mit einem typischen, an Johannisbeeren erinnernden Bukett.

RUSSLAND

Über 100 000 ha sind in diesem Land, dessen Name eher an Wodka und Winterkälte denken läßt, mit Reben bestockt; Jahresweinproduktion 7 Mio. hl. Die Rebflächen liegen verstreut über weite Steppengebiete am Unterlauf der Kuma, des Terek, Don und Kuban, am Schwarzen und am Kaspischen Meer bis zum Nordhang des Kaukasus. Die Reben haben zum Teil unter extremer Trockenheit (360 mm Jahresniederschlag) und unter strengen Frosteinbrüchen zu leiden. Es werden robuste

Rust im Burgenland

Tafelweine und Grundweine für die Schaumwein- und Branntweinherstellung sowie Tafeltrauben produziert.

RUST
Weinstädtchen im österreichischen → Burgenland. Berühmt für seine → Beerenauslesen (*Ruster Ausbruch*).

RUST-NEUSIEDLERSEE
→ Burgenland

RUTE
Trieb des Rebstocks, der im Lauf eines Sommers gewachsen und im folgenden Herbst verholzt ist. 90 % dieser Ruten werden im Winter beim → Rebschnitt entfernt, die verbleibenden tragen im folgenden Jahr die Sommertriebe und Trauben (siehe auch → Bogrebe).

RUWER
Nebenfluß der Obermosel, der östlich von Trier bei dem Ort Ruwer in die Mosel mündet. Die rassigen, spritzigen Weine ähneln im Charakter den Saarweinen. Siehe auch Anbaugebiet → Mosel-Saar-Ruwer.

S

SAALE-UNSTRUT
Seit dem 19.5.1990 das 12. deutsche Weinbaugebiet. 380 ha Rebfläche, die von drei Großkellereien und zehn Privatwinzern bewirtschaftet wird. Mittelpunkt des Anbaugebietes sind die Städte Freyburg und Naumburg.
Die klimatischen Bedingungen gleichen denen von → Franken, obwohl die Weinberge bis über den 51. Breitengrad nach Norden vordringen. Die Rebparzellen liegen stark verstreut an den klimatisch günstigen Südost- bis Südwesthängen der Täler. Typisch ist der seit dem 17. Jahrhundert übliche Terrassenweinbau. Weinbergshäuser prägen das Landschaftsbild. Dank des günstigen Kleinklimas und der überwiegenden Muschelkalkböden entstehen Weine von herzhaft → kerniger Art, die dem Frankenwein ähneln. Große Sortenvielfalt, Hauptrebsorten: → Müller-Thurgau, → Silvaner, → Bacchus, → Gutedel, → Weißburgunder, → Riesling. Rotweine nehmen nur 5 % der Rebfläche ein.

Historisches: Der Weinbau erlebte seine Blütezeit vom 12. Jahrhundert an hauptsächlich unter dem Einfluß der Zisterzienser. Zu Beginn des 20. Jahrhunderts hatte er mit 75 ha Rebland den niedrigsten Stand, erreichte dann aber durch staatliche Förderung wieder seine heutige Ausdehnung. Die bedeutendsten Erzeugerbetriebe sind heute die Winzergenossenschaft Freyburg mit 700 Mitgliedern, das Landesweingut Kloster Pforta und die Rotkäppchen-Sektkellerei.

Für Touristen: Reizvolle Landschaft mit Rebhängen, Domen, Burgen, Schlössern und Museen. Es gibt in fast jedem Ort kleinere Gaststätten mit solider Hausmannskost und gebietstypischem Weinangebot.
Informationen:

Gebietsweinwerbung
Saale/Unstrut
Querfurter Str. 10
06632 Freyburg
Tel. 03 44 64 / 2 73 86
Fax 03 44 64 / 2 73 87

SAAR-RUWER
Bereich des Anbaugebiets → Mosel-Saar-Ruwer an den Mosel-Nebenflüssen Saar und Ruwer. Saarweine sind → nervig bis feinfruchtig. Auf den schwarzen → Schieferböden des Ruwertales wachsen vor allem herzhafte, erdige → Riesling-Weine.

SACHSEN
Seit dem 19.5.1990 das 13. deutsche Weinbaugebiet, am weitesten östlich gelegen, 320 ha groß. Am 51. Breitengrad, wo im Rheintal die letzten Weinberge kurz vor Bonn enden, beginnen sie an der Elbe bei Pillnitz, 10 km südlich von Dresden, und ziehen sich 50 km elbabwärts über Radebeul und Meißen bis zum alten Weinbauort Seußlitz. Außerhalb dieses Gebietes gibt es noch Streuparzellen in Jessen bei Wittenberg und Ostritz an der Neiße.

Kontinental geprägtes Klima mit kalten Wintern und heißen Sommern, wobei der Frühlingsanfang dem der → Hessischen Bergstraße entspricht; Spätfrostgefahr. Vielfältige Böden, von Granitverwitterungen im Meißner Gebiet über bis zu 12 m starken Löß auf den Hochebenen bis zu gneisartigen Verwitterungen im Radebeuler und Dresdener Raum. Hauptrebsorten: → Müller-Thurgau, Weißer → Burgunder, → Traminer, → Gutedel, → Riesling und → Ruländer. Die Weine sind kräftig, herb, die Lagen- und Sortenweine trocken. **Historisches:** 1161 wurde der sächsische Weinbau erstmals urkundlich erwähnt, 1250 stand er in voller Blüte. 1799 wurde in Meißen die „Sächsische Weinbaugesellschaft“ gegründet, im Jahr 1811 die erste europäische Winzerschule. 1945 betrug die Rebfläche im Elbtal nur noch 67 ha. Die vom Staat geförderte Winzergenossenschaft Meißen, das Staatsweingut Radebeul (heute Schloß Wackerbarth), vor allem aber rund 600 Feierabendwinzer setzten Terrassen und Mauern wieder instand. Die Zukunftsaussichten für den sächsischen Weinbau sind dank des regen Fremdenverkehrs günstig.

Weinberg bei Meißen

Touristische Tips: Dresden mit Semperoper, Schloß Pillnitz, Albertinum; Barockschloß Moritzburg; Meißen mit Porzellanmanufaktur, Dom, Albrechtsburg. Informationen:

Weinbauverband Sachsen
Borstr. 46
01445 Radebeul
Tel. 0 35 61 / 8 30 68 93

SÄURE
Die wichtigsten Säurearten im Wein sind die Äpfelsäure und die Weinsäure. Der Gesamtsäuregehalt wird in Promille (‰) angegeben.
Die deutschen Weine zeichnen sich, ähnlich wie das Obst aus nördlichen Breitengraden, durch ihre fruchtige, lebendige Säure aus. Steht die Säure in einem als angenehm empfundenen, harmonischen Verhältnis zur → Restsüße und zum → Extraktgehalt eines Weines, dann spricht man von fruchtiger, reifer oder → saftiger Säure. Ist die Säure unangenehm vorherrschend, so nennt man sie → hart, spitz, grasig oder grün. Für deutsche Weine gilt die Faustregel: Die Säure in Promille soll ein Zehntel des → Mostgewichtes betragen, z. B. sind bei 80° Oechsle 8 ‰ Säure optimal.

SÄUREABBAU, BIOLOGISCHER (MALOLAKTISCHE GÄRUNG, ZWEITE GÄRUNG)
Umwandlung der aggressiven Äpfelsäure (Malat) in die mildere, aber aromatischer schmeckende Milchsäure (Laktat) durch weineigene Bakterien. Der biologische Säureabbau findet nach Abschluß der alkoholischen → Gärung statt. Bei säurereichen Traubenmosten kann er erwünscht sein, muß aber vom Winzer sorgfältig beobachtet und gesteuert werden, da es dabei zu einem übermäßigen Rückgang des Säuregehalts und zu einem krautigen Geschmackston im Wein kommen kann.

SAFTIG
Vollmundiger, fruchtiger Wein, der auf der Zunge kein trockenes Gefühl hinterläßt. Als saftig charakterisierte Weine haben oft eine recht ausgeprägte → Restsüße, die jedoch durch eine feine → Säure geschmacklich ausgeglichen wird.

SAINT-LAURENT
Rotweinrebe, die um 1870 von Ökonomierat Bronner aus dem Elsaß nach Deutschland gebracht worden sein soll.
Der Name könnte von der Gemeinde Saint-Laurent im Médoc hergeleitet sein. Die Weine sind tiefrot, intensivfarbig, mit feinem Bordeaux-Bukett. Bestockte Rebfläche in Deutschland 50 ha; Tschechien 1 900 ha, Österreich 600 ha, in Frankreich kaum noch anzutreffen.
Synonyme: Sankt-Lorenz-Traube, Pinot St. Laurent.

SALVAGNIN
Rotwein aus der Waadt, → Schweiz.

SAMTIG
Bezeichnung für harmonische, elegante Rotweine mit reichlich → Extrakt- und Farbstoffen, einem angenehmen → Gerbstoff- und mäßigen → Säuregehalt, die auf der Zunge einen weichen, „samtartigen" Eindruck erzeugen.

SAMTROT
Rote Rebsorte; in Heilbronn entdeckte Mutation des → Schwarzrieslings. Die Weine sind leuchtend rot bis tiefrot, samtig und fein bis zart und erinnern in manchem an → Burgunder; sie sind den Weinen der Mutterrebe vorzuziehen. Anbaufläche in Deutschland unter 100 ha, fast ausschließlich in Württemberg.

SANGIOVESE
Wichtige italienische Rotweinsorte, vor allem in der → Toskana, wo auch ihre Urheimat liegen dürfte. Sie bildet hier den Hauptbestandteil der → Chianti-Weine (Verschnittanteil bis zu 70 %). Weltweit ca. 19 000 ha Anbaufläche, u. a. in Frankreich, Argentinien, Australien, Nordafrika. Die rubinroten Weine sind durch ein typisches Veilchenbukett und eine leichte Bitternote im → Abgang charakterisiert.

SANGRIA
Punschartiges Erfrischungsgetränk aus Spanien, bestehend aus Rotwein, Citrusfrüchten und Zucker, das meist mit Sodawasser oder Eiswürfeln und mit Orangenscheiben garniert angeboten wird.

SAUBER
Geruchlich und geschmacklich einwandfrei, ohne → Fehler. Auch ein → kleiner Wein ohne besondere Vorzüge muß sauber sein.

SAUSER
Noch stark gärender, süß schmeckender Most; Vorstadium des → Federweißen. Durch den Gärprozeß entweichen große Mengen Kohlensäure, die den Most „brausen" oder „sausen" lassen.

Sauterne
Bezeichnung für Weine im → Sauternes-Stil aus den Vereinigten Staaten (Sweet Sauterne) und Australien.

Sauternes
Weltberühmte natursüße Weißweine aus den AC-Gebieten Sauternes und Barsac im Bordelais, hauptsächlich aus der Rebsorte → Sémillon mit → Sauvignon und etwas Muscadelle. Die Trauben werden sehr spät gelesen, nachdem sie von → Edelfäule befallen sind. Sauternes-Wein ist stroh- bis goldgelb, vollmundig und edelsüß. Meist wird er im neuen Eichenholzfaß ausgebaut. Dank des hohen → Gerbstoffgehalts, das er dabei dem Faß entzieht, und des hohen Alkoholgrades (14 Vol.-% und mehr) wirkt die Süße nicht aufdringlich. Die Sauternes-Weine sind eine ausgesprochene Rarität. Château d' → Yquem ist das berühmteste Weingut des Gebietes.

Sauvignon Blanc
Weltweit expandierende weiße französische Qualitätsrebsorte, die in → Bordeaux als Grundwein für die → Sauternes-Weine und im oberen → Loire-Tal (hier *Blanc Fumé* genannt) für *Pouilly-Fumé* und *Sancerre* verwendet wird. Auch in Norditalien und in überseeischen Weinländern gewinnt sie an Bedeutung. Die fruchtigen, rassigen Weine zeigen eine pflanzenartige, an Gras und Kräuter erinnernde Würze. Können jung zu Fischgerichten getrunken werden.

Savoyen (frz. *Savoie*)
Französische Landschaft südlich des Genfer Sees. In dem kleinen AC-Gebiet wird zumeist die Chasselas-Rebe (→ Gutedel) angebaut; die Weine sind in der Regel trokken und mild, da säurearm. Sie sind blaßfarben, schmecken frisch und fein und erinnern daher an entsprechende Weine aus der nahen Schweiz. Crépy und Seyssel sind AC-Zentren. Die *Vins du Bugey* sind den → VDQS-Weinen zugeordnet.

Schädlingsbekämpfung
Zum Zweck des Pflanzenschutzes werden Insektizide (chemische Mittel zur Bekämpfung von Schadinsekten),

Biologische Schädlingsbekämpfung mit Lockstoff-Falle

Fungizide (pilzabtötende Mittel) und Herbizide (Unkrautvernichter) gepritzt. Bis zu drei Spritzungen gegen pflanzliche (Oidium, Peronospora [→ Mehltau] und → Botrytis) und tierische Schädlinge (Traubenwickler, Heu- und Sauerwurm u. a.) sind üblich. Zur Schonung des Naturhaushaltes im Weinberg finden in neuerer Zeit Methoden der biologischen Schädlingsbekämpfung und die mechanische Unkrautvernichtung zunehmende Verbreitung. Begrünung der Weinbergsböden fördert Nutzinsekten. Prophylaktische Spritzungen gegen Pilzkrankheiten werden durch Klimawarnsysteme verringert.

SCHAFFHAUSEN
Weinanbaugebiet in der → Schweiz.

SCHAL
Wein ohne Frische, der leer und → matt schmeckt. Bedingt durch Überalterung oder Luftgeschmack.

SCHATZKAMMER
Weinlagerkeller für Spitzenweine und Raritäten, die unter sorgfältiger Aufsicht reifen und dabei ihren Wert weiter steigern (→ Flaschenreife).
In den Schatzkammern traditionsreicher Weingüter finden sich oft jahrzehntealte Weine, die auf → Versteigerungen Liebhaberpreise bis zu 50 000 DM pro Flasche erzielen.
Diese wertvollen Kreszenzen bedürfen allerdings besonderer Pflege. Die Flaschen werden alle 20–25 Jahre entkorkt, probiert und die Beurteilung im Kellerbuch festgehalten. Der → Schwund wird entweder durch Glaskugeln oder Zufüllen eines gleichen Weines ausgeglichen.

Besonders effizient: Der Sprühnebel des Hubschraubers erlaubt eine sparsame Dosierung

SCHAUMWEIN
Oberbegriff für echte, aus dem Saft von Trauben gewonnene Weine, die einen Kohlensäureüberdruck von mindestens 3 bar aufweisen (Gegensatz: *Stillweine*). Der Begriff entstand als Übersetzung des französischen *vin mousseux*. → Qualitätsschaumwein, der auch als Sekt bezeichnet wird, muß die vorgeschriebene Qualitätsprüfung durchlaufen und die → amtliche Prüfungsnummer tragen. Die höchste Qualitätsstufe für deutschen Sekt lautet Qualitätsschaumwein (oder Sekt) b. A. (→ bestimmter Anbaugebiete). Er muß zu 100 % aus Weinen hergestellt sein, die in einem der 13 deutschen Weinanbaugebiete gewachsen sind, und die amtliche Prüfungsnummer tragen. Die Bezeichnung „Sekt“ darf auch für ausländische Qualitätsweine verwendet werden.
Die Geschmacksangaben lauten, in der Reihenfolge zunehmender Süße: → extra brut (extra herb), → brut (herb), → extra dry (extra trocken), → dry (trocken, sec), → demi-sec (halbtocken, medium dry) und → mild (doux, sweet).
Zu Herstellungsverfahren siehe → Flaschengärung, → Méthode rurale (Asti-Verfahren), → Tankgärung, → Transvasierverfahren.

SCHEU, GEORG
Produktivster deutscher Rebenzüchter (geb. 1897 in Krefeld, † 1949 in Alzey). Ab 1909 war er an der Landesanstalt für Rebenzüchtung in Alzey tätig und führte hier erfolgreiche → Kreuzungen durch. Am bekanntesten ist die nach ihm benannte → Scheurebe, weitere → Neuzüchtungen sind → Faber, → Huxelrebe, → Kanzler, → Regner, → Septimer, → Siegerrebe und → Würzer.

SCHEUREBE
Weiße Rebsorte, benannt nach Georg → Scheu, dem diese → Neuzüchtung 1916 in der Landesanstalt für Rebenzüchtung in Alzey gelang; Kreuzung aus Silvaner x Riesling. Der → Sortenschutz wurde 1956 erteilt. Die Scheurebe ist nach dem → Müller-Thurgau die zweite Neuzüchtung, die sich dank ihrer hervorragenden Eigenschaften im deutschen Weinbau durchsetzen konnte. Reife Scheurebeweine verbin-

Auf Schiefergestein wachsen besonders spritzige Weine

den die rassige Säure des → Rieslings mit einem vollen, kräftigen Bukett und zeigen oft einen an schwarze Johannisbeeren erinnernden Ton. In Deutschland auf 3 900 ha angebaut; geringe Verbreitung in der Steiermark.

SCHIEFER
Neben dem blaugefärbten Hunsrückschiefer (Ahr, Mosel, Mittelrhein) gilt der rötlich schimmernde Phyllitschiefer (Assmannshausen) als hervorragender Standort für die Rebe. Die Schieferplatten erwärmen sich leicht und speichern die Wärme. Auf Schieferböden wachsen leichte, spritzige, lebendige Weine mit delikatem Duft.

SCHILCHER (BLAUER WILDBACHER)
Nur in der West-→ Steiermark (230 ha) angebaute alte Lokalsorte, Grundlage für den gleichnamigen Wein, einen herben Rosé mit markanter Frucht.

SCHILLERWEIN
Württembergische Roséwein-Spezialität, hergestellt aus einem Gemenge von weißen und roten Trauben bzw. deren → Maischen. Es dürfen ausschließlich Trauben verwendet werden, die im Anbaugebiet Württemberg gewachsen sind. Ein Schillerwein muß außerdem mindestens die Anforderungen an einen Qualitätswein b. A. erfüllen.

Die Herkunft des Namens läßt sich nicht mehr erhellen. Er könnte sich auf ein Schillern in der Farbe des Weines beziehen, eventuell aber auch auf den in Schwaben geborenen Dichter Friedrich von Schiller.

SCHIMMELGESCHMACK
Dumpfer, muffiger Weingeschmack, meist zurückzuführen auf ungepflegte, schimmlige Fässer. In der Flasche kann ein Schimmelgeschmack durch einen porösen, verschimmelten → Korken hervorgerufen werden.

SCHLOSS BÖCKELHEIM
Bereich des Anbaugebietes → Nahe, südlich, westlich und südwestlich von Bad Kreuznach.

SCHNAPSIG
Ausdruck für Wein mit zu hohem, geschmacklich stark hervortretendem Alkoholgehalt.

SCHÖNBURGER
Kuriosität unter den → Neuzüchtungen; Kreuzung Spätburgunder x (Chasselas Rosa x Muscat Hamburg) des Instituts für Rebenzüchtung der Fachhochschule Geisenheim aus dem Jahr 1939. Die Rebsorte ist nach der Schönburg bei Oberwesel/Rhein benannt. Blaßrote, kräftig nach Muskat schmeckende Beeren; auch als Tafeltraube geeignet. Die Weine sind aromatisch. Rebfläche ca. 68 ha, wird auch in England angebaut.

SCHÖNUNG
Verfahren zur → Klärung von Wein durch Zusatz von Stoffen, die durch Oberflächenanziehung oder chemische Reaktionen die → Trubstoffe binden und ausflocken lassen und mit ihnen zu Boden sinken. Durch einen → Abstich werden die Weine dann vom Schönungstrub getrennt. Klassische Schönungsmittel sind u. a. Gelatine, Tannin und Kaolin (→ Bentonit). Die Behandlungsverfahren, die Höchstmengen und die Reinheitsanforderungen an die Behandlungsmittel sind im Weingesetz geregelt.

SCHOPPEN
In Deutschland und der Schweiz altes Flüssigkeitsmaß, das beim Weinausschank Verwendung findet. Während man in der Pfalz „ganze" Schoppen (0,5 l) ausschenkt, trinkt man im Rheingau „halbe" Schoppen (0,2 l), die im → Römer serviert werden. In Württemberg, Baden und Franken faßt der Römer 0,25 l und wird als „Viertel" bezeichnet. In der Schweiz ist ein Schoppen 0,375 l.

SCHOPPENWEIN
Ausschankwein, auch „Offener" genannt. Wird der Gastronomie meist in Literflaschen geliefert und als → Schoppen ausgeschenkt.

SCHORLE (GESPRITZTER, SCHORLEMORLE)
Mischgetränk aus Weißwein und Mineralwasser, das besonders in der heißen Jahreszeit wegen seiner erfrischenden, durstlöschenden Art beliebt ist.

SCHRAUBVERSCHLUSS
Siehe S. 111.

SCHWANZ
Die Geschmacksempfindung, die nach dem Hinunterschlucken eines Weines noch anhält; man sagt auch, der Wein ist nachhaltig. Vgl. → Abgang.

SCHWARZRIESLING (MÜLLERREBE)
Rotweinrebe, vorwiegend in Württemberg (1 700 ha von 2 000 ha in Deutschland insgesamt), der Steiermark, Burgund und der Champagne anzutreffen. Der Name Müllerrebe ist möglicherweise eine Übersetzung des französischen Synonyms Pinot Meunier oder aber als Hinweis auf die weißwolligen, wie bemehlten

Schwarzriesling

Triebspitzen und Blattunterseiten zu verstehen. Farbintensive, → körperreiche Weine, die dem → Spätburgunder ähneln, aber etwas säureärmer sind. Der Schwarzriesling wird häufig zum → Verschnitt von → Trollinger-Weinen verwendet. In der Champagne (10 000 ha Anbaufläche) hat er einen wichtigen Anteil bei der Bereitung von Champagner-Grundweinen.

SCHWEFELN, SCHWEFELUNG
Schon seit der Antike bekanntes Verfahren zum Frischerhalten von Wein. Durch Zugabe von Schwefliger Säure (H_2SO_3) oder Schwefeldioxyd (SO_2) wird er gegen → Oxydation geschützt. Unzureichend oder gar nicht geschwefelte Weine → altern rasch und werden → hochfarbig, sie schmecken dann → schal und ausdruckslos. Innerhalb der international zulässigen Höchstmengen ist die Schweflige Säure geschmacklich nicht wahrnehmbar. Bei der → amtlichen Prüfung deutscher Weine müssen die Schwefeldioxyd-Werte jeder einzelnen Probe angegeben werden.
Das Interesse an ungeschwefelten Weinen hat in den letzten Jahren wieder nachgelassen, nachdem sich gezeigt hat, daß die gesetzlich erlaubte Schwefelung keinerlei gesundheitliche Folgen nach sich zieht. Hinzu kommt, daß jeder Mensch mit der täglichen Nahrung wesentlich mehr Schwefel zu sich nimmt als durch den Weinkonsum.

SCHWEFLIGE SÄURE
→ Schwefeln

SCHWEIZ
Rebfläche 15 000 ha; Jahresernte ca. 1,2 Mio. hl; jährlicher Pro-Kopf-Verbrauch 42 l.
Die Schweiz ist ein Weinland für Spezialisten. Landschaftlich liegen die Weinberge einmalig schön. Der Schweizer Weinbau wurde bereits durch Karl den Großen gefördert, schrumpfte später aber als Folge des zunehmenden Handels mit südlichen Ländern auf die heutige Rebfläche. Bei hohem Pro-Kopf-Verbrauch muß das Doppelte der eigenen Ernte zusätzlich eingeführt werden.
Die Hauptrebsorten sind der → Gutedel (Chasselas; → Fendant im Wallis, → Dorin in der Waadt) mit leichten, spritzigen bis kräftigen Weinen; der Blaue → Spätburgunder (Pinot Noir, Clevner) mit frischen, fruchtigen, warmen Rotweinen; vom Riesling x Sylvaner (→ Müller-Thurgau) werden

frische, blumige Weine mit zartem Muskatgeschmack gekeltert; der → Räuschling (Zürichrebe, Thuner Rebe) ist eine alte einheimische Rebsorte vom Zürichsee mit lokaler Bedeutung. Aus Amerika eingeführte reblausresistente Sorten (Americani), wie Isabella, Noah, Clinton, werden hauptsächlich im Tessin angebaut und für die Herstellung von alkoholfreiem Traubensaft verwendet. Der Wein ist von geringer Qualität, oft mit eigenartigem → Foxtongeschmack, im Volksmund „Chatzedräckeler" genannt. Ertrags- → Hybriden (Direktträger, PD, producteurs directs) meist französischen Ursprungs mit Namen ihrer Züchter (Seyve-Villars, Seibel, Landot, Kühlmann usw.) dienen ebenfalls hauptsächlich der Gewinnung von alkoholfreiem Traubensaft.

Spezielle schweizerische Weinbenennungen sind: *Süßdruck* (Süßabdruck, Rosé), ein hellroter, aus blauen Trauben abgepreßter Wein. *Œil de Perdrix* (Auge des Rebhuhns) ist ein → Spätburgunder-Rosé. *Schiller* oder *Schillerwein* nennt man ein Gemisch von roten und weißen Trauben. Markennamen dürfen nur zusammen mit der Rebsorte verwendet werden, wie z. B. Fendant „Pierrafeu", Pinot Noir „Römerblut".

Unter „Tischwein" versteht man Konsumweine, die aus Verschnitten mit Auslandswei-

nen hergestellt werden. Die Qualitätshinweise „Auslese", „Spätlese" und „Beerenauslese" – wobei die Spätlesen höher eingestuft werden als die Auslesen – sind nicht gesetzlich geschützt. Für „Ostschweizer Produzentenweine" ist in der deutschsprachigen Schweiz das Schutzzeichen *Attestierter Winzer-Wy* als Qualitätsgarantie geschaffen worden. Es gilt für unverschnittene Erzeugerabfüllungen, die bei der Verkostung durch eine Degustationskommission mit mindestens 18 von 20 möglichen Punkten bewertet wurden.

Die Hauptweinanbaugebiete sind:

Wallis (Valais). Mit 4 500 ha Rebfläche größtes Weinanbaugebiet der Schweiz, im Hochgebirgstal der Rhone gelegen, von Visp bis Le Bouveret am Genfer See. Die Spezialität des Wallis ist der → Dôle, ein gehaltvoller Rotwein voll Wärme und Harmonie, Basis → Pinot Noir mit → Gamay-Anteilen, beide über 86° Oechsle. Weine mit niedrigerem Ausgangsmostgewicht kommen als „Goron" in den Handel. Der im ganzen Wallis als Hauptsorte angebaute

Weindorf Rivaz am Genfer See, Kanton Waadt

Chasselas (→ Gutedel) ergibt unter dem Namen → Fendant vollmundige, robuste Weine. Der *Johannisberg*, wie hier der → Silvaner genannt wird, gibt vor allem in Leytron und Chamoson blumig-duftige Weißweine, die ihrer → Restsüße wegen vielfach als „Damenweine“ bezeichnet werden.

Waadt (Vaud). Mit 3 500 ha das zweitgrößte schweizerische Weinbaugebiet, am Genfer See und am unteren Teil der schweizerischen Rhone gelegen. Spezialitäten sind hier *Dorin* (Chasselas, Weißwein), *Terravin* (Spitzen-Dorin, mit einer Marke am Flaschenhals speziell gekennzeichnet) und *Salvagnin* (Rotwein aus den Rebsorten → Pinot Noir und → Gamay).

Neuenburg (Neuchâtel). In charakteristischer Juralandschaft wachsen auf 600 ha Rebfläche frische, kohlensäurereiche Chasselas-Weißweine. Frühzeitig direkt von der Hefe auf Flaschen gefüllt (→ Sur-lie-Abzug), bilden sie im Glas an der Oberfläche kurzfristig einen „Stern“ aus aufperlender Kohlensäure („Sternwein“). Der hiesige

Œil-de-Perdrix zählt zu den markantesten der Schweiz.
Freiburg (Fribourg) am Murtensee, 100 ha, mit leichten, süffigen Weinen der Rebsorten Chasselas und → Pinot Noir.
Bern hat ein 250 ha großes geschlossenes Rebareal am Bieler See, das → Gutedel-Weine produziert.
Kräftige → Spätburgunder-Rotweine kommen aus dem Anbaugebiet **Zürich**. Der Weinbau erstreckt sich bis in die Täler der Limmat und des Rheines.
Schaffhausen: Hauptsächlich fruchtige, erdige Rotweine, in zunehmendem Maße auch → Müller-Thurgau.
Thurgau mit Streuparzellen am Untersee (vorwiegend Weißweinanbau) und im Thurtal (z. B. Kartause Ittingen und das Schloßgut Bachtobel) hat vorherrschend Rotweinanbau. Das Rheintal und das St. Galler Oberland profitieren im Herbst vom Föhn. Als „Traubenkocher" ist er von großer Bedeutung für das Heranreifen der → feurigen Rotweine.
Die **Graubündener** Rotweine oder Süßdrucke gehören zu den kraftvollsten der Ostschweiz.
Das **Tessin** und das bündnerische **Misox** besitzen 1 200 ha Rebfläche. Weinbaulich unterteilt man das Tessin in das sogenannte Sottoceneri (Gebiet Luganese) und in das nördlicher gelegene Sopraceneri. Wegen der hohen Niederschläge werden Dachlaubenerziehung (Pergola) und der Terrassenbau bevorzugt. Der Qualitätsruf des Weinbaues im Tessin hat unter dem starken Anbau amerikanischer Reben und Direktträger gelitten. Heute wird der aus Frankreich stammende → Merlot stark gefördert und verdrängt allmählich die qualitativ geringeren Sorten. Im Jahre 1948 wurde für Merlotweine die Schutzmarke VITI (Vini Ticinesi) geschaffen, die amtlicherseits für einwandfreie Qualität garantiert.

SCHWER

Bezeichnung für alkoholreiche Weine mit viel → Extrakt.

SCHWUND

Sinken des Flüssigkeitsspiegels bei längerer → Lagerung im Faß oder in der Flasche. Wenn der Luftraum in der Flasche mehr als zwei Finger hoch ist, müssen wertvolle Weine, die noch länger gelagert werden sollen, mit dem gleichen Wein aufgefüllt und neu verkorkt werden.
Der Schwund im → Holzfaß ist um so größer, je dünner die

Zuviel Luft unter dem Korken ist schädlich für die Qualität des reifenden Weines

Faßdauben, je kleiner die Fässer und je trockener und wärmer die Keller sind. Insgesamt rechnet man mit einem jährlichen Gesamtverlust von etwa 3–5 %. In Metall-, Beton- oder Kunststofftanks ist der Verlust geringer. Der durch den Schwund frei werdende Hohlraum muß wieder aufgefüllt werden, da sonst die Gefahr des → Kahmigwerdens und der Bildung eines → Essigstichs oder → Luftgeschmacks besteht.

SEC
Frz. trocken; Geschmacksbezeichnung, die auch im deutschen Sprachraum für Schaumwein verwendet wird.
Siehe → dry.

SECCO
Ital. → trocken.

SEKT
Bezeichnung für einen in einem EU-Land hergestellten → Qualitätsschaumwein. Deutscher Qualitätsschaumwein oder Deutscher Sekt darf nur aus deutschen Weinen hergestellt werden, nicht aus importierten Grundweinen. Der → Riesling ist mit großem Abstand der Favorit unter den weißen Traubensorten für deutschen Sekt. In geringerem Umfang werden Rotsekte hergestellt, erfreuen sich aber gleichwohl großer Beliebtheit. Der Ursprung des Namens „Sekt" datiert wahrscheinlich noch vor der Herstellung des

ersten deutschen Sekts, der 1826 in den neu gegründeten Sektkellereien von Esslingen (Württemberg) und Grünberg (Schlesien) heranreifte. Die Bezeichnung Sekt soll im Jahre 1825 von dem Berliner Schauspieler Ludwig Devrient kreiert worden sein. Nach einer Vorstellung soll er in der Berliner Weinstube von Lutter und Wegner am Gendarmenmarkt, noch ganz im Banne seiner Bühnenrolle, dem Kellner zugerufen haben: „Bring mir Sekt, Schurke! Ist keine Tugend mehr auf Erden?“ „Sekt“ war die Eindeutschung der Falstaff-Worte „a cup of sack“, womit ein herber spanischer Wein gemeint war. Devrient erhielt jedoch seiner Gewohnheit entsprechend vom Kellner eine Flasche Champagner. Die anwesenden Freunde, unter ihnen E. T. A. Hoffmann, fanden diese Bestellung so originell, daß sie erst scherzhaft nachgeahmt wurde und sich später allgemein einbürgerte.

Sémillon Blanc
Wichtige alte, auf der ganzen Welt verbreitete Weißweinrebe; Anbau u. a. in Argentinien, den USA, Australien und Südafrika. Von besonderer Bedeutung ist der Sémillon jedoch im → Bordeaux-Gebiet, wo er zusammen mit → Sauvignon Blanc die → Sauternes- und Barsac-Weine liefert. Der Rebsortenname soll von Saint-Émilion abgeleitet sein.

Sensorik, sensorische Prüfung
Weinprüfung mit den Sinnen. Weinqualität kann nicht chemisch oder physikalisch gemessen, sondern nur mit Hilfe der Sinne bestimmt werden. Bereits seit römischer Zeit ist die durch Horaz über-

Sensorische Weinprüfung

lieferte und auch heute noch gültige Formel c-o-s (*color* → Farbe, *odor* → Geruch, *sapor* → Geschmack) für den Ablauf einer Sinnenprobe verbindlich. Die → Weinprobe gliedert sich also in die Abschnitte Besehen, Riechen und Abschmecken mit anschließender sprachlicher Auswertung der Sinneseindrücke. Bei fachlichen Weinproben, etwa bei der Vergabe der → amtlichen Prüfungsnummer, wird die Bewertung des Weines so systematisiert, daß die Qualität in einem einfachen Zahlenwert ausgedrückt werden kann, also in einem Punktesystem (1–5 oder 1–20) wie bei einem Sportwettbewerb.

SEPTIMER
Aus dem Versuchsanbau genommene weiße → Bukettsorte, → Neuzüchtung (1927) von Georg → Scheu an der Landesanstalt für Rebenzüchtung in Alzey; Kreuzung Gewürztraminer x Müller-Thurgau. → Sortenschutz 1970, Anmeldung zurückgezogen. Frostempfindlich, niedrig im Ertrag. Das → Mostgewicht ist relativ hoch und erreicht mit durchschnittlich 90° Oechsle 10–15 Grad mehr als der → Müller-Thurgau. Die Weine sind säurearm und verkosten sich dadurch weich und mild. Trotz des überaus kräftigen, zuweilen muskatähnlichen Buketts können sie im → Abgang etwas kurz sein.

SERBIEN
Mit ca. 66 000 ha Rebfläche das größte Weinbauland im ehemaligen Jugoslawien. Der Weinbau ist über das ganze Land verteilt, mit Schwerpunkten in den Tälern der Flüsse Donau, Morava und Timok und ihrer Nebenflüsse. In ausgedehnten Weinplantagen wachsen herbe, stoffige Rotweine. Neben der bodenständigen roten Rebsorte Prokupac werden zunehmend auch französische Rotweinsorten wie Blauer → Spätburgunder (Burgundac), → Merlot, → Cabernet Franc und → Gamay Noir angebaut. Die Woiwodina (14 000 ha) ist ein Weißweingebiet. In der Provinz Kosovo (7 000 ha) liegt das Anbaugebiet des Export-Markenweins „Amselfelder".

SERVIERTEMPERATUR
Temperaturen von weniger als 6–7,5° C empfindet man als schmerzhaft kalt, um 8° C als kalt, von 10–12° C als angenehm kühl, Getränke um 20° C schmecken abgestanden.
Zu kalte Weine sprechen nicht an, da die flüchtigen → Bukettstoffe, aber auch die → Extraktstoffe weniger zur Geltung kommen. Weine mit deutlicher → Restsüße wirken bei niedrigen Temperaturen süßer als sie sind. Bei zu hoher

Im doppelwandigen Kühler behält der Weißwein seine Frische

Temperatur bleibt kein nachhaltiger Eindruck, weil die flüchtigen Stoffe zu rasch verdunsten. Alkohol, Säuren, Behandlungsfehler und → Krankheiten treten stärker in Erscheinung.
Die günstigsten Serviertemperaturen sind:

Schaum-/Perlwein: 6–8° C
Leichter Weißwein, Rosé: 8–10° C
Guter Weißwein, Spät- und Auslese: 10–12° C
Hochwertiger Weißwein, hohes Prädikat: 12–14° C
Einfacher Rotwein: 14–16° C
Kräftiger, hochwertiger Rotwein: 16–18° C
Reifer, großer Rotwein: 18–19° C

Das Temperieren muß immer behutsam erfolgen. Rotwein darf nicht in heißes Wasser oder auf die Heizung gestellt werden, Weißwein nicht ins Gefrierfach.

SHERRY

Alkoholreicher (16–20 Vol.-%) → Aperitifwein aus dem spanischen DO-Gebiet Jerez, wurde von den Engländern in Abwandlung des Ortsnamens Sherry genannt. Seinen herben, leicht bitteren Geschmack und die feine, nach Nüssen duftende Blume erhält er durch längere Lagerung bei hohen Temperaturen im dreiviertel vollen Faß, wobei die spezielle „Flor-Sherryhefe" die Weinoberfläche wie ein weißes

Sherry schmeckt vorzüglich zu pikanten kleinen Vorspeisen

Tuch schützend bedeckt und den Alterungsvorgang fördert. Hauptrebsorten sind Palomino und Pedro Ximénez, die auf mittel bis sehr kalkhaltigen Böden wachsen.
Sherryweine sind grundsätzlich → Verschnitte. Die feinsten Sherrys werden im sogenannten *Solera-System* erzeugt: Faßreihen liegen in bis zu fünf Lagen übereinander. Der zur Flaschenfüllung ausgereifte Wein wird der untersten Reihe entnommen, und zwar jeweils ein Drittel des Faßinhaltes. Zur Wiederauffüllung wird Wein aus der darüberliegenden Reihe verwendet usw.; der obersten Faßreihe wird Jungwein zugegossen. Es gibt daher keine Jahresbezeichnungen.

Die gängigsten Sherry-Typen sind:
Fino: trocken, von heller fahlgoldener Farbe und feinem Geschmack; es ist der teuerste Sherry; *Manzanilla:* weicher, geschmeidiger Fino; *Amontillado:* älterer, kerniger Fino, trocken, Haselnußaroma; *Oloroso:* wuchtig, schwer, dunkelbraun mit ausgeprägtem Nußaroma; *Abocado:* halbsüßer Oloroso; *Cortado:* zwischen Amontillado und Oloroso.
Cream-Sherry und *Old Brown Sherry* sind süße Sherrys, die meist in die nördlichen Länder exportiert werden.

SHIRAZ (SYRAH)
Hochwertige französische Rotweinrebe von weltweiter Bedeutung (ca. 30 000 ha); wichtige Verbreitungsgebiete sind neben Frankreich vor allem Australien (hier auch unter dem Namen Hermitage) und Kalifornien. Der Legende nach sollen Teilnehmer der Kreuzzüge die Rebsorte aus der persischen Stadt Shiraz nach Frankreich gebracht haben. Die Weine sind → körperreich mit ausdrucksvollem Bukett, in → Aroma und Charakter sehr stark vom Standort abhängig. Berühmte französische → Syrah-Weine sind vor allem der Côte Rôtie und der rote Hermitage; auch als Verschnittanteil, z. B. im Châteauneuf-du-Pape.

SIEBENBÜRGEN (TRANSSILVANIEN)
Weinbaugebiet in → Rumänien. Im Hochland zwischen den Ost- und Südkarpaten gelegen, weist dieses von Flüssen stark aufgegliederte Hügelland ideale Standortbedingungen für die Rebe auf. Es gedeihen trockene bis halbsüße Weißweine von vollmundiger Art mit ausgeprägter → Säure („Mosel Rumäniens“). Wahrscheinlich Urheimat des → Silvaners, der zusammen mit Feteasca Alba (Mädchentraube), Feteasca Regala (Königsast), Pinot Gris (→ Ruländer), → Muskat-Ottonel, Riesling Italian (→ Welschriesling), Pinot Noir (→ Spätburgunder) und → Traminer angebaut wird. Der früher vor allem von der deutschsprachigen Bevölkerung nach dem Vorbild der Moselwinzer (Urheimat der Siebenbürgener Sachsen; 1145 ausgewandert) gepflegte individuelle Kleinausbau der Weine im eigenen Winzerkeller mußte den unter staatlicher oder genossenschaftlicher Regie stehenden Großkellereien weichen. Zentrum ist das Kokeltal (Târnave) mit staatlichen Großkellereien in Mediasch (Medias), Frauendorf (Axente Sever), Seiden (Jidvei), Großpold (Apoldul des Sus), Weingartskirchen (Vingard) und einer Forschungsstation für Weinbau und Kellerwirtschaft in Blasendorf (Blaj). Seit der Revolution sind keine Veränderungen zu verzeichnen.

SIEBENGEBIRGE
Bereich des Anbaugebiets → Mittelrhein.

SIEGERREBE
→ Frühreife weiße Rebsorte, → Neuzüchtung (1929) der Landesanstalt für Rebenzüch-

tung in Alzey; Kreuzung Madeleine Angevine x Gewürztraminer. Als hochgradige Spät- oder → Auslese entfaltet der Wein ein äußerst intensives, feines Bukett und erfreut den Liebhaber dank seiner reichen → Extrakte mit wuchtigem Geschmack. Weniger ausgereifte Weine eignen sich wegen ihres zu aufdringlichen Buketts nur zu Verschnittweinen, welche mit Vorsicht dosiert sein wollen. Niedrige → Säurewerte (4,5–6 ‰) sind ein Merkmal dieser Rebsorte. Eine kleine Zahl von Qualitätsweinbetrieben hat sich auf sie spezialisiert, um das eigene Weinangebot zu bereichern. In Deutschland auf 200 ha angebaut, vor allem in Rheinhessen und der Pfalz.

SILVANER
Weiße Rebsorte; selten auch mit blauen oder roten Trauben. In Deutschland stand der Silvaner bis vor wenigen Jahren an der Spitze aller Rebsorten (mit über 20 000 ha). Ihm kommt das große Verdienst zu, während des 19. Jahrhunderts in der Pfalz, in Rheinhessen und an der Nahe, seinen heutigen Hauptanbaugebieten, allmählich den Massenträger → Elbling verdrängt zu haben. Inzwischen ist er, meist zugunsten von mehr versprechenden → Neuzüchtungen, mit 7 500 ha hinter → Müller-Thurgau und → Riesling zurückgefallen. Dennoch ist dies noch immer die größte Silvaner-Fläche der Erde. Im Elsaß, bei Brixen in Südtirol,

bei Sitten im schweizerischen Wallis und in den Balkanstaaten gibt es noch kleinere Anbauflächen. Mit einer gewissen Wahrscheinlichkeit stammt der Silvaner aus Transsilvanien (→ Siebenbürgen in Rumänien), das dann Pate für seinen Namen gestanden hat, und verbreitete sich ab dem 17. Jahrhundert allmählich in den Ländern der Donaumonarchie und bis nach Westeuropa.
Qualitätsmäßig liegt der Silvaner zwischen den ausgesprochenen Qualitätssorten und den Konsumweinsorten. In

guten Jahren liefert er mit seiner leichten → Säure milde, liebliche, feinfruchtige Weine. In → Franken (1 200 ha) zählt er zu den gebietstypischen Qualitätssorten. Der Silvaner eignet sich besonders zum → Verschnitt mit dem → Riesling, wenn dieser in geringeren Jahren durch zu hohe Säure → hart und → knochig ist. In geringen Jahren lassen die Silvanerweine ihr zartes Bukett vermissen und sind geschmacksneutral. Bei kellertechnisch richtiger Behandlung wird ein → breiter und → plumper Geschmack vermieden. Synonyme: Silvania (Italien), Sylvaner, Grüner Zierfandler (Österreich), Grüner Sylvaner, Johannisberger (Schweiz), Silvain vert (Frankreich), Zold Szilvani (Ungarn).

Slowakei und Tschechische Republik (ehem. Tschechoslowakei)

Im Mittelalter erlebte der Weinbau in diesem Gebiet eine Blütezeit. 1435 wurden im damaligen Preßburg (Bratislava) 477 Winzerfamilien mit über 2 000 Weingärten gezählt. Nach der → Reblaus-Invasion schrumpfte das Weinbauareal auf 16 000 ha im Jahr 1920. Unter staatlicher Förderung in der sozialistischen Agrarwirtschaft nahm der Rebbau dann wieder einen raschen Aufschwung. Gegenwärtig wird die Weingesetzgebung in der Slowakei und Tschechien den EU-Bestimmungen angepaßt. Bei der Vermarktung werden zwei Weinkategorien unterschieden: Einen hohen Marktanteil haben *Markenweine*, die in ihrer Art und Sortenzusammensetzung, möglichst ohne Jahrgangsschwankungen, typisch für eine Weinbauregion sein sollen. Von meist gehobener Qualität sind die *Weine mit Sortenbezeichnung*. Die Rebsorten wurden in Güteklassen eingestuft; an der Spitze stehen → Rheinriesling, → Sauvignon, → Traminer, → Burgunder und die Sorten des Tokajergebietes in der Slowakei, am Ende der Skala → Welschriesling, → Müller-Thurgau, → Veltliner und Mädchentraube. Überwiegend werden weiße Rebsorten angebaut. Die Sortenweine sind überwiegend trocken, die Markenweine auch halbsüß und vollsüß wie Likörweine. Weinbaulich ist das Land in Regionen (Rayone) eingeteilt und diese weiter in Sektionen, die je nach Rebsortenanteil unterschiedlich klassifiziert sind. Unterschiedliche Qualitätsstufen wie Tafelwein, Qualitätswein usw. sind mittlerweile eingeführt.

Weinbau in Slowenien. Die Rebzeilen zeichnen die Konturen des Hanges nach und vermindern dadurch die Erosion

Slowakei: 26 000 ha Rebfläche in 8 klassifizierten Weinbaugebieten im Süden des Landes entlang der Grenze zu Ungarn. Das kleine slowakische Tokajergebiet grenzt unmittelbar an das ungarische an und bringt sehr ähnliche Weine hervor. Jahresproduktion 700 000 hl, jährlicher Pro-Kopf-Verbrauch 14 l.

Tschechische Republik: 10 000 ha Rebfläche, zum kleinen Teil in Böhmen nordwestlich von Prag zwischen Most und Melnik, überwiegend in Mähren zwischen der Hauptstadt Brünn (Brno) und der Grenze zu Österreich und zur Slowakei. 500 000 hl Wein pro Jahr, jährlicher Pro-Kopf-Verbrauch 12 l.

SLOWENIEN

23 000 ha Rebfläche besitzt dieses kleine, an Italien, Österreich und Ungarn angrenzende Weinbauland mit der Hauptstadt Ljubljana; Jahresproduktion 800 000 hl. Hauptsächlich herzhafte, trockene bis leicht süße Weißweine wachsen auf ertragreichen Lehm- und Mergelböden. Hauptrebsorten sind → Welschriesling und → Rheinriesling, aber auch → Sauvignon, → Traminer und Weißer → Burgunder werden angebaut.

Bekannte Weinorte sind Maribor an der Drau, Ormoz und Ljutomer. Dieses Weinbaugebiet grenzt an die österreichische → Steiermark, zu der es zu k.u.k-Zeiten als Südsteiermark gehörte. Von deutlich anderer Art sind die Weine aus dem Primorski-Gebiet in Westslowenien, die denen der benachbarten italienischen Weinbauregion Friaul ähneln.

SOAVE
Italienischer Weißwein aus Venezien (Provinz Verona), wird aus der Garganega-Traube mit bis zu 30 % → Trebbiano erzeugt. Der Wein ist strohgelb, manchmal grünstichig, hat einen fruchtigen Geruch mit typischem, intensivem, aber zartem Duft; er ist trocken, leicht herb. Der *Soave classico* stammt aus der ältesten Anbauzone (Gemeinden Soave und Monteforte d'Alpone).

SOMMELIER
Französische Bezeichnung für den Weinkellner. Dieser Spezialist mit umfassenden Weinkenntnissen ist mittlerweile weltweit in der gehobenen Gastronomie anzutreffen. Er hat die Aufgabe, den Gast bei der Auswahl des passenden Weins zum Essen zu beraten. Sommeliers sind in Verbänden organisiert, werden in Sommelierschulen aus- oder weitergebildet und demonstrieren ihre Qualifikation durch spezielle Auszeichnungen und Tragen der Sommelier-Berufsplakette.

SORTENBUKETT
Das für eine Rebsorte typische → Bukett eines Weines. Ausgesprochene *Bukettsorten*, die den Duft des Weines stark prägen, sind → Traminer, → Gewürztraminer, → Muskat-Ottonel,

Der Sommelier berät bei der Weinauswahl

→ Muskateller, → Morio-Muskat und → Scheurebe, während Rebsorten wie → Chardonnay, → Sémillon, Silvaner, → Weißburgunder, → Portugieser und → Elbling nur ein schwaches Bukett aufweisen. Eine Mittelstellung nehmen Rebsortenweine mit zurückhaltendem, dezentem, aber charakteristischem Duft ein, wie beispielsweise → Sauvignon Blanc, → Riesling, → Müller-Thurgau, → Spätburgunder und → Cabernet Sauvignon.

SORTENCHARAKTER
Gesamtheit aller → Geschmacks-, → Geruchs- und → Farbmerkmale eines Weines, die spezifisch für eine Traubensorte sind. Vor allem die → Bukettstoffe sind stark von der Sorte geprägt.
Obwohl z. B. ein → Riesling aus der Pfalz eine andere Würze zeigt als ein solcher aus dem Rheingau, wird man dennoch immer den Riesling von beispielsweise einem → Müller-Thurgau unterscheiden können. Bei den sogenannten Bukettsorten ist das → Sortenbukett so ausgeprägt, daß alle anderen Einflüsse demgegenüber in den Hintergrund treten. Bei alten Weinen wird der Sortencharakter durch die → Firne zunehmend verwischt.

SORTENREIN
Aus nur einer Rebsorte hergestellter Wein. In Deutschland und Österreich werden meist sortenreine Weine bevorzugt. Zahlreiche weltberühmte Weine, wie weißer und roter → Bordeaux, → Sherry, → Portwein, Vinho Verde, → Madeira und → Edelzwicker, sind aber → Verschnitte von mehreren Rebsorten.
Die Angabe der Rebsorte ist nach EU-Recht bereits dann zulässig, wenn der Wein zu mindesten 85 % von Trauben dieser Sorte stammt und in seiner Art durch sie bestimmt wird.

SORTENSCHUTZ
Das EU-Sortenrecht regelt die Prüfung neuer Rebsorten sowie den Verkauf von Rebenpflanzgut. Der Sortenschutz entspricht dem Patentschutz bei Industriegütern. Nach der sogenannten Registerprüfung auf Unterscheidbarkeit, Homogenität und Beständigkeit der angemeldeten Sorte erhalten → Neuzüchtungen für 25 Jahre Sortenschutz durch Eintragung in die Sortenschutzrolle.
Bevor das Pflanzgut einer geschützten Sorte zum Vertrieb bzw. Verkauf freigegeben wird, muß in einer Wertprüfung ihr sogenannter landes-

kultureller Wert, d. h. eine Mehrleistung gegenüber vergleichbaren anderen Sorten festgestellt worden sein. Der Anbau einer Sorte ist erst dann erlaubt, wenn sie durch Landesverordnung für das betreffende Weinanbaugebiet und hier für bestimmte Höhenlagen und Böden freigegeben worden ist. Dies gilt sowohl für Neuzüchtungen als auch für klassische Rebsorten. Alle Sorten werden in „empfohlene", „zugelassene" und „vorübergehend zugelassene" eingeteilt.

SPÄTBURGUNDER, BLAUER

→ Burgunder

SPÄTLESE

Vollmundige, → körperreiche Weine, oft mit schmeckbarer Süße, die den Geschmackseindruck der Reife vermitteln und eine längere Lagerung vertragen. Ihr optimales Geschmacksbild zeigen sie, abhängig von Sorte, Herkunft und → Jahrgang, ungefähr ab dem fünften Jahr. Sie eignen sich zum genußvollen, langsamen Trinken am Abend oder als Essensbegleiter zu stark gewürzten oder süßen Speisen. Man sollte sie nicht zu kalt servieren, damit sich die Aroma- und Geschmacksfülle optimal entfaltet. An die „Entdeckung" der Spätlese in Deutschland erinnert der → Spätlesereiter auf Schloß Johannisberg im Rheingau.

Deutschland: Spätlesen müssen zur Leseprüfung angemeldet werden. Die Trauben dürfen erst nach der allgemeinen Lese vom Spätlesetermin an geerntet werden und müssen ein bestimmtes, je nach Reb-

sorte und Weinanbaugebiet unterschiedlich festgesetztes → Mindestmostgewicht aufweisen.

Österreich: Spätlesen zählen zu den → Qualitätsweinen besonderer Reife und Leseart. Das Lesegut muß mindestens 19° KMW (→ Klosterneuburger Mostwaage) aufweisen (entspr. 94° Oe), der Most darf nicht → angereichert werden

und muß aus vollreifen Trauben anerkannter Rebsorten gekeltert sein.
Schweiz: Weine gehobener Qualität, oft sogar Auslesen, werden Spätlesen genannt. Man findet sie nur im deutschsprachigen Raum.
Auch in anderen Ländern wird die späte Lese gezielt zur Erzeugung besonderer, oft natursüßer Weine eingesetzt. Im Elsaß bezeichnet man sie als *vendange tardive*, in englischsprachigen Ländern als *late harvest*.

Spätlesereiter auf Schloß Johannisberg

SPÄTLESEREITER

Standbild auf dem Weingut Schloß Johannisberg im Rheingau, das an die Entstehung der Bezeichnung → Spätlese erinnert. Der ab 1718 nachweisbare Herbstkurier brachte 1775 verspätet die Leseerlaubnis des Fürstabtes zu Fulda für das damalige Kloster Johannisberg. Die verzweifelten Mönche – ihre überreifen Trauben waren inzwischen in Fäulnis übergegangen oder zu Rosinen eingeschrumpft – lasen trotzdem und wurden reichlich belohnt. Die erste, unfreiwillige „Spätlese“ machte sie mit der → Edelfäule bekannt und lehrte sie, durch das Hinausschieben des Lesetermins aus überreifen und edelfaulen Beeren Spitzenweine zu gewinnen. Dieses Ereignis ist urkundlich belegt. In den südeuropäischen Weinbauländern ist die Tatsache, daß späte Traubenlese und Edelfäule die Qualität eines Weines merklich heben können, schon wesentlich früher erkannt und genutzt worden.

SPANIEN

Mit einer Rebfläche von 1,2 Mio. ha das größte Weinbauland der Welt. Die Produktion liegt aber mit etwa 17 hl/ha (Jahresertrag 20 Mio. hl) unter derjenigen der größten Weinproduzenten der Erde, Frankreich und Italien. Das überwiegend

trockene Klima, der weite Pflanzabstand der Reben und die konservative Einstellung der Bevölkerung haben in abgelegenen Landesteilen einen extensiven Weinbau zur Folge. Die „pellejos" – Weinschläuche, meist aus Ziegenfell, geeignet für den Weintransport auf Mauleseln – sind allerdings im Straßenbild der Weinorte kaum noch zu sehen, während die „bota" – ein Weinbeutel aus weichem Leder in Bocksbeutelform – von den Touristen gern als Souvenir gekauft wird. Spanien ist ein Rotweinland. Exportiert werden, neben Originalabfüllungen besserer Qualitäten, → Verschnitt- und → Markenweine im Faß. Die unter der geschützten Ursprungsbezeichnung *Denominación de Origen (DO)* hergestellten markanten Weine, inzwischen bereits 50 % der Gesamtproduktion, haben in den letzten zwei Jahrzehnten den Weltmarkt erobert. Der Spanienreisende aber bestellt in den Bars und Bodegas gern den „vino corriente" oder „vino de pasto", den süffigen gewöhnlichen Konsum- und → Tafelwein. Die spanischen

Weinbau in Rioja

Schaumweine (espumosos) sind mit einer Jahresproduktion von rund 0,5 Mio. hl nicht unbedeutend.
Bereits 39 Gebiete haben mittlerweile die kontrollierte Ursprungsbezeichnung Denominación de Origen. Geographische Umgrenzung, Verbot des übergebietlichen Verschnitts, Vorschriften über Herstellungsvorgang und Alterungstechnik und geschmackliche Festsetzung des Weintyps sind Grundlagen der DO-Verleihung durch das Landwirtschaftsministerium. 1988 wurde die herausragende Qualitätsstufe der *Denominación de Origen Calificada (DOC)* eingeführt, die mit noch strengeren Kontrollbestimmungen und Auflagen verbunden ist. Zum ersten DOC-Gebiet wurde → Rioja ernannt.
Die wichtigsten DO-Gebiete sind:
Alella und **Penedés**, in Katalonien in der Umgebung von Barcelona gelegen; → schwere, dunkle Rotweine und helle, verhältnismäßig trockene Weißweine, süße Muskatweine und → Malvasia. Große Schaumweinkellereien in Penedés.

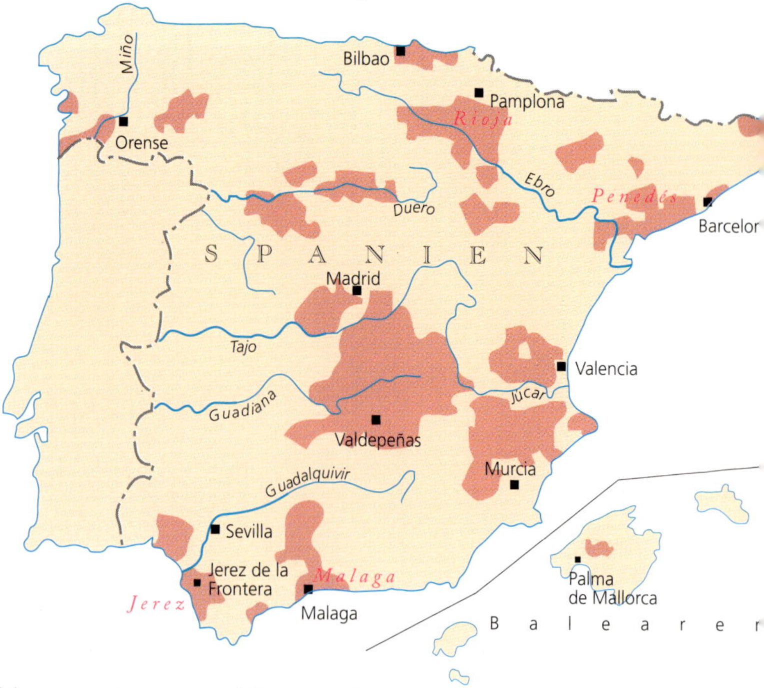

Tarragona hat rote → Likörweine, **Piorato** kräftige, meist trockene Rotweine mit hohem natürlichem Alkoholgehalt. Aus **Valencia** kommen schwere, vollmundige, süße und trockene Rotweine mit hohem → Extraktgehalt, aus → **Alicante** und **Jumilla** Rot-, Weiß- und Roséwein von trocken bis süß. **Malaga** exportiert süße Likörweine aus vollreifen Trauben, die nach der Ernte noch auf Strohmatten an der Sonne honigsüß „gebacken" werden. In **Jerez** und **Sanlúcar de Barrameda** mit dem Zentrum Jerez de la Frontera wird der spanische → Sherry (Jerez) hergestellt.

Montilla-Moriles sowie **Huelva**: Weißweine mit Sherrygeschmack, doch leichter und milder als diese. **Mancha** und **Valdepeñas** mit trockenen, herben Claretes (Rosés). Sehenswert sind die „tinajas", riesige, irdene, amphorenähnliche Weinbehälter, in den Kellereien von Valdepeñas. In **Navarra** wachsen herzhafte Rotweine und spritzige „vino verde" in den regenreichen Gebirgstälern, in **Cariñena** in der Provinz Aragón rote, weiße und Roséweine, trocken bis süß und mit hohem Alkoholgehalt.

SPEISENBEGLEITER
→ Essen und Wein, siehe S. 95 ff.

SPIEL
Ein nuancenreicher Wein mit einer Vielzahl fein abgestimmter Geschmackskomponenten hat Spiel; meist handelt es sich um würzige Weine mit pikanter Säure.

SPRITZIG
Frische, meist junge Weine mit einer angenehm lebendigen → Säure und eventuell etwas → Kohlensäure.

SPRITZUNG
→ Schädlingsbekämpfung

STAATSWEINGUT
→ Domäne

STAHLIG
Ausgeprägt säurebetonter Wein; Steigerungsform von → nervig, rassig.

STAHLTANK
Seit den fünfziger Jahren wurde das traditionelle → Holzfaß zunehmend durch Stahltanks (mit Innenverkleidung aus Glasemaille oder Kunststoff) oder Edelstahlbehälter verdrängt. Ihre Hauptvorteile liegen in der einfachen Reinigung und der damit verbundenen Hygiene. Zudem lassen

Edelstahltanks

sich verschiedene Weinarten nacheinander im selben Behälter einlagern, was beim Holzfaß nicht möglich ist. → Schwund und Gasverlust sind praktisch ausgeschlossen. Der Wein bleibt viel länger frisch als im Holzfaß. Stahlbehälter können in allen erdenklichen Formen und Größen hergestellt werden, Volumen von über 100 000 Liter sind heute keine Seltenheit mehr.

STANIMASCHKA MALAGA
Dessertwein aus → Bulgarien.

STEIERMARK
Südlichste Weinbauregion Österreichs mit 3 500 ha Rebfläche, das sind 6 % der gesamten Anbaufläche des Landes. Rebgärten überwiegend an steilen Südhängen; vorherrschend Kleinbetriebe. Die Weine sind durch die Zersplitterung des Anbaugebietes sehr unterschiedlich.

In der Steiermark unweit der Grenze zu Slowenien

Drei Weinbaugebiete:
Weststeiermark. Hier wächst eine besondere Spezialität, der → Schilcher, ein aromatischer Roséwein aus der Rebsorte Blauer Wildbacher.

Südsteiermark. Dieses geographisch kleinste, der Rebfläche nach aber größte Anbaugebiet der Steiermark umfaßt das Grenzweinbaugebiet und das Sausaler Weinbaugebiet. Bei den Weißweinen dominiert im Grenzland der → Welschriesling, auch Muskat-Sylvaner (→ Sauvignon Blanc) und → Muskateller sind Spezialitäten der Gegend. Im Sausalgebiet sind die Weine etwas härter.
Süd-Ost-Steiermark (bis 1985 Oststeiermark), an der Grenze zu Slowenien und dem Burgenland gelegen. Auf vulkanischen Böden gedeihen → Traminer und → Gewürztraminer, → Welschriesling, → Müller-Thurgau, Muskat-Sylvaner, Weißer → Burgunder.

Seilzug im Steilhang

STEIGERWALD
Bereich des Anbaugebiets → Franken, östlich und südöstlich von Kitzingen.

STEILLAGE
Weinberg mit einem Gefälle von mehr als 20 %. In kühleren Weinbauländern nutzt man die Hangneigung aus, um eine raschere und intensivere Bodenerwärmung durch die Sonneneinstrahlung zu erhalten. Weine aus Steillagen sind oft gehaltvoller und fruchtiger. Die Bewirtschaftung ist aber bedeutend aufwendiger, da der Mechanisierung Grenzen gesetzt sind. Die Erosion wird nach Möglichkeit durch Querzeilung und Terrassierung herabgesetzt. In Deutschland befinden sich noch rund 12 % der Weinberge in Steillagen. Zur Erhaltung der landschaftsprägenden, kulturhistorisch und ökologisch wertvollen Weinbergshänge wird der Steillagenweinbau teilweise durch die öffentliche Hand gefördert.

STILLWEIN
Wein, der im Gegensatz zu → Perl- oder → Schaumwein keine oder fast keine Kohlensäure freisetzt.

STOFFIG
Der Ausdruck „Stoff" ist etwa gleichzusetzen mit → Extrakt; es handelt sich also um extraktreiche, komplexe, kräftige Weine mit viel → Körper.

STRAUSSWIRTSCHAFT
Auch Hecken- oder Besenwirtschaft, in Österreich Buschenschenke. Ausschließlich im Erzeugergebiet zugelassene Weinstuben. Die angeblich bereits von Karl dem Großen erlassenen Vorschrif-

Treffpunkt beim Wein

ten zum Führen einer Straußwirtschaft, wozu auch der Kranz oder Strauß vor der Tür gehört, gelten zum Teil heute noch. Der Winzer darf nur den selbstgeernteten Wein in den eigenen Räumen ausschenken. Dazu sind kleinere Tellergerichte erlaubt, wie eingelegter Handkäse mit Zwiebeln und Butterbrot („Handkäs mit Musik"), Hausmacher Wurst, Schinken- und Käsebrote, „Spundekäs" und andere Spezialitäten. Zum → Federweißen ist der Zwiebel- oder Speckkuchen besonders beliebt. Die Winzer dürfen nur vier Monate im Jahr „zapfen". Weinfreunde schätzen nicht nur die niedrigen Preise für Speisen und Getränke, sondern vor allem die gemütliche, oft familiäre Atmosphäre.

STROHWEIN
Wein aus Trauben, die nach der Lese zum Nachreifen und Trocknen unter freiem Himmel oder in gut durchlüfteten Räumen auf Strohmatten ausgelegt werden. Aus den rosinenartig eingeschrumpften Beeren werden hochkonzentrierte → Süßweine erzeugt.

Trocknen der Trauben

Das Verfahren wird in erster Linie im trockenwarmen Klima angewandt, insbesondere in Frankreich (*Vin de paille*), Italien, Spanien. In nördlichen Gebieten ist der Herbst zu kalt und feucht und das Lesegut verdirbt leicht, wenn man es nicht umgehend abpreßt.

STÜRMISCHE GÄRUNG, HAUPTGÄRUNG
Der Zeitabschnitt zu Beginn der → Gärung, wenn die → Hefen am aktivsten sind.
Der Most schäumt dann regelrecht, und es wird so viel Kohlendioxyd (→ Kohlensäure) erzeugt, daß alte, tiefgelagerte Winzerkeller mit mangelhafter Belüftung wegen Erstickungsgefahr nicht betreten werden dürfen.
Darüber hinaus wird soviel Wärme freigesetzt, daß sich das Gärgut bei unkontrollierter Gärung auf über 40° C erhitzen kann. Daher zügelt man in der modernen Kellerwirtschaft den Gärungsverlauf durch Kälte oder Kohlensäuredruck. Die Weine entwickeln dann ein feineres, delikateres → Bukett, verkosten sich spritziger, lebendiger und altern nicht so rasch.
Die stürmische Gärung dauert bei normalen Kellertemperaturen eine Woche, kann sich aber auch bis zu drei Wochen hinziehen. Ihr folgt die stille → Nachgärung.

SÜDAFRIKA
105 000 ha Rebfläche, Jahresproduktion 9 Mio. hl Wein. Import 9 000 hl, Export 320 000 hl; jährlicher Pro-Kopf-Verbrauch 8,8 l.
Neben Tafeltrauben, Sultaninen und Rosinen höchster Exportqualität werden am Kap der Guten Hoffnung so gut

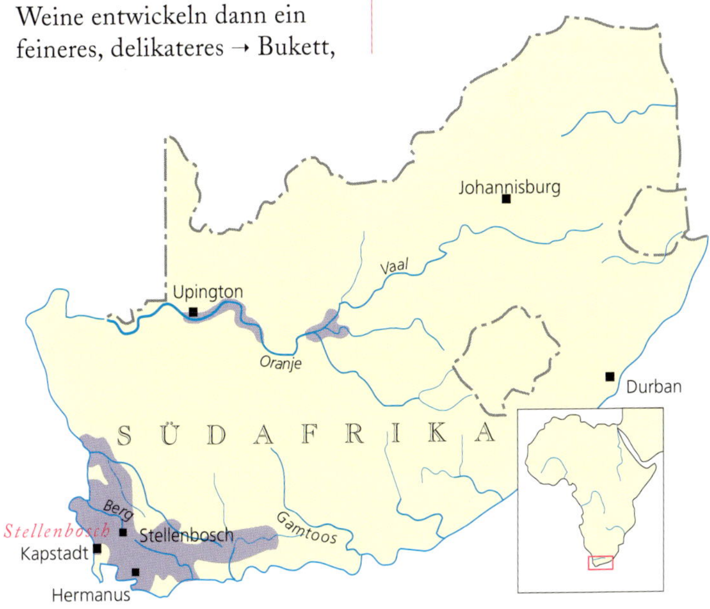

Weingut Buitenverwachting bei Kapstadt. Das historische Herrenhaus mit typisch kapholländischem Giebel

wie alle klassischen europäischen Weintypen nach Art von Port, Sherry, Muskateller, Malmsey, Burgunder, Clairet und Rheinwein erzeugt. Rund 80 % der Weinbaufläche liegen im Umkreis von 200 km um Kapstadt zwischen dem 32. und 34. Grad südlicher Breite. Der Gründer der Kapkolonie, Jan van Riebeeck, pflanzte 1655 am Fuß des Tafelbergs die ersten Reben. 1688 waren es französische Hugenotten, später vor allem deutsche Weinbauern, die den südafrikanischen Weinbau weiterentwickelten. Der von Anfang an stark betonte Export wurde 1918 durch die Gründung der KWV (Kooperative Wijnbouwers Vereniging) in feste Bahnen gelenkt.

Von Klima, Boden und Weintyp her unterscheidet man zwei Hauptregionen: das unter dem Einfluß des Meeres gemäßigtere, regenreichere sogenannte Küstengebiet mit meist trockenen Weiß- und Rotweinen sowie die regenärmere, heißere, durch Bergketten von der Küste abgetrennte Kleine Karoo mit hauptsächlich alkoholreichen → Likörweinen, „Sherrys“ und „Ports“. Tafeltrauben- und Sultaninenanbau erstreckt sich über beide Gebiete hinaus bis zu vereinzelten kleinen Oasenkulturen am Oranje und in Transvaal.

Über 70 % der Rebfläche nehmen die Hauptrebsorten Steen (Chenin Blanc), White French (Palomino), Hermitage (Cinsault) und Hanepoot (Muscat d'Alexandrie) ein. Hochwertige Weine bringen → Cabernet Sauvignon (5 %), → Chardonnay (3 %) und Weißer → Riesling (1 %). 1957 wurde das Weinbaugebiet nach dem Vorbild der EU-Herkunftsgesetze in 5 Anbaugebiete (regions), 10 Bereiche (districts) und 36 Gemarkungen (wards) eingeteilt. Eine Klassifizierung in Lagennamen bahnt sich an. Das Siegel „Certified-Gesertifiseer" erhalten Weine, die vom Wine and Spirit Board auf Ursprungs-, Jahrgangs- und Rebsortenreinheit kontrolliert wurden.

SÜDLICHE WEINSTRASSE
Bereich des Anbaugebiets → Pfalz, südlich von Neustadt an der Weinstraße.

SÜDTIROL
→ Trentino-Südtirol

SÜFFIG
Leichte, gefällige Weine einfacher Qualität, die zum Weitertrinken animieren.

SÜSSDRUCK
Bezeichnung für → Roséwein in der → Schweiz.

SÜSSE
→ Restsüße

SÜSSRESERVE
Unvergorener → Most, der einem → durchgegorenen Wein vor der Flaschenfüllung zur geschmacklichen Abrundung zugesetzt wird. Weine mit dominierender → Säure werden dadurch gefälliger und ansprechender. Auch die Frucht kommt stärker zum Ausdruck. Die Hauptmenge des Mostes wird vollkommen vergoren und normal bis zur Flaschenreife ausgebaut, ein kleiner Teil (5–20 %) des gleichen Mostes als Süßreserve zurückgehalten und durch Filtration, Erhitzen oder CO_2-Druck am Vergären gehindert, so daß der → Zucker erhalten bleibt.

Süßreservelager

SÜSSWEIN
Oberbegriff für Weine mit erhöhtem Zucker- und Alkoholgehalt (über 16 Vol.-%).

Dazu zählen Weine wie → Málaga oder Mavrodaphne, denen bei der Herstellung Alkohol oder eingedickter → Most zugesetzt wird, die → Strohweine aus angetrockneten Trauben, aber auch natursüße Weine wie → Trockenbeerenauslesen, → Ausbruchweine oder → Sauternes. Auch die „natürlich süßen Luxusweine" der Schweiz enthalten keinen Zusatz; sie zeichnen sich durch hohen → Restzucker- und Alkoholgehalt (mindestens 13 Vol.-%) aus. Die französischen „natursüßen" Weine (Vins doux naturels) dagegen sind eigentlich → Likörweine, denn sie werden durch Zusatz von Alkohol gestoppt (→ Abstoppen), ebenso wie die bekanntesten Dessertweine (Mistelle, Vins de liqueur).

SUR LIE (FRZ. *AUF DER HEFE*)

Bei diesem Verfahren, das vor allem vom → Muscadet bekannt ist (*Muscadet sur lie*), läßt man den Wein länger als gewöhnlich gären. Er nimmt dadurch einen angenehmen Hefegeschmack an und perlt leicht. Die Hefe verbraucht Sauerstoff, der Wein ist so vor → Oxydation geschützt und bewahrt seine Frische. Er wird ohne → Abstich sur lie, d. h. direkt von der Hefe, abgefüllt und jung, frisch und spritzig getrunken. In Frankreich wird diese Art der Weinbereitung traditionell in Savoyen und im Elsaß angewandt, in der Schweiz in Neuenburg, im Wallis und in der Waadt.

SYNONYME

Unterschiedliche Namen für die gleiche Rebsorte; verwirrenderweise kann auch derselbe Name für verschiedene Rebsorten gebräuchlich sein. Verbreitete Synonyme sind bei den Rebsortenbeschreibungen in diesem Buch aufgeführt.

SYRAH

→ Shiraz

T

Tafelwein (frz. *vin de table*, ital. *vino da tavola*)

Während man früher unter Tafelweinen Tischweine verstand, die man vorrangig zum Essen bei Tische, also zum „Tafeln“, verwendete, bezeichnet dieser Begriff heute nach EU-Bestimmungen die unterste → Güteklasse der Weine, unterhalb der → Qualitätsweine; → Landwein gilt als gehobener Tafelwein. Tafelweine sind meist einfache, anspruchslose Schoppenweine mit geringem Alkoholgehalt (vorgeschriebener Mindestalkohol 6 Vol.-% in → Weinbauzone B, 5 Vol.-% in A), meist → angereichert; sie dürfen keine Lagennamen tragen und brauchen sich keiner → amtlichen Prüfung zu unterziehen.
Während die Tafelweine in Deutschland eine sehr untergeordnete Rolle spielen (unter 10 % der gesamten Weinerzeugung), haben sie in Frankreich (*Vin de table*) und Italien (*Vino da tavola*) einen erheblichen Anteil an der Gesamtproduktion. Nur in Deutschland sind spezielle → Tafelweingebiete festgelegt.

Tafelweingebiete

Nur Deutschland hat fest umgrenzte Anbaugebiete für → Tafelwein. Sie führen die Namen der Flüsse, die sie durchziehen. In den übrigen EU-Ländern gelten alle außerhalb der Qualitätsweinbaugebiete liegenden Areale als Herkunftsgebiete für Tafelwein.
Für Tafelweine sind folgende fünf Weinbaugebiete mit ihren Untergebieten festgelegt:
1) Rhein-Mosel
mit Untergebieten Rhein, Mosel und Saar,
2) Bayern
mit Untergebieten Main, Donau und Lindau,
3) Neckar,
4) Oberrhein
mit Untergebieten Römertor und Burgengau,
5) Albrechtsburg (Sachsen).
Engere geographische Herkunftsangaben (z. B. Namen von Gemeinden und Ortsteilen) sind für Tafelwein verboten.

Tank

In der modernen Kellerwirtschaft lagert man den Wein immer häufiger in Tanks aus Kunststoff, Beton (mit Glas- oder Kunstharzauskleidung),

Glasemaille oder in → Stahltanks ein, da sie leichter zu warten, billiger in der Anschaffung und hygienischer sind als die klassischen → Holzfässer. Unter weitgehendem Luftabschluß halten sich die Weine im Tank länger jung, spritzig und frisch, was vor allem bei Weißweinen

Kunststofftanks

erwünscht ist. Anders verhält es sich dagegen mit Spitzenweinen, die für ihren langjährigen → Ausbau Sauerstoff benötigen und daher besser in Fässern gelagert werden.

TANKGÄRUNG
Herstellungsverfahren für → Schaumwein, bei dem im Gegensatz zur → Flaschengärung die zweite Gärung in Großtanks erfolgt. Frz. *cuve close*, engl. *bulk fermentation*; → Charmat-Verfahren international.

TANNIN
→ Gerbstoffe

TEMPERATUR
→ Klima (siehe S. 177), → Lagertemperatur, → Serviertemperatur.

TERLANER
Trockener italienischer Weißwein aus Südtirol, hergestellt aus Pinot Blanc (→ Weißburgunder), → Riesling und → Silvaner. *Classico* stammt aus den Gemeinden Terlan, Adrian und Nals.

TERRAVIN
Weißwein aus der Waadt, → Schweiz.

TERROIR
(FRZ. *ACKERBODEN*, *STANDORT*)
Französischer, auch international gern gebrauchter Ausdruck für die Gesamtheit aller natürlichen Einflußfaktoren, die auf die Rebe an ihrem Standort einwirken und dadurch die Art des Weines mitbestimmen, also nicht nur die Bodenart, sondern auch Hangneigung und -ausrichtung, Klima usw. Entspricht der → Lage in Deutschland, → Riede in Österreich.

Tessin
Weinanbaugebiet in der → Schweiz.

Thurgau
Weinanbaugebiet in der → Schweiz.

Tokajer
Weltbekannter süßer → Auslesewein aus → Ungarn. Nur Weine, die in dem geographisch abgegrenzten Anbaugebiet Tokaj-Hegyalja (*hegyalja* ungarisch „am Fuße des Berges gelegen“) gewachsen sind, einem Gebiet von 4900 ha mit 28 Gemeinden, dürfen auf dem Etikett die Bezeichnung „Tokaji“ tragen.
Man unterscheidet beim klassischen Tokajer zwei Typen: Der *Tokaji Aszú* (Ausbruch, Auslese) ist ein natürlicher → Süßwein aus den Rebsorten Furmint und Hárslevelü (Lindenblättriger) mit delikatem, an frische Brotkruste erinnernden Geschmack; ca. 12 Vol.-% Alkohol. Rosinenartig eingetrocknete, edelfaule Beeren werden in → Butten (15 kg) gelesen, zerquetscht und mit angegorenem Jungwein im ortsüblichen Gönczer Faß (135 l) zum Vergären zusammengegossen. Die Anzahl der beigefügten Butten der Trockenbeerenmaische („Aszú-Teig“, Zuckergehalt bis 60%) bestimmt die Qualität des Aszú und wird auf dem Etikett mit 2–6 *Puttonyos* (Butten) angegeben. Der Zuckergehalt des Weines schwankt dementsprechend von 30 über 60, 90, 120 bis 150 g/l, der Buttenzahl entsprechend. Man läßt den Tokaji Aszú im allgemeinen so viele Jahre im Keller reifen, wie er Butten Essenz enthält. Beim *Tokaji Szamorodni* (*szamorodne* polnisch „so wie gewachsen“) wird keine Trockenbeerenessenz zugefügt, sondern die vollreifen Trauben werden wie bei den westeuropäischen → Spätlesen eingebracht. Der *Szamorodni Edes* ist → schwer und süß, der *Szamorodni Száraz* (trocken) ein herber Appetitanreger mit delikatem Sherryton.

Ton
Tonböden neigen zu Verdichtungen und Staunässe und sind daher weniger als Rebenstandort geeignet; die maschinelle Bearbeitung ist schwierig. Mit Hilfe von Drainagen kann man dem Boden Luft zuführen und Wasser abführen.

Torkel
→ Baumkelter

Hügel, Reben und Zypressen – die Toskana

TOSKANA
Geschichts- und kunstträchtige Landschaft am Tyrrhenischen Meer in der nördlichen Mitte Italiens, Hauptstadt Florenz. Die Toskana zählt zu den großen Weinbaugebieten Italiens, ihre Bedeutung liegt aber vor allem in der Qualität der Weine. Der Anteil von DOC- und DOCG-Weinen an der Gesamtproduktion liegt weit über dem Landesdurchschnitt Italiens.
Rund 90 % der Qualitätsweine sind rot. Untrennbar mit der Toskana verknüpft ist für die meisten Menschen der Chianti, der auch mengenmäßig an der Spitze steht, bestreitet er doch allein über 10 % der Qualitätswein-(DOC- und DOCG-) Produktion Italiens. Daneben gibt es eine Reihe anspruchsvoller Rot- (z. B. *Brunello di Montalcino, Vino Nobile de Montepulciano*) und insbesondere auch Weißweine (z. B. → Vernaccia di San Gimignano), denen die Toskana vor allem ihren Ruf als Spitzenweingebiet verdankt.

Firenze
(Florenz)
Arno
San
Gimignano
Arezzo
Siena
Montepulciano
Montalcino
Brunello
di Montalcino
Ombrone
Elba
TOSKANA

TRAMINER
Aromatische weiße Rebsorte, gilt als Spezialsorte für die Gewinnung von Spitzenweinen. Der Traminer stellt hohe Ansprüche an Lage und Boden und ist leider unsicher im Ertrag; das erklärt den beschränkten Anbau. In Deutschland sind 800 ha, im Elsaß 2 500 ha, in der Südsteiermark 700 ha und in Kroatien 200 ha bestockt. Die Rebsorte stammt vermutlich aus dem Weinort Tramin in Südtirol; sie hat viele Doppelnamen, eine typische Erscheinung bei alten Qualitätsweinsorten. Die Weine weisen eine würzige, an Rosenduft erinnernde Art auf. Bei höherer Säure können sie sogar → Rasse zeigen. In guten Jahren gehören sie zu den besten Spitzengewächsen unter den Weißweinen.
Synonyme: Clevner, Klävner (Deutschland), Rotclevner (Elsaß), Gentil-Duret Rouge (übriges Frankreich), Flaischweiner (Südtirol), Termeno Aromatico (übriges Italien), Mala Dinka (Bulgarien). Der sogenannte → Gewürztraminer ist am Stock nicht vom gewöhnlichen Traminer zu unterscheiden, hat aber mehr Aroma.

TRANSVASIERVERFAHREN
Methode der → Schaumwein-Herstellung, umschließt Gärung, Reifelager auf der Flasche, anschließende → Enthefung über Großbehälter und Filter sowie Abfüllung in eine neue Flasche. Das Ergebnis ist dem der traditionellen Flaschengärung geschmacklich gleichwertig, das Renommee des Verfahrens und dementsprechend der Verkaufspreis sind aber deutlich geringer.

TREBBIANO
Weißweinrebe, weltweit (200 000 ha) auch zur Branntweinerzeugung angebaut. Aus ihr werden in Italien bekannte Weine, wie *Orvieto*, → Soave, → Lugana und *Bianco di Custoza*, gewonnen; sie ist außerdem zu 5 % Bestandteil des roten → Chianti. Die Weine sind aufgrund der Herkünfte sehr unterschiedlich: von hellgrünlicher bis tiefgoldener Tönung sowie von leichter, harmonisch feiner, säurebetonter bis → körperreicher, schwerer, alkoholreicher Art.
Synonym: Ugni Blanc.

TRENTINO-SÜDTIROL (ITAL. *TRENTINO-ALTO ADIGE*)
Italienische Weinregion im äußersten Norden des Landes. Im Tal des Eisack wurden

Rovere de la Luna, Trentino. Rebbau in landestypischer Pergola-Erziehung

Gegenstände gefunden, die den Weinbau in vorrömischer Zeit beweisen.
Aus dem italienischsprachigen Trentino, der Umgebung von Trient, kommen der *Trentino Rosso* aus → Cabernet und → Merlot, voll und harmonisch, und der *Trentino Bianco* aus → Chardonnay und Weißem → Burgunder. Die übrigen DOC-Weine tragen den Namen der Rebsorte, von der sie zu 100 % stammen.

Die Provinz Südtirol am Südhang der Alpen zählt zu den schönsten Landschaften der Welt, wegen der hohen Exportrate in deutschsprachigen Ländern Europas wohlbekannt für eine Reihe von Qualitätsweinen (bestimmtes Anbaugebiet Trentino-Südtirol), z. B. → Kalterer See, → St. Magdalener, → Meraner, → Terlaner, → Eisacktaler.
Hauptstadt von Südtirol und zugleich Zentrum des Wein-

handels ist Bozen. Von hier stammt der Bozner Leiten, ein harmonischer und weicher Rotwein. Von Bedeutung ist der in Bozen erstmals 1896 abgehaltene Südtiroler Weinmarkt. Ein Sortiment von rund 500 Südtiroler Weinen wird hier alljährlich Anfang März ausgestellt, und Verbraucher und Weinliebhaber haben Gelegenheit, die Weine zu probieren.

TRESTER
Die nach dem Pressen in der → Kelter zurückbleibende Masse aus Beerenschalen, Kernen und Kämmen. Im Durchschnitt kann man mit etwa

Tresterkuchen nach Abschluß des Preßvorgangs

25 kg Trester aus 100 Litern → Maische rechnen. Trester wird zu → Tresterschnaps weiterverarbeitet oder als organischer Dünger verwendet.

TRESTERBRANNTWEIN, TRESTERSCHNAPS
Branntwein, der durch → Destillation vergorener → Trester von Rotweinmaische oder nachträglich vergorener süßer Weißweintrester gewonnen wird. Durch längere Lagerung (mindestens 2 Jahre) wird seine Qualität erheblich gesteigert, er wird geschmacklich milder und weicher und nimmt eine leicht gelbliche Färbung an. In Frankreich → Marc genannt, in Italien → Grappa.

TRINKTEMPERATUR
→ Serviertemperatur

TROCKEN
Weine, die keine geschmacklich erkennbare → Restsüße besitzen. Nach weingesetzlichen Bestimmungen ist diese Bezeichnung nur dann zugelassen, wenn der Wein höchstens 2 g/l mehr → Zucker als → Säure, jedoch maximal 9 g Zucker pro Liter enthält. Ein trockener Wein mit einem Säuregehalt von 5,5 g/l (5,5 ‰) darf also höchstens einen Zuckergehalt von 7,5 g/l aufweisen. Hat er jedoch 8 g Säure, darf der Zuckergehalt trotzdem nur bei 9 g/l liegen, da hier der Grenzwert für die Bezeichnung „trocken“ liegt. Für → Diabetikerweine gelten andere Bestimmungen.

„Trockener" Schaumwein und Sekt darf 17–35 g/l Restsüße enthalten.

TROCKENBEERENAUSLESE
Einer der edelsten Weine der Welt, der ausschließlich aus rosinenartig eingeschrumpften, edelfaulen Beeren gewonnen wird und Rekord- → Mostgewichte bis 250° Oechsle erreichen kann. Von Proben aus den → Schatzkammern großer Weingüter weiß man, daß diese Spitzengewächse 100 und mehr Jahre alt werden können, ohne etwas von ihrer edlen Würze einzubüßen. In den eingeschrumpften Beeren werden → Zucker, → Säure und → Bukettstoffe konzentriert, so daß die Weine eine köstliche Süße und außerordentliche Geschmacks- und Geruchsfülle aufweisen. Auf Weinversteigerungen erzielen Trockenbeerenauslesen bereits nach 2–3 Jahren Lagerung 2 000 DM und mehr pro Flasche. (Siehe auch S. 23).
Deutschland: Genaue Bezeichnung: *Qualitätswein mit Prädikat Trockenbeerenauslese;* die höchste Stufe der → Prädikatsweine. → Mindestmostgewicht 150° Oechsle für alle Rebsorten und alle Anbaugebiete außer Baden (hier 154° Oe).
Österreich: Trockenbeerenauslesen kommen vor allem aus dem → Burgenland (→ Qualitätsweine besonderer Reife und Leseart); Mindestmostgewicht einheitlich 30° KMW (156° Oe).

TROLLINGER, BLAUER
Rote Rebsorte mit großen, süßen, rotblauen Trauben; auch als fleischige, würzige Tafeltraube beliebt. Verlangt sehr gute Lagen; wird spät gelesen. Liefert frische, herzhafte, → kernige Weine von hellroter Farbe. Anbaufläche in Deutschland 2 500 ha, fast aus-

schließlich in Württemberg. Das zweite große Verbreitungsgebiet ist Südtirol, wo der Trollinger unter der Bezeichnung Groß-Vernatsch die Hauptrebsorte ist. Hier wird auch seine Urheimat vermutet; der Name könnte sich über Tirolinger zu Trollinger gewandelt haben. In Belgien, Holland und England wird er im Gewächshaus gezogen. Synonyme: Fleischtraube, Bocksauge, Hammelhoden, Frankentaler (Deutschland), Groß Vernatsch, Meraner Kurtraube (Südtirol), Schiavone (übriges Italien), Großer Burgunder (Österreich), Raisin Bleu de Frankental, Frankental Noir (Frankreich), Gros Bleu (Belgien), Black Hamburg (England).

Trub, Trubstoffe, Geläger
Alle festen Bestandteile, die sich bei der → Klärung des Weines oder → Mostes am Faßboden absetzen, bestehend aus → Hefen, → Weinstein und anderen Weinkristallen, Eiweiß, feinen Fruchtfleischteilchen und Farbstoffen. Normalerweise fallen nach der → Gärung etwa 3–5 % Trub an. Auch die bei → Schönungen ausgefällten, sich absetzenden festen Bestandteile werden als Trub bezeichnet.

Trübungen
Die Ursachen für das Auftreten von Trübungen können entweder durch Mikroorganismen hervorgerufene → Krankheiten des Weines oder aber → Fehler sein, die sich im

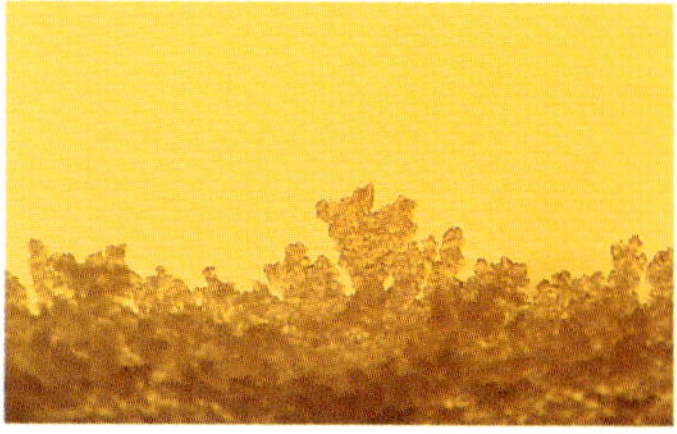

Weinsteinkristalle

nachträglichen Ausscheiden fester Partikel zeigen. Weine, die nicht blank oder glanzhell sind, also „blind“ werden, müssen in jedem Fall beanstandet werden.
Lediglich → Most und Jungwein sind naturgemäß gärtrüb. Die harmloseste Trübung, die auch nicht als Fehler angesehen werden kann, ist das Ausfallen von → Weinstein. Solche Kristalltrübungen setzen sich in der Regel schnell als Niederschlag (→ Depot) ab und beeinflussen den Wein weder in Geschmack, Geruch oder Farbe, noch sind sie gesundheitsschädlich.

Tschechische Republik
→ Slowakei und Tschechische Republik

TÜRKEI
Der Weinbau florierte einst in diesem Gebiet, noch bevor in Gallien die ersten Weinberge von griechischen Kolonisten gepflanzt wurden. Heute dienen die Erträge der 560 000 ha Rebfläche überwiegend der Erzeugung von Tafeltrauben, Rosinen und Dickmost. Die jährliche Weinproduktion von rund 260 000 hl umfaßt vorwiegend trockene und halbtrockene Dessert- und Schaumweine. Generell sind die Weine meist alkoholreich und säurearm, die süßen zeigen Muskataroma. Die Schaumweine sind mit Kohlensäure → imprägniert. In neuerer Zeit werden auch leichte, ansprechende Tischweine angeboten. Die bedeutendsten Rebsorten heißen Masandede, Narince und Emir für Weißweine, Kalecik und Cubuk für Rotweine. In der moslemischen Bevölkerung ist der Weinkonsum gering; der statistische jährliche Pro-Kopf-Inlandsverbrauch von 0,7 l ist weitgehend auf Touristen zurückzuführen.

TUNESIEN
27 000 ha Rebfläche, davon 15 000 ha Keltertrauben; 300 000 hl Wein pro Jahr.
Die ersten Spuren von Weinbau gehen auf das alte Karthago zurück. Während der arabischen und türkischen Herrschaft verschwand er, um erst durch französische und italienische Kolonisten Ende des 19. Jahrhunderts wieder eingeführt zu werden.
Der Weinbau konzentriert sich auf den Nordosten des Landes. Die Reben wachsen in den fruchtbaren Niederungen um Tunis und Kap Bon in einem milden mediterranen Klima, nur zeitweilig bedroht durch die heißen Schirokko-Winde. Produziert werden alkoholreiche, farbstarke Rotweine aus den südfranzösischen Rebsorten → Carignan, → Alicante Bouschet und Cinsault, des weiteren Weißweine aus Clairette und Ugni Blanc sowie Rosé. Als Spezialität gelten die alkoholverstärkten Muskatweine. Nach französischem Vorbild wurden → Herkunftsbezeichnungen festgelegt.
Der Inlandskonsum ist mit einem Pro-Kopf-Verbrauch von 2,7 l/Jahr noch immer gering; im Schnitt wird etwa ein Drittel der Weinproduktion exportiert. Die Weinherstellung beschränkt sich heute auf die großen Genossenschaftskellereien, während die Kleinbetriebe meist nur Trauben für den Direktverzehr anbauen.

Tunesische Weinlandschaft

U

Ukraine
Bedeutendes Weinbauland mit ca. 160 000 ha Rebfläche auf der Krim, am Unterlauf des Dnjepr, im Transkarpatengebiet, um Odessa und Ismail; Jahresproduktion rund 1 Mio. hl. Das Klima ist extrem kontinental mit heißen, trockenen Sommern und kalten Wintern mit Temperaturen bis zu -30° C, so daß die Reben zum Schutz vor → Frostschäden mit Erde bedeckt werden müssen. Volle, → körperreiche Weine sowie süße Dessertweine werden hergestellt. Der meist rote Krimsekt war bis in jüngster Zeit das einzige Weinerzeugnis der damaligen Sowjetunion, das auch im Westen Berühmtheit erlangte. Magaratsch bei Jalta auf der Krim (Forschungsinstitut für Weinbau und Kellerwirtschaft) ist die zentrale Versuchsstation. Sie kann bedeutende Forschungsergebnisse aufweisen, vor allem auf dem Gebiet der Züchtung frostresistenter Reben und des Frostschutzes, der Erosionsverhütung, der Mechanisierung und der Automatisierung sowie der kontinuierlichen Sektherstellung.

Umschlagen
Weinkrankheit, bei der durch bestimmte Bakterien hauptsächlich Weinsäure und Glycerin zersetzt werden; dabei entstehen vor allem → Essigsäure und Milchsäure. Rotweine sind häufiger betroffen als Weißweine; ihre Farbe schlägt von Rot nach Braun um, und es bildet sich ein schmutzigbrauner Bodensatz (→ Depot). Umgeschlagene Weine werden trüb und sind in Geschmack und Geruch stark beeinträchtigt bis zur Ungenießbarkeit.

Ungarn
Altes Weinland mit heute rund 130 000 ha Rebfläche. Das Klima ist vorherrschend kontinental mit Niederschlägen im Frühsommer, Hitze im Sommer und sonnigem Herbst.
Das Weingesetz unterscheidet die Qualitätsgruppen Tafelwein (Schoppenwein), *asztali/kommersz:* 9–11 Vol.-% Alkohol.
Bratenwein, *pecsenye bor*: Rebsorte und Herkunft müssen angegeben werden; 10,5–12 Vol.-% Alkohol.
Qualitätswein, *minöségi bor*: Abfüller, Ort und Zeitpunkt, Rebsorte, Jahrgang, Herkunft,

Alkoholgrad und Ladenpreis müssen angegeben sein; mindestens 12 Vol.-% Alkohol.
Spezialqualitätswein, *különleges minöségi bor*: Entspricht etwa dem → Qualitätswein mit Prädikat, Etikettenangaben wie oben; mindestens 13 Vol.-% Alkohol.
Als Abfüller mit Qualitätsgarantie gelten vor allem die staatlichen Weinkellereien Monimpex und die Exportkellerei Hungarovin.
Die ungarischen Weine sind → feurig, vollmundig, → körper- und oft alkoholreich. Rund 60 % Weiß-, 25 % Rosé-, 15 % Rotweine. Die wichtigsten Weinbaugebiete:
Sopron im Westen, im Hügelland des Neusiedler Sees, mit Sopron (Ödenburg) als Zentrum. Kräftige Rotweine und etwas weichere Rosés aus der Rebsorte Kékfrankos (Blaufränkisch, → Lemberger) sowie aromatische Weißweine aus Veltelini (→ Veltliner), Tramini (→ Traminer), Rizlingszilváni (→ Müller-Thurgau) und Leányka (Mädchentraube).
Mór nordöstlich des Plattensees (Balaton), an den Südhängen des Vértesgebirges. Hauptsächlich herzhafte, dem westeuropäischen Geschmack angepaßte Weine mit hoher, fruchtiger Säure aus der ungarischen Rebsorte Ezerjó (Tausendgut, in Österreich Kolmreifer genannt).
Somló, kleines Weinbaugebiet an den Hängen der Somló- und Ság-Basaltberge. Rebsorten und Weintyp gleichen denen des Badacsony.
Badacsony im Nordwesten des Plattensees, an den Hängen

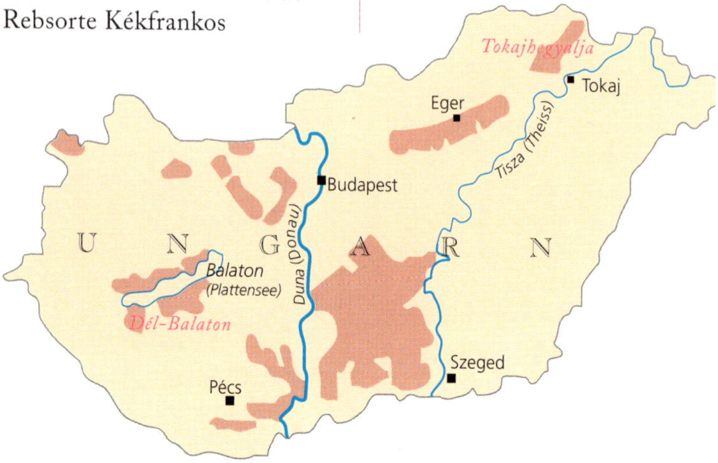

Weinbau am Balaton (Plattensee)

vulkanischer Kegel (darunter der 438 m hohe Badacsony). Dank der seewärts gerichteten sonnigen Hanglagen und der Qualitätsrebsorten, wie Kéknyelü (Blaustängler), Szürkebarát (→ Ruländer) und Olaszrizling (→ Welschriesling) goldfarbene, → wuchtige Weine. Der Kéknyelü ist meist trocken, die anderen Sorten erreichen süße Spätlesequalitäten.

Balatonfüred-Csopak, nordwestlich des Plattensees; in den flachen Lagen bringt dieses Gebiet leichtere, süffigere Weine hervor.

Balatonmellék, im Nordosten des Plattensees; vorwiegend Weißweine ähnlicher Art wie die Czopaker.

Szekszárd, bedeutendes Rotweingebiet an der Donau um die Stadt Szekszárd. Feurig-würziger, vollmundiger Kadarka, Oportó (→ Portugieser).

Mecsek an den Hängen des Mecsek-Gebirges mit Zentrum Pécs (Fünfkirchen); trockene, milde Weißweine.

Villány-Siklós im Süden des Landes; dunkelfarbige, kräftige Rotweine und würzige, alkoholreiche Weißweine.

Mátra, in Nordungarn im Schutz des waldreichen Mátra-Gebirges um die Stadt Gyöngyös gelegen; → körperreiche Weißweine sowie Tafeltrauben für Budapest und die Markthallen von Wien und München.

Bükk; ansprechende Weißweine, die selten als Flaschenweine auf den Markt kommen, wachsen hier am Fuße des Bükk-Gebirges.
Eger (Erlau), ein hübsches, von einem Festungsberg überragtes Barockstädtchen, gibt dem *Egri Bikavér* oder *Erlauer Stierblut* seinen Namen, einem kräftigen, tiefroten Wein, der aus den Traubensorten Kadarka, Malbec und → Cabernet Franc hergestellt wird. Dieses „Stierblut" soll den Verteidigern der Burg Erlau unter ihrem Führer István Dobó im Jahr 1552 die Kraft verliehen haben, dem Ansturm der Türken trotz monatelanger Belagerung standzuhalten.
Tokaj-Hegyalja, das Herkunftsgebiet des weltberühmten → Tokajers. Die Tokajerweine werden nur in der langhalsigen weißen Halbliterflasche abgefüllt. In der normalen 0,7-l-Flasche kommen der *Tokaji Furmint, Tokaji Hárslevelü, Tokaji Pecsenye bor* (Tokajer Bratenwein) und *Tokaji muskotályos* – markante Qualitätsweine mit leicht oxydativem Charakter – in den Handel.
Alföld (Ungarische Tiefebene), mit 100 000 ha Rebfläche in der Ebene zwischen Donau und Theiß. Zentren sind die Städte Kecskemét und Szeged. Die leichten Weine werden meist jung getrunken. Mit dem Weingesetz von 1994 wurde das riesige Rebbauareal in drei Gebiete unterteilt.

Unterlage, Unterlagsrebe

Bei der Rebveredelung der untere Teil der → Pfropfrebe, der als Träger des Edelreises dient. Die Unterlage bildet den

Wurzelkomplex aus. Zum Schutz gegen die → Reblaus werden heute ausschließlich reblausresistente → Amerikanerreben und deren → Kreuzungen verwendet.

Urban

Schutzpatron der Winzer, benannt nach dem römischen Papst Urban I. (222–230).

URUGUAY
11 000 ha Rebfläche; Jahresproduktion 700 000 hl Wein; jährlicher Pro-Kopf-Verbrauch 30 l.
Das Weinbaugebiet erstreckt sich seit 1890 mit Zentrum Montevideo am Rio Plata entlang. Warmes Klima mit Jahresdurchschnittstemperaturen von 22° C und ausreichenden Niederschlägen. Es werden Rot-, Weiß- und Roséweine erzeugt, teils von beachtlicher Qualität. Am meisten verbreitet sind die roten Sorten Harriague, die aus den französischen Pyrenäen stammen soll, und Vidiella, deren Ursprung nicht bekannt ist, sowie → Cabernet Sauvignon. Barbera und → Nebbiolo sollen Italiener ins Land gebracht haben. Weißweinsorten sind → Sémillon und Weißer → Burgunder.

USA
310 000 ha Rebfläche; Jahresproduktion 16 Mio. hl Wein, davon 1,2 Mio. hl Export; Import 2,6 Mio. hl; jährlicher Pro-Kopf-Verbrauch 6,7 l.
Mitte des 16. Jahrhunderts wurden die ersten Weinberge mit einheimischen → Amerikanerreben angelegt. Der Anbau europäischer Rebsorten geht auf spanische Missionare zurück, die ab 1770 in Kalifornien Meßweine herstellten. Als Kalifornien 1848 zu den USA kam, erlebte der Weinbau einen Aufschwung, der durch die Prohibition 1919 bis 1933 zum Erliegen kam. Nach dem 2. Weltkrieg setzte eine stürmische Entwicklung ein, die dem kalifornischen Wein weltweite Anerkennung brachte. Die Weinberge haben Plantagencharakter. In 25 der 50 US-Bundesstaaten werden Reben

angebaut, vor allem zwei Regionen sind aber von Bedeutung: die Westküste (→ Kalifornien) und an der Ostküste der Staat New York (Finger Lakes). Der Weinbau in Oregon, Washington, Missouri, Ohio, Virginia und Maryland ist im Kommen.
Die meisten Weine werden unter Markennamen angeboten, mehr als die Hälfte davon sind → Likörweine. Die gesetzlichen Bestimmungen sind großzügig, werden aber immer mehr denen der EU angeglichen. Die Gutsabfüllungen mit Herkunftsangabe (→ AVA, Approved Viticultural Area = kontrolliertes Anbaugebiet) unterliegen schärferen Bestimmungen.
Die Art des Handels mit alkoholischen Getränken ist in den einzelnen Bundesstaaten der USA unterschiedlich geregelt, der Großteil noch lizenziert. In einigen Staaten gibt es sogar staatliche Einzelhandelsgeschäfte. Allgemein unterscheidet man Off-Sale-(Verkauf über die Straße) und On-Sale-Geschäfte (Ausschankstellen). Der Pro-Kopf-Verbrauch stieg in den letzten Jahren beträchtlich, das Interesse am Wein hat breite Schichten der Bevölkerung erfaßt. Die USA zählen heute zu den größten Weinbauländern der Erde, und die Napa-Valley-Weingüter gewinnen bei internationalen Weinwettbewerben höchste Preise.

USBEKISTAN
Rund 160 000 ha Rebfläche; überwiegend Tafeltrauben- und Rosinenproduktion. Daneben werden jedoch auch → Likörweine sowie in höheren Lagen Weiß- und Rotweine erzeugt, insgesamt ca. 1 Mio. hl pro Jahr.

261
262
Volnay 84

V

Valle d'Aosta
→ Italien, Aostatal

Valpolicella
Italienischer Rotwein aus einem DOC-Gebiet direkt nördlich von Verona in Venetien, aus den Rebsorten Corvina Veronese (40–70 %), Rondinella und Molinara. Fruchtig, zart im Geruch, manchmal an Bittermandel erinnernd; im Geschmack trocken oder samtig, leicht herb und feinwürzig. *Valpolicella classico* stammt aus dem traditionellen Anbaugebiet der Gemeinden Marano, Fumane, Negras, San Ambigio und San Pietro Jucariano.

Valtellina (in der Schweiz: *Veltliner*)
Italienischer Rotwein aus der Lombardei, Provinz Sondrio, unweit der Schweizer Grenze. Er wird überwiegend aus der → Nebbiolo-Traube gekeltert, ist lebhaft rot mit zarter Blume, trocken und leicht → tanninhaltig. *Valtellina superiore* hat eine vorgeschriebene Lagerzeit von mindestens zwei Jahren, er ist rubinrot, herber und kräftiger.

VDP (Verband Deutscher Prädikatsweingüter)
Ältester Zusammenschluß deutscher Weingüter mit dem Ziel der Qualitätsförderung. Er entstand als Nachfolger von regionalen Versteigerungsringen, die sich im vorigen Jahrhundert als ein Mittel der Absatzförderung und Profilierung zusammengefunden hatten.

V D P

Individuell ausgebaute, sorten- und herkunftsgeprägte Gutsweine werden angestrebt. Die Mitglieder unterwerfen sich einer verbandsinternen Qualitätskontrolle. Nur wer die regelmäßige Prüfung der Betriebe und ihrer Weine besteht, darf das Verbandszeichen, einen stilisierten Adler mit Traube, auf seinen Flaschen anbringen. Durch gemeinsame Weinmessen und Versteigerungen stellen sich die Güter dem Qualitätsvergleich. Dem Verband gehören derzeit 180 Weingüter mit einer Gesamtrebfläche von rund 2 900 ha an, die in 9 Regionalverbänden zusammengefaßt sind. Die Bundesgeschäftsstelle befindet sich in Schloß Wallhausen, 55595 Wallhausen, Tel. 0 67 06 / 2 89.

VDQS (Vin délimité de qualité supérieure)
Französische Qualitätsweinbezeichnung, übersetzt „Wein höherer Qualität aus begrenztem Anbaugebiet". Die VDQS-Weine sind keine Unterabteilung der → AC-Gruppe und ihr qualitativ nicht nachgestellt, obwohl man sie in der Hierarchie der französischen Weine oft unterhalb der AC-Weine einstuft. Sie stellen ein separates System der garantierten → Herkunftsbezeichnungen dar und überschneiden sich nicht mit den AC-Ursprungsgebieten. Das VDQS-System beinhaltet keine weiteren Prädikatsklassifizierungen, wie sie bei den AC-Weinen üblich sind (→ Cru-Benennungen usw.). Der Wein muß zu 100 % aus dem angegebenen Ursprungsgebiet stammen. Rebsorten, Anbaumethoden, Hektarhöchsterträge und Weinbereitungsverfahren sind gesetzlich festgeschrieben.
Es gibt in Frankreich noch rund 40 VDQS-Weinbaugebiete mit einer Gesamtfläche von etwa 10 000 ha, Tendenz abnehmend. Rund 0,5 Mio. hl werden als VDQS-Weine auf den Markt gebracht.

Veltliner, Grüner und Roter
Hauptrebsorte von → Niederösterreich. Wie bei allen alten Sorten, kann die Herkunft des Veltliners nicht eindeutig geklärt werden. Vermutlich wurde er bereits zur Römerzeit angebaut. Die Weine sind stoffig und frisch und haben ein unverwechselbares „pfeffriges" Bukett. Synonyme: Weißgipfler, Grün-Muskateller, Mannhardsrebe. In Österreich auf 22 000 ha angebaut.

Vendange tardive
Frz. → Spätlese.

Verband Deutscher Prädikatsweingüter
→ VDP

Verbessern
→ Anreichern

Hochburg der Weinversteigerungen: Kloster Eberbach

VEREINIGTE STAATEN VON AMERIKA
→ USA

VERKOSTUNG
→ Weinprobe

VERNACCIA DI SAN GIMIGNANO
Italienischer Weißwein aus der → Toskana, wird nur aus der Vernaccia-Traube gewonnen; trocken, mit leichtem Bittermandelgeschmack.

VERNATSCH
→ Trollinger

VERSCHNITT, CUVÉE
Mischung verschiedener Grundweine, die ein höherwertiges Endprodukt zum Ziel hat. Bei anspruchsvolleren deutschen Weinen (mit Lagenbezeichnung) wird kaum vom Verschnitt Gebrauch gemacht, da man die Individualität der Fässer bewahren will. International hat der Verschnitt aber einen hohen Stellenwert, zahlreiche Spitzenweine und klassische Weintypen wie → Bordeaux, → Sherry und → Port sind Verschnitte aus mehreren Sorten oder auch Jahrgängen. Vor allem bei der Schaumweinherstellung wird der Verschnitt üblicherweise als → Cuvée bezeichnet.

VERSTEIGERUNGEN
Die deutschen Weinversteigerungen sind „naß“ (eine Probe jedes ausgerufenen Loses wird

eingeschenkt), die französischen „trocken“ (bereits am Vortag wird im Keller probiert). Den Zuschlag erhalten die Weinkommissionäre, die gemeinsam mit dem Ansteller auch die Taxation vornehmen. Sie steigern in eigenem Namen auf Rechnung ihrer Kunden, die zusammen mit dem Kommissionär an einem Tisch sitzen. Veranstalter sind in Deutschland neben sechs Weinversteigerungsgemeinschaften (z. B. Großer Ring Mosel-Saar-Ruwer, Vereinigung Rheingauer Traditionsweingüter e.V.) auch einzelne große Erzeugerbetriebe (z. B. Staatsweingut Bergstraße, Württembergische Weingärtner-Zentralgenossenschaft). Die übergebietliche Spitzenweinversteigerung des → VDP findet als großes gesellschaftliches Ereignis alle drei Jahre in Wiesbaden oder Trier statt. Weltweit berühmt sind die Versteigerungen der Hospices de Beaune in → Burgund, Frankreich; alljährlich am 3. Novembersonntag wird in der dortigen Markthalle die neue Ernte versteigert. Sotheby Parke Bernet & Co. und Christie, Manson & Woods, beide in London, halten in kürzeren Abständen Weinraritätenversteigerungen in England ab.

VIGNA, VIGNETO
Ital. → Lage. Die Angabe eines einzelnen Weinberges auf dem Etikett kann als Hinweis auf gehobene Qualität gelten.

VIGNERON
Frz. → Winzer.

VIN DÉLIMITÉ DE QUALITÉ SUPÉRIEURE
→ VDQS

VIN DE PAILLE
→ Strohwein

VIN DE PAYS (FRZ. *LANDWEIN*)
→ Tafelwein gehobener Qualität und bestimmter Herkunft, der Gebietscharakter zeigt. Der Alkoholgehalt ist gering, da der Most nicht → angereichert werden darf. Vin de pays darf nur aus bestimmten zugelassenen Rebsorten gekeltert werden, die ausschließlich in dem angegebenen abgegrenzten Vin-de-pays-Gebiet gewachsen sind. Mit ca. 15 % haben die rund 100 verschiedenen Vins de Pays Frankreichs einen beträchtlichen Anteil an der Gesamtproduktion des Landes; sie werden auch in großem Ausmaß exportiert.

VIN DU BUGEY
→ Savoyen

VINENKA
Weißwein aus → Bulgarien.

VINHO VERDE
→ Portugal

VINIFIKATION, VINIFIZIERUNG
International gebräuchlicher Ausdruck für Weinbereitung, abgeleitet von dem französischen bzw. englischen Begriff *vinification*.

VIN NOUVEAU
Frz. für den neuen, soeben erst trinkfertig gewordenen Wein; siehe auch → Primeur, → Heuriger.

VITI (VINI TICINESI)
Schutzmarke für Qualitäts-Rotweine der Rebsorte → Merlot im Tessin, → Schweiz.

VITIS VINIFERA
Botanischer Name der → Rebe.

VÖSLAU
Weinort in → Niederösterreich.

VOLL
→ Extrakt- und zusätzlich oft auch alkoholreiche Weine bezeichnet man als voll oder vollmundig. Der Gegensatz ist leer, → dünn.

W

WAADT (FRZ. *VAUD*)
Weinanbaugebiet in der → Schweiz.

WÄDENSWIL
Weinbauort im Schweizer Kanton Zürich mit Weinbauschule und Versuchsanstalt (Eidgenössische Forschungsanstalt für Obst-, Wein- und Gartenbau), wo Professor Müller-Thurgau wirkte, der Züchter der gleichnamigen Rebsorte.

WALLIS (FRZ. *VALLAIS*)
Weinanbaugebiet in der → Schweiz.

WEICH
Säurearmer, milder Wein, dem es an Rasse fehlt.

WEIN
Nach den weinrechtlichen Bestimmungen der EU „das Erzeugnis, das ausschließlich durch vollständige oder teilweise alkoholische → Gärung der frischen, auch eingemaischten Weintrauben oder des Traubenmostes gewonnen wird". Weine aus anderen Früchten müssen nach der betreffenden Frucht benannt sein, z. B. Apfelwein.

WEINANSPRACHE
Fachsprache zur Charakterisierung und Beurteilung von Weinen. Die Umsetzung der Sinneseindrücke in sprachliche Ausdrucksmittel, die einen Austausch mit anderen, mitverkostenden Personen ermöglicht, erfordert viel Erfahrung und Übung.
Wichtig ist vor allem, daß die oft recht bildhaften und phantasieanregenden Fachbegriffe, wie beispielsweise voll, leer, mollig, plump, schlank, dünn oder samtig, möglichst genau

Probenergebnisse müssen systematisch protokolliert werden

definiert und gegeneinander abgegrenzt werden. Beispielsweise gibt es zur Beschreibung der Geschmackseindrücke, die durch den Säuregehalt hervorgerufen werden, eine Vielzahl anschaulicher, gegeneinander

abgestufte Begriffe, nämlich (von wenig zu viel → Säure): fad – weich – mild – harmonisch – rassig – fest – stahlig – spitz – ziehend – hart – bissig – sauer.
Die gängigsten Ausdrücke der Weinsprache sind in diesem Lexikon kurz erläutert.

Weinarten, Weinkategorien
Nach weinrechtlichen Bestimmungen wird bei deutschen Weinen zwischen folgenden Weinarten unterschieden:
→ Weißwein: aus Weißweintrauben;
→ Rotwein: aus rotgekelterten Rotweintrauben;
→ Roséwein: aus hellgekelterten Rotweintrauben; Sonderform → Weißherbst: Q. b. A.-Roséwein aus einer einzigen Rotwein-Traubensorte;
→ Rotling: durch → Verschnitt von Weiß- und Rotweintrauben oder deren Maische hergestellter blaß- bis hellroter Wein; Sonderformen: → Schillerwein, → Badisch Gold;
→ Perlwein: Wein, der unter Kohlensäuredruck steht und erkennbar perlt.

Weinbauländer
Siehe S. 368 (Weltweinbau).

Weinbauzonen der EU
Nach den klimatischen Gegebenheiten der Länder ist die Europäische Gemeinschaft in sieben Weinbauzonen (A, B, CIa, CIb, CII, CIIIa, CIIIb) eingeteilt, beginnend im Norden bei Deutschland mit A (außer Baden, das in Zone B eingestuft ist) mit A bis zu CIII in Südspanien, -italien und Griechenland. Nach diesen Klimazonen sind die Vorschriften für → Mindestmostgewichte und Weinbereitung festgelegt, wobei zwischen → Tafelweinen und → Qualitätsweinen bestimmter Anbaugebiete unterschieden wird.

Weinberg (auch Weingarten, Wingert, Wengert)
Anbaufläche für Reben; es kann ein zusammenhängendes rebenbestandenes Areal gemeint sein oder auch eine einzelne Parzelle im Besitz eines Winzers. Im deutschsprachigen Raum handelt es sich tatsächlich häufig um → Hanglagen, so daß der Begriff Weinberg seine Berechtigung hat. In Flachlagen und vor allem in südlichen Weinbauländern haben die ausgedehnten Rebbauflächen allerdings oft eher den Charakter von Plantagen oder Feldern.

WEINBERGSROLLE
Amtliches Lagenregister bei den Landwirtschaftsämtern der Regierungsbezirke. Hier ist jede → Lage in Deutschland kartographisch eingetragen und im Hinblick auf Umgrenzung, Geologie, Klima und Rebsortenbesatz beschrieben.

WEINBRAND
Durch → Destillation aus Wein gewonnene hochprozentige Spirituose. Die Bezeichnungen *Armagnac* und → Cognac sind ausschließlich französischen Weinbränden ganz bestimmter Herkunftsgebiete vorbehalten.
Zur Weinbrandherstellung in Deutschland werden ganz überwiegend Grundweine aus südlichen Ländern importiert. Diese → Brennweine werden durch Destillation zunächst auf 52 bis maximal 86 Vol.-% Alkohol angereichert und dann in Eichenfässern gelagert, wo sie ein bis mehrere Jahre reifen. Das Qualitätsoptimum ist nach etwa 5 Jahren erreicht. Um eine gleichbleibende Qualität zu erhalten, sind Verschnitte erlaubt. Zur Verfeinerung des Geschmacks können Extrakte aus Eichenholzspänen, Pflaumen, grünen Walnüssen oder getrockneten Mandelschalen zugesetzt werden. Mit destilliertem Wasser wird der Weinbrand auf Trinkstärke (mindestens 38 Vol.-%) herabgesetzt. Die Farbe von guten Weinbränden soll Goldgelb bis Goldbraun sein. Enthält ein Weinbrand zusätzlich Alkohol, der nicht ausschließlich aus Weindestillat gewonnen wurde, darf er nur als *Weinbrand-Verschnitt* bezeichnet werden.

Armagnac

Vergnügliche Weinfeste sind allerorts beliebt

WEINFESTE
Meist mehrtägige Veranstaltungen auf Straßen und Plätzen von Winzerorten in ganz Europa. In Deutschland beginnend im April mit Weinfrühlingsfesten über Weinblütenfeste, Weinkirmes, Trachtentreffen, Weinmärkte, Weinlese- und Erntedankfeste bis in den Dezember. Festkalender erhältlich beim → DWI.
In der Schweiz haben überregionale Bedeutung: Fête des Vendanges in Neuchâtel und Fêtes des Vignerons in Vevey, Lugano, Twann, Hallau u. a.

WEINGÄRTNER
Bezeichnung für → Winzer in Württemberg.

WEINGESETZ
Die Weingesetzgebung dient hauptsächlich dem Verbraucherschutz, es hat aber auch die Aufgabe, die besondere Art der Weine eines Landes zu erhalten, die Wettbewerbsfähigkeit zu stärken und den Weinmarkt auf EU-Ebene zu harmonisieren, wobei EU-Recht das nationale Recht schlägt.
Das derzeit gültige deutsche Weingesetz trat 1971 in Kraft; 1977 und 1982 wurde es durch neue Brüsseler Aufmachungs- und Bezeichnungsrechte modifiziert. Kernstücke des EU-Weinrechts sind die Einteilung in → Güteklassen sowie die genaue → Herkunftsbezeichnung. Siehe auch → Lage, → Etikett.

Weingläser – ein passendes für jeden Zweck

Zur → Weinprobe eignen sich nur Gläser aus dünnwandigem, farblosem, reinem Glas ohne Schliffe und Gravuren, damit man die Farbe des Weines beurteilen kann. Ideal für den Weingenuß ist die typische Apfel- oder Tulpenform mit nach oben sich verjüngendem Kelch, damit sich das → Bukett entfalten, aber nicht gleich verflüchtigen kann (vgl. → Römer). Der Stiel soll handlich und stabil sein. Allgemein serviert man Weißweine in schlankeren, kleineren Gläsern als Rotweine, die bis zur Leerung länger stehen können, ohne an Qualität einzubüßen. → Likörweine gehören in kleine Gläser.

Für Schaumwein und Sekt wird der Spitzkelch oder der schlanke tulpenförmige Kelch verwendet. Die flache Schale wird dem flüchtigen Charakter des Getränks und dem Spiel der hochsteigenden Perlen nicht gerecht und ist für hochwertigen Sekt weniger zu empfehlen. Beim Spülen von Sektgläsern ist es nicht ratsam, Spülmittel zu verwenden, weil dadurch das Perlen im Glas vermindert wird. Weingläser sollten generell mit der Öffnung nach oben aufbewahrt werden, da sie sonst muffig werden.

Burgunder-, Bordeaux- und Weißweinglas, Glas für Dessertwein, für Südwein u

WEINGUT
Weinbaubetrieb, der von einer eigenen Hofstelle aus bewirtschaftet wird und der über eigene Geräte zur Bebauung, zur Kelterung des Leseguts und zum → Ausbau des Weines verfügt. Als Mindestgröße gelten in Deutschland zwei Hektar → bestockter Rebfläche. Gemäß EU-Verordnung darf der Begriff „Weingut" auf der Flasche nur erscheinen, wenn die zur Herstellung verwendeten Weintrauben ausschließlich in den eigenen Weinbergen geerntet worden sind. Statt „Weingut" dürfen auch die Bezeichnungen Schloß, → Domäne, Burg, → Château, → Domaine, Hall, Abbey, Manor, Abbazia und Castello verwendet werden.

WEINKÖNIGIN
Anläßlich des Deutschen Weinlesefestes in Neustadt/Weinstraße wird in jedem Herbst die Deutsche Weinkönigin gewählt. Sie hat reprä-

Sekt (v. l. n. r.)

Die Deutsche Weinkönigin 1996: Julia Klöckner

sentative Pflichten und vertritt die deutsche Weinwirtschaft im In- und Ausland.
Die Weinkönigin muß aus einer Winzerfamilie stammen, umfassende Weinkenntnisse besitzen, gutes Auftreten und ein angenehmes Äußeres vorweisen.
Sie wird aus dem Kreis der 13 Gebietsweinköniginnen gewählt, die sich wiederum aus den Ortsweinköniginnen der deutschen Weinbauorte rekrutieren.

WEINKÜFERMEISTER
→ Kellermeister

WEINLEHRPFAD
Beschilderter Weg durch Demonstrationsweinberge, in denen Rebsorten, Kultivierungsmethoden, → Erziehungsarten und Weinbergsgeräte anschaulich dargestellt und erläutert werden.

WEINPRESSE
→ Kelter

WEINPROBE
1. Fachprobe, auch organoleptische, Sinnen- oder → sensorische Probe, Degustation. Sie erfolgte schon zu den Zeiten der Römer nach den drei Hauptkriterien *color-odor-sapor*. Einen ersten Aufschluß über die Qualität des Weins gibt die → Farbe (*color*). Dafür hält man das selbstverständlich farblose Glas vor einen weißen, hellen Hintergrund. Der → Geruch (*odor*) wird beurteilt, nachdem man das Glas leicht geschwenkt hat, so daß die → Bukettstoffe frei werden. Zur Beurteilung des → Geschmacks (*sapor*) schließlich nimmt man einen Schluck mit etwas Luft in den Mund und läßt ihn über die Zunge gleiten.
Anspruchsvolle Weinproben, die auf eine Bewertung abzielen, werden als → Blindproben durchgeführt, d. h. die Identität des Weines ist bei der Probe unbekannt.
2. Private Weinprobe.
Bei der Weinprobe zu Hause im geselligen Rahmen sollte man folgende Regeln beachten: An den Anfang werden die leichten Tisch- und → Schoppenweine gestellt, gefolgt von den → fülligeren, fruchtigeren Qualitäten. Dann kommen → Spätlese und → Auslese, den Höhepunkt bilden → Beeren- und → Trockenbeerenauslese. Zuerst die roten Weine anbieten, dann die weißen, jüngere Weinjahrgänge vor den älteren, herbe Weine vor den milden.

Prüfung der Weinfarbe

Zwischen den Weinen reiche man Wasserbrötchen, Brot oder Käse. Verpönt sind scharfe, gewürzte Speisen und das Rauchen. Siehe auch → Serviertemperatur.

WEINREBE
→ Rebe

WEINSEMINARE
Zwei- bis sechstägige Kurse mit Vorlesungen und Lehrweinproben in den Erzeugergebieten. Auf Rundfahrten werden die weinbaulichen Sehenswürdigkeiten der Umgebung gezeigt und die gebietstypischen Weine am Ort ihrer Produktion vorgestellt. Es gibt kaum eine bessere Methode, den Wein einer bestimmten Landschaft kennenzulernen. Nähere Informationen sind erhältlich beim → DWI (Deutschland) und bei der Weinakademie Österreich in Rust (→ Österreich).

WEINSIEGEL
→ Deutsches Weinsiegel

WEINSTEIN
Schwerlösliches Kaliumsalz der Weinsäure, das in rhombischen Kristallen ausfällt und in Flaschenweinen ein → Depot bilden kann. Weinstein ist ein natürlicher Bestandteil von → Most und Wein, völlig

Weinsteinkristalle

geschmacksneutral und daher kein Grund zur Beanstandung, sondern eher ein Zeichen für Qualität, da Weinsäure in reifen Trauben relativ stärker vertreten ist als in unreifen (diese enthalten mehr Äpfelsäure).

WEINSTRASSE, DEUTSCHE
→ Deutsche Weinstraße

WEINVERSTEIGERUNGEN
→ Versteigerungen

WEISSER BURGUNDER, WEISSBURGUNDER
→ Burgunder

WEISSHERBST
Deutscher Roséwein, der mindestens den Anforderungen eines → Qualitätsweines ent-

spricht und aus Trauben einer einzigen Rebsorte hergestellt ist. Weißherbst soll kühl getrunken werden. Er paßt fast zu jedem Essen.
→ Eisweine und → Auslesen aus roten Trauben kommen meistens als Weißherbst und nicht als Rotwein auf den Markt, da der → Edelfäulepilz den Farbstoff in der Beerenschale zerstört, so daß diese edlen Weine als Rotweine zu hell sind.

WEISSWEIN
Aus dem Saft von weißen Trauben gewonnener Wein.
In kühleren Weinbaugebieten, vor allem nördlich der Alpen, überwiegt der Anbau von Weißweinsorten. Die → Maische wird, im Gegensatz zum → Rotwein, nach dem → Mahlen der Trauben gleich abgepreßt und der → Most ohne die Schalen vergoren.
Weißweine werden kühler getrunken als Rotweine – die einfachen Durstlöscher am besten bei 12–14° C, hochwertige → Auslesen bei 14–17° C – und in kleineren Gläsern gereicht, da sie sich bei längerem Stehen rasch erwärmen und an Frische verlieren.

WELSCHRIESLING
Weitverbreitete Weißweinrebe der Balkanländer, Österreichs und Norditaliens. Liefert als Massenträger ansprechende Konsumweine von grünlichgelber Farbe, in der Regel halbtrocken, blumig-weich und → extraktarm, mit charakteristischem Mandelaroma. Die Rebsorte hat keine Gemeinsamkeiten mit dem Weißen → Riesling. Synonyme: Olasz Riesling (Ungarn), Riesling Italico (Italien), Welschriesling (Österreich), Rizling laski (Slowenien).

WELTWEINBAU
Siehe S. 368.

WENGERT
→ Weinberg

WERMUT
Als → Aperitif oder zur Cocktailbereitung verwendeter, mit Kräutern gewürzter Wein mit einem Alkoholgehalt über 15 Vol.-%. Es gibt verschiedene Typen und Marken, die früher nur in Italien (meist süß und mit einem Muskatgeschmack) und in Frankreich (hellfarben und trocken) hergestellt wurden, heute aber in der ganzen Welt produziert werden. *Rosso* bezeichnet einen dunklen, *Bianco* einen hellen Wermut.

WIEN
Hauptstadt Österreichs und eine eigene Weinbauregion mit 730 ha Rebfläche. Von den früheren großen Weinbaugebieten sind nur Reste übriggeblieben, besonders im Westen und Norden der Stadt: in Nußdorf, Heiligenstadt, Grinzing, Sievering, Neustift, Ottakring, Mauer, Stammerdorf, Strebersdorf. Angebaute Reb-

Wien-Grinzing, Heurigenviertel

Weltweinbau

Die Gesamtrebfläche der Welt beträgt etwa 10 Mio. ha. Von den geernteten Trauben werden rund 85% zur Weinbereitung genutzt. Die gesamte Weltweinerzeugung betrug 1994 ca. 256 Mio. hl; nach Kontinenten: Afrika 10 Mio. hl, Amerika 45 Mio. hl, Asien 5 Mio. hl, Europa 190 Mio. hl, Ozeanien (Australien, Neuseeland) 6 Mio. hl. Europa hat also trotz seiner geringen Ausdehnung mit 74% der Weltweinerzeugung nach wie vor eine dominierende Stellung.

In anderen Kontinenten war in den letzten Jahrzehnten ein rasanter Aufschwung zu verzeichnen. Eine florierende Weinwirtschaft entwickelte sich in Übersee, aber auch in Osteuropa und selbst in islamischen Ländern und in Asien werden zunehmend Reben für die Weingewinnung kultiviert.

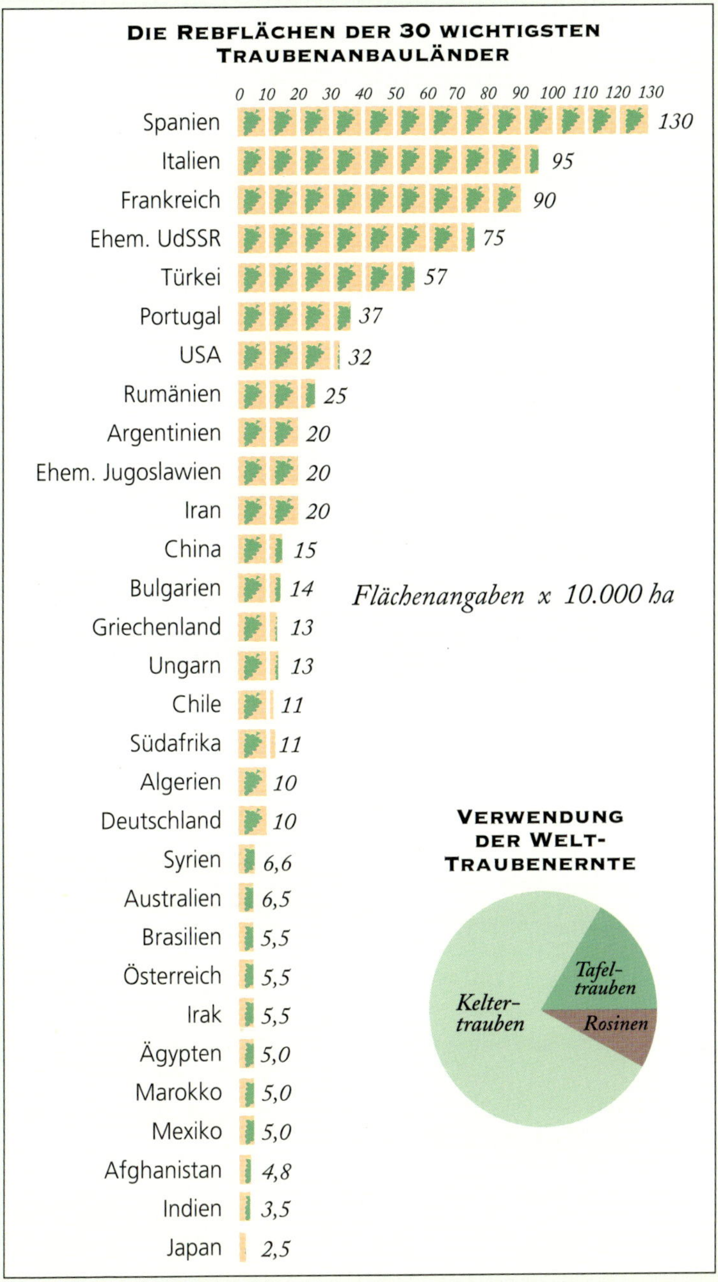
Die Rebflächen der 30 wichtigsten Traubenanbauländer
0 10 20 30 40 50 60 70 80 90 100 110 120 130
Spanien 130
Italien 95
Frankreich 90
Ehem. UdSSR 75
Türkei 57
Portugal 37
USA 32
Rumänien 25
Argentinien 20
Ehem. Jugoslawien 20
Iran 20
China 15
Bulgarien 14
Griechenland 13
Ungarn 13
Chile 11
Südafrika 11
Algerien 10
Deutschland 10
Syrien 6,6
Australien 6,5
Brasilien 5,5
Österreich 5,5
Irak 5,5
Ägypten 5,0
Marokko 5,0
Mexiko 5,0
Afghanistan 4,8
Indien 3,5
Japan 2,5
Flächenangaben x 10.000 ha
Verwendung der Welt-Traubenernte
Tafel-trauben
Rosinen
Kelter-trauben

sorten sind hauptsächlich → Grüner → Veltliner, → Riesling, Weißer → Burgunder und → Müller-Thurgau. Berühmt sind seit Jahrhunderten die → Heurigenlokale, in denen der eigene Wein ausgeschenkt wird.

Wildbacher, Blauer
→ Schilcher

Winzer
Sammelbezeichnung für die Berufsgruppe der Weinbautreibenden. Gleichbedeutend mit Hacker oder Häcker (Baden und Württemberg), Weingärtner oder Wengerter (Württemberg), Hauer (Österreich). Winzer oder Weinküfer ist die Berufsbezeichnung nach einer praktischen Ausbildung mit Gehilfenprüfung, die zur Mitarbeit in jeder Art von Weinbaubetrieb oder Kellerei befähigt.

Winzergenossenschaft
Zusammenschluß von Winzern auf genossenschaftlicher Grundlage zur gemeinsamen Verwertung ihrer Produkte (Weinbereitung, Weinverkauf). Es gibt sie heute in allen weinbautreibenden Ländern unter verschiedenen Namen: Winzerverein, Genossenschaftskellerei, Weingärtnergenossenschaft (deutsch); Coopérative, Cave viticole, Cave vinicole (französisch); Cooperativa, Cantina Sociale (italienisch); Cooperativa, Cooperativa viticola, Cooperativa vinicola (spanisch); Cooperativa vinicola, Adega cooperativa (portugiesisch); Cooperative Wine Growers Association, Cooperative Winery (englisch). Der Winzer pflegt sein Rebland selbst, liefert die Trauben ab und überläßt die Weinbereitung seiner Genossenschaft, die ihn ihrerseits in weinbaulichen Fragen berät.
Die erste Winzergenossenschaft Deutschlands wurde 1834 in Neckarsulm gegründet. Heute sind rund 65 000 Winzer – das sind mehr als die Hälfte aller deutschen Wein-

bauern – in 295 Winzergenossenschaften (davon 165 mit eigener Kellerwirtschaft) zusammengeschlossen, darunter sechs Zentralkellereien, die ihrerseits von kleineren Orts- und Gebietsgenossenschaften beliefert werden. 35 000 ha, also rund ein Drittel der Gesamtrebfläche Deutschlands, werden genossenschaftlich bewirtschaftet. Winzergenossenschaften bieten heute alle Qualitäten vom → Tafelwein bis zur → Trockenbeerenauslese an. Vielfach macht der genossenschaftliche Zusammenschluß die Gewinnung von Spitzenweinen überhaupt erst möglich. Im Absatz werden traditionell in erster Linie der Weinfachhandel und der Lebensmittelhandel beliefert, da diese auf große Partien Wert legen.

WINZERSEKT
Deutscher → Qualitätsschaumwein (Sekt) b. A., dessen Grundwein aus einem einzigen Winzerbetrieb stammt und von diesem selbst oder in einer Erzeugergemeinschaft hergestellt wird. 1981 tauchte der Begriff in Deutschland erstmals auf, 1985 wurde er steuergesetzlich festgelegt.
Die Forschungsanstalt Geisenheim war einer der Auslöser für die zunehmende Verbreitung der → Rüttelpulte in den Winzerkellern. Den zukünftigen Weinbau-Ingenieuren wurde hier vermittelt, wie man durch → Flaschengärung auch geringe Mengen Sekt ökonomisch herstellen kann. Die Palette gutseigener Sekte wird immer differenzierter. Beinahe jedes zweite Vollerwerbsweingut bietet heute Sekt mit Angabe von → Lage, Rebsorte und Jahrgang als Ergänzung zu den → Stillweinen an.

WONNEGAU
Bereich des Anbaugebiets → Rheinhessen zwischen Alzey und Worms.

WUCHTIG
→ Schwerer, voller Wein mit viel → Körper; oft zutreffend für Weine, die in guten Jahren auf schweren Böden gewachsen sind.

WÜRTTEMBERG
Deutsches Weinanbaugebiet zwischen Bodensee und Taubergrund, mit Zentren um Stuttgart und Heilbronn. Die Rebflächen liegen verstreut in den wärmsten Lagen des Neckartales und der Nebenflüsse Rems, Murr, Enz, Bottwar, Zaber, Kocher und Jagst. Die klimatisch begünstigten Südhänge der Täler bilden

Rebhänge am Neckar, Württembergisch Unterland

ideale Rebenstandorte. Stark wechselnde geologische Verhältnisse, vorherrschend verschiedene → Keuperformationen; am mittleren Neckar Muschelkalkinseln. Ein Viertel der Fläche sind → Steillagen. Rebfläche: 11 100 ha (vor dem 30jährigen Krieg sollen es etwa 45 000 ha gewesen sein) in den drei Bereichen Kocher-Jagst-Tauber, Württembergisch Unterland, Remstal-Stuttgart. Der Kleinbetrieb herrscht vor. Etwa 80 % der Ernte werden von einer der 88 Weingärtnergenossenschaften vermarktet.
Rebsorten: Die roten (6 200 ha) überwiegen gegenüber den weißen (4 900 ha). Bei den Weißweinen dominiert der → Riesling (24 % der Gesamtfläche), gefolgt vom → Kerner (8 %) und → Müller-Thurgau (7,5 %). Die wichtigsten Rot-

weintrauben sind → Trollinger (22 %), → Schwarzriesling (16 %) und → Lemberger (7,5 %). Eine württembergische Besonderheit ist der → Schillerwein.

Weingärten im Steilhang

Touristische Tips: Bad Wimpfen, Besigheim, Gundelsheim, Heilbronn, Ludwigsburg, Marbach, Markgröningen, Neckarsulm, Schorndorf, Stuttgart, Weinsberg.
Informationen:

Werbegemeinschaft
Württembergischer
Weingärtnergenossenschaften
Raiffeisenstr. 6
71696 Möglingen
Tel. 0 71 41 / 24 14 11
Fax 0 71 41 / 24 14 61

WÜRTTEMBERGISCH UNTERLAND
Bereich des Anbaugebiets → Württemberg.

WÜRZER
Neugezüchtete Weißweinrebe der Landesanstalt für Rebenzüchtung, Alzey, aus dem Jahr 1932; Kreuzung Gewürztraminer x Müller-Thurgau. Der Name weist auf die würzige Weinart hin. Anbau auf 100 ha, vor allem in Rheinhessen und an der Ahr.

WÜRZIG
Steigerung von fruchtig; charakterisiert das edle, gut ausgeprägte, betonte → Aroma großer Weine. Ein würziger Geschmackseindruck ist oft sortenbedingt, wie z. B. bei → Muskateller, → Morio-Muskat oder → Traminer.

WURZELECHT
Ungepfropfter Rebstock, d. h. Wurzeln und fruchttragende Teile entstammen ein und derselben Pflanze. Im Ertragsweinbau werden heute weltweit kaum noch wurzelechte Reben eingesetzt, da nur → Pfropfreben unempfindlich gegen die gefährliche → Reblaus sind.

Y

„Y“

Ein trockener, in Château d'→ Yquem hergestellter Weißwein mit der Herkunftsbezeichnung AC Bordeaux Supérieur. Sprich: Ygrec, frz. Ypsilon. Wird aus Trauben erzeugt, die nicht vom → Edelfäulepilz befallen wurden.

YQUEM, CHÂTEAU D'

Château d'Yquem liegt in → Bordeaux zwischen Barsac und Sauternes mitten in seinen 100 ha Weinbergen. Es ist seit 1787 im Besitz der Familie der Grafen Lur-Saluces, die sich auch heute intensiv um die Weiterführung der sehr kostspieligen Herstellungsmethode ihrer Weine kümmern. Im Durchschnitt werden nicht mehr als 80 000 Flaschen geerntet, und auch diese nur in warmen und feuchten Jahren mit vollreifen Trauben und → Edelfäule-Befall.

Château d'Yquem ist das mit dem Prädikat Premier grand cru am höchsten klassifizierte Weingut im → Sauternes-Gebiet, das seine Berühmtheit den vollen, aromatischen, natursüßen Weißweinauslesen verdankt. Späte Lese und Edelfäulebefall lassen die vollreifen Beeren von → Sémillon und → Sauvignon Blanc schrumpfen, so daß ein Most-Konzentrat entsteht, aus dem dann mit Spezialhefen die → schweren, likörähnlichen Weine mit bis zu 15 Vol.-% Alkohol vergoren werden.

Château d'Yquem, Sauternes

Die Bedeutung der Edelfäule und der Spätlese für die Sauternes-Weine soll 1847 in Yquem entdeckt worden sein, als Marquis de Lur-Saluces verspätet von einem Rußlandaufenthalt zurückkam, so daß bei der Lese, die nur mit seiner Erlaubnis begonnen werden durfte, nur noch eingeschrumpfte, edelfaule Trauben geerntet werden konnten. Die „Entdeckung“ der Spätlese fand bereits 1775 in Johannisberg im Rheingau statt (siehe → Spätlesereiter).

Z

ZART
Bezeichnung für einen feinen, delikaten Wein.

ZELL (UNTERMOSEL)
Bereich des Anbaugebiets → Mosel-Saar-Ruwer, entlang der Mosel von Koblenz bis Zell. Auf Grauwackeschiefer wachsen blumige → Riesling-Weine, die denen des → Mittelrheins ähneln.

ZIERFANDLER
Österreichische Weißweinrebe, die im Gebiet um Gumpoldskirchen würzige Weine mit arteigenem → Sortenbukett liefert. In geeigneten Lagen ist die Qualität überragend. Die Weine werden häufig mit → Rotgipfler, mit dem er auch im → Mischsatz angebaut wird, und mit Weißem → Riesling verschnitten. Der Zierfandler wird auch Spätrot oder Roter Zierfandler genannt, weil sich die Beeren beim Erreichen der Reife auf der Sonnenseite rötlich verfärben.

ZINFANDEL
Kalifornische Rotweinrebe. Sie liefert einen → abgerundeten, würzigen, dem → Beaujolais ähnlichen Wein.

Zell an der Untermosel

ZUCKER
Im → Most und Wein spielen nur die Zuckerarten Frucht- (Fruktose), Trauben- (Glukose) und in geringerem Maße Rohrzucker (Saccharose) eine Rolle. Durch → Hefen können sie bei der → Gärung in → Alkohol und → Kohlensäure umgewandelt werden. Sie dienen aber auch anderen, unerwünschten Mikroorganismen (Bakterien, Pilzen) als Nahrungsquelle; Weine mit → Restsüße müssen daher steril abgefüllt werden. Zum → Anreichern erlaubt das Gesetz die Zugabe von Rohrzucker, der durch die → Hefe in Traubenzucker und → Fruchtzucker aufgespalten und vergoren wird; es werden also keine weinfremden Substanzen zugesetzt. Nicht zulässig ist eine Süßung mit Rohrzucker.

ZUCKERUNG
→ Anreichern

ZUGELASSENE REBSORTEN
→ Sortenschutz

ZWEIGELT, BLAUER
Rotweinrebe, → Neuzüchtung der Bundeslehr- und Versuchsanstalt für Wein- und Obstbau im österreichischen Klosterneuburg, benannt nach ihrem Züchter Dr. Zweigelt. Kreuzung aus Saint-Laurent x Blaufränkisch (→ Lemberger). Anspruchslos bezüglich Lage und Boden, → frühreif, widerstandsfähig gegen Frost. Mit 8 % der Rebfläche heute die quantitativ bedeutendste Rotweinsorte Österreichs. Ergibt bei zu hohem Ertrag hellrote, säurereiche Weine, bei → Ertragsbegrenzung farbstärker, kräftig, fruchtig-warm.

Blauer Zweigelt

ZWEITE GÄRUNG
1. Für → Champagner und → Qualitätsschaumwein vorgeschriebenes Gärverfahren. Schaumweine aus erster Gärung sind die Ausnahme (z. B. → Asti spumante).
2. → Säureabbau, biologischer.

ZYPERN
Inselstaat im östlichen Mittelmeer. Altes Weinbauland, das auf rund 20 000 ha Rebfläche → Likörweine, Tafeltrauben und Rosinen produziert und dank der engen Handelsbeziehungen zu England zum Großteil exportiert. Schon in der Antike wurden aus den Trauben von den regenreichen Hängen des Troodosgebirges süße Sirupweine gewonnen, die man mit Wasser verdünnt trank. In den letzten Jahren gelang es, mit einem Sherry-Typenwein einen Exportboom nach England zu erzielen. Zwei Drittel aller Weine sind aber rot oder rosé und werden als kräftige Tafelweine unter verschiedenen, teils der griechischen Mythologie entlehnten Markennamen vermarktet.

HINWEISE ZUR BENUTZUNG DIESES LEXIKONS

Die Reihenfolge der Stichwörter richtete sich streng alphabetisch nach der Schreibweise, unabhängig von Aussprache und Bedeutung. Stichwörter, die aus mehreren selbständigen oder durch Bindestrich verknüpften Teilen bestehen, werden wie ein zusammenhängendes Wort behandelt. Auch Abkürzungen, die aus mehreren Buchstaben bestehen, gelten als ein Wort.
Die Umlaute ä, ö und ü werden behandelt wie ae, oe und ue; ß wird wie ss eingeordnet.
Verweispfeile (→) vor bestimmten Begriffen sind ein Hinweis auf weiterführende Informationen unter dem jeweiligen Stichwort.
Zu den Karten im Lexikon: Bei rot und *kursiv* geschriebenen Begriffen handelt es sich um Bereiche; die eingezeichneten kleinen, dunkelfarbeneren Flächen sind die Rebflächen.

Fotos:
Agrobild BASF, Limburgerhof: Seite 208, 292 und 293
AKG photo (Archiv für Kunst und Geschichte), Berlin: Seite 75 (ohne Nennung), 128 (Erich Lessing) und 129 (ohne Nennung)
Backhaus, Togotzes & Partner Kommunikation, Bad Homburg: Seite 59 (Weltmarken)
Bildarchiv Huber, Garmisch-Partenkirchen: Seite 196/197 (B. Radelt), 213 oben und 269 (R. Schmid) und 345 (Rudolph)
BORCO-Marken-Import, Hamburg: Seite 135
Champagne Pommery (über Heide Schwarzweller/SEGMENTA PR, Hamburg): Seite 92
Monika Decker, Montabaur: Seite 265
Deutsche Wein-Information (DWI), Mainz: Seite 7, 37, 54, 95, 108 oben, 114, 131, 151, 174, 175 unten, 202, 222 oben, 264, 271, 282, 297, 306, 319, 322 links, 325, 330, 336, 360 und 379
Dieth & Schröder-Fotografie, Stadecken: Seite 338 und 365
Dr. Muth PR, Hamburg: Seite 275 und 316/317
DWI/Dieth, Mainz: Seite 142, 148 und 376
DWI/Europress, Mainz: Seite 48, 53, 77, 89 unten, 105, 163, 164, 193, 238, 289, 304 und 364
DWI/Faber, Mainz: Seite 68 und 97 oben
Armin Faber Fotografie, Düsseldorf: Seite 1, 2, 9 unten, 13, 14, 18/19, 23, 24/25, 28, 31, 33, 39, 45, 62, 63, 72, 84, 88 oben, 103, 104, 108 unten, 111, 112, 113, 122, 123, 138, 141, 145, 154, 169, 171, 175 oben, 177, 178, 182/183, 186, 189, 190, 198, 200, 205, 206/207, 209 oben, 215, 220, 224, 228, 230, 231, 236 unten, 239, 241, 243 oben, 254, 260, 277, 285, 295, 303, 311, 315, 320 oben, 321, 328, 332/333, 335, 340/341, 342, 348, 353, 356, 357, 362/363 oben, 363 unten, 368, 377, 378, 380 und 384
FENDT Landmaschinen, Marktoberdorf: Seite 41
Forschungsanstalt Geisenheim, Fachgebiet Rebenzüchtung und Rebveredelung: Seite 134, 153, 185, 262, 274 und 346
Gebietsweinwerbung Franken, Würzburg: Seite 40 und 383
Herbert Kaiser, Assmannshausen: Seite 4
Gisela Kelbert, Idstein: Seite 46
I.C.E., Düsseldorf: Seite 157 und 159

ICEP - Portugiesisches Touristik- und Handelsbüro, Frankfurt/Main: Seite 247
Informationsbüro Griechischer Wein, Oberursel: Seite 136/137
Informationsbüro Rioja, Hamburg: Seite 266
Informationsbüro Sherry, c/o MPR, Hamburg: Seite 322 rechts
Keystone Pressedienst GmbH, Hamburg: Seite 209 unten
Annegret Kuhn, Ludwigsburg: Seite 70
Maison de la France, Frankfurt/Main: Seite 6, 27, 56, 61, 65, 67, 91, 124, 133, 144, 160, 191, 195, 201, 272 und 359 (ohne Nennung), 21 unten (Alain Choisnet) und 80 (St. Resbitut)
Österreich Werbung, Frankfurt/Main: Seite 150, 233 und 367
Photo Press Bildagentur GmbH, Stockdorf/München: Seite 225 unten (Rose)
RACKE, Bingen/Rhein: Seite 35, 188, 279, 280/281 und 350
Nils Reinhard Naturfotografie, Heiligkreuzsteinach: Seite 181
Reinhard Tierfoto, Heiligkreuz-steinach-Eiterbach: Seite 286
Joachim Schmid, Forschungsanstalt Geisenheim, Fachgebiet Rebenzüchtung und Rebveredelung: Seite 263
Schott-Zwiesel-Glaswerke, Zwiesel: Seite 361
H.J. Schwarz, Idstein: Seite 179
Schweizer Verkehrsbüro, Frankfurt/Main: Seite 66 (Degonda), 107 (Pfenniger) und 300/301 (ohne Nennung)
SLFA - Fachbereich Phytomedizin, Neustadt/Weinstraße: Seite 146
SOPEXA, Düsseldorf: Seite 121
Spanisches Generalkonsulat/Handelsabteilung, Düsseldorf: Seite 34 (Herbeisen), Seite 172/173 und 307 (ohne Nennung)
Staatsweingüter Kloster Eberbach, Archiv: Seite 81, 82/83, 88/89 (großes Foto) und 326
Touristikbüro Südafrika, Frankfurt/Main: Seite 324
Weinwerbezentrale badischer Winzergenossenschaften e.G (Foto-Mühlbauer, Breisach), Karlsruhe: Seite 86/87, 165 und 166/167
Werbegemeinschaft Württembergischer Weingärtnergenossenschaften, Möglingen: Seite 296, 372/373 und 375
außerdem: aus „Schriften zur Weingeschichte“, herausgegeben von der Gesellschaft für Geschichte des Weines, Nr. 100, Seite 4 und 101, Wiesbaden 1991: Seite 29 und 294
FALKEN Archiv: W. Feiler: Seite 96 unten und 97 unten / **E. Gerlach:** Seite 96 oben, 106 und 217 / **TLC:** Seite 204, 253, 291 und 312 / **HAPO:** Seite 161

Zeichnungen und Graphiken:

AS-Design, Ilse Stockmann-Sauer, Offenbach: Seite 9 oben, 17, 26, 30, 43, 49, 51, 52, 58, 74, 90, 115, 120, 137, 149, 156, 168, 178, 179 unten rechts und links, 213 unten, 216, 222 unten, 225 oben, 227, 232, 240, 243 unten, 245, 252, 267, 270, 273, 283, 287, 288, 299, 318, 320 unten, 323, 333, 344, 347, 369 und 374
Ulrike Hoffman, Bodenheim: Seite 21 oben, 94, 242 und 263
FALKEN Archiv: Jan-Roeland Vos: Seite 132

Zum Thema „Wein“ ist im FALKEN Verlag bereits erschienen:
Wein richtig genießen lernen (4809)

Dieses Buch wurde auf chlorfrei gebleichtem
und säurefreiem Papier gedruckt.

Die Deutsche Bibliothek – CIP-Einheitsaufnahme

Ambrosi, Hans:
Weinlexikon / Hans Ambrosi. – Niedernhausen/Ts. : FALKEN, 1996
ISBN 3-8068-4942-0

ISBN 3 8068 4942 0

Umschlaggestaltung: Peter Udo Pinzer
Layout: AS-Design, Ilse Stockmann-Sauer, Offenbach
Gestaltung: Christa Johanna Gramm
Redaktion: Annegret Kuhn und Birgit Wenderoth
Bildbeschaffung: Dr. Ruth Leners
Herstellung: Albert Brühl
Umschlagfotos: Armin Faber Fotografie, Düsseldorf
Fotos, Zeichnungen und Graphiken: siehe Seite 382 und 383
Satz: Raasch & Partner GmbH, Neu-Isenburg
Druck: Freiburger Graphische Betriebe GmbH, Freiburg

817 2635 4453 6271